PAULO DE CARVALHO YAMAMOTO

# DIREITO DO TRABALHO NO STF

## Conselho Editorial

PAULO DE CARVALHO YAMAMOTO

# DIREITO DO TRABALHO NO STF

## A atuação dos Ministros indicados pelos governos do Partido dos Trabalhadores

MATRIOSKA
EDITORA

**Publisher – Editorial:** Luciana Félix
**Publisher – Comercial:** Patrícia Melo
**Copidesque e preparação de texto:** Renato Barraca
**Revisão:** Gisele Múfalo
**Editoração e capa:** Marcelo Correia da Silva

**Matrioska Editora**
Atendimento e venda direta ao leitor:
**www.matrioskaeditora.com.br**
**contato@matrioskaeditora.com.br**
**facebook.com/matrioskaeditora**
**instagram.com/matrioskaeditora**

**Dados Internacionais de Catalogação na Publicação (CIP)**
**(Câmara Brasileira do Livro, SP, Brasil)**

Yamamoto, Paulo de Carvalho
Direito do trabalho no STF : a atuação dos Ministros indicados pelos governos do Partido dos Trabalhadores / Paulo de Carvalho Yamamoto. -- São Paulo, SP : Matrioska Editora, 2022.

Bibliografia.
ISBN 978-65-86985-58-0

1. Direito constitucional - Brasil 2. Direito do trabalho 3. Direito do trabalho - Brasil 4. Direito do trabalho - Jurisprudência - Brasil I. Título.

22-114244 CDU-34:331(81)(094.9)

**Índices para catálogo sistemático:**

1. Brasil : Direito do trabalho : Jurisprudência 34:331(81)(094.9)

Eliete Marques da Silva - Bibliotecária - CRB-8/9380

**Impresso no Brasil**
**2022**

# Sumário

*Lembro de uma vez, quando ainda escrevia minha Dissertação de Mestrado, estávamos minha madrinha, Tereza, e eu, na sala da casa da minha mãe, assistindo ao telejornal. Atrás do apresentador destacava-se a escultura d'A Justiça que fica em frente ao Supremo Tribunal Federal. Diante daquela imagem, "Tê" me perguntou: "Ô, Paulo, se eu sentar no colo dessa mulher aí, eu vou presa?", e começou a rir, ria sem parar, um riso genuíno e contagiante.*

*Tereza Moreira Lima era minha tia-avó, trabalhou desde criança na roça, veio do sertão cearense para trabalhar em fazenda de café na região onde hoje eu dou aula, depois, na capital, trabalhou como passadeira até quando seu corpo permitiu.*

*Os registros formais do Brasil em que ela nasceu não permitem dizer exatamente quando ela veio ao mundo. Em 21 de abril de 2021 ela nos deixou, conforme anotação em certidão registrada em Cartório. No período entre esses dois marcos temporais, por mais de trinta anos, ela compartilhou comigo seu amor, bondade, sabedoria, teimosia e muitos momentos de alegria.*

*Tê, este trabalho é para você: obrigado por tudo!*

# Agradecimentos

*Yo tengo tantos Hermanos*
*Que no los puedo contar*
*Y una novia muy hermosa*
*Que se llama ¡libertad!*
***Atahualpa Yupanqui – Los Hermanos***

A parte dos agradecimentos é um espaço reservado à celebração e à gratidão. Porém, encerrado dentro de casa desde o início da pandemia tenho encontrado pouco espaço para expressar meu repúdio. Então, aproveito este parágrafo de abertura dos agradecimentos para registrar minha insatisfação com: (1) todos os responsáveis pelo atraso na aquisição de vacinas; (2) o moço do carro da pamonha que para embaixo da minha janela; (3) o vizinho de cima, que teve a brilhante ideia de comprar uma bateria para seu filho adolescente, bem como os outros vizinhos que inventaram de reformar suas unidades no mês imediatamente anterior à entrega deste trabalho.

Mas, reconheço, preciso agradecer, também, a muitas pessoas.

Do ponto de vista institucional, agradeço ao apoio que recebi da Coordenação de Aperfeiçoamento de Pessoal de Nível Superior – Brasil (CAPES).

Agradeço, também, ao Professor Jorge Luiz Souto Maior, que desde a graduação tem me acompanhado e incentivado academicamente e pessoalmente. É contagiante ver sua dedicação radical na construção de uma sociedade livre, justa e solidária. Muito obrigado, Jorginho, por seus ensinamentos e por sua amizade.

Além do Professor Souto Maior, contei com as valiosas observações dos Professores Homero Batista Mateus da Silva e Rafael Mafei Rabelo Queiroz. As sugestões de ambos foram imprescindíveis para que eu pudesse superar alguns obstáculos que estavam "emperrando" a pesquisa.

Passado o depósito, reencontrei o Professor Homero Batista Mateus da Silva na banca de defesa da tese, composta, ainda, pelas Professoras Aldacy Rachid Coutinho (UFPR) e Renata Queiroz Dutra (UnB), assim como pelos Professores Cassio Luis Casagrande (UFF) e Roberto da Silva Fragale Filho (UFF). Fiquei extremamente feliz em poder discutir os principais resultados desta pesquisa com tais gigantes da academia jurídica nacional. Agradeço, assim, a todos eles pela leitura zelosa e pelo fecundo diálogo que pudemos iniciar naquele, para mim, inesquecível dia 22 de setembro de 2021. No decorrer do texto explicito algumas reflexões que registrei a partir das arguições da banca.

Na condição de docente sou grato aos alunos, servidores e colegas professores do campus de São João da Boa Vista, do Instituto Federal, que me receberam com muita generosidade. Já enquanto discente agradeço aos amigos Allan de Moura Assis, Cintia Maria da Silva, Emyly Kathyury Kataoka, Getúlio Andrade dos Santos, Luciana da Costa, Mariana Martins Lemes e Verena Ferreira Tidei de Lima, que seguraram as pontas quando precisei me ausentar; e, também, aos Professores Adriana Paes de Jesus, Fernando Henrique Protetti, Elisangela Lizardo de Oliveira e Amanda Cristina Teagno Lopes Marques, da Especialização em Docência na Educação Superior, igualmente do Instituto Federal, mas, desta vez, do campus São Paulo.

Sou extremamente grato aos amigos com quem pude discutir questões relacionadas a esta pesquisa: Gabriel Franco da Rosa, um companheiro generoso e extremamente culto; Juliana Benício, uma irmã que ganhei na vida acadêmica; Helena Pontes, com quem, apesar de torcermos para times rivais, escrevemos um texto juntos sobre futebol; Alexandre Mandl, que me fez madrugar para ir até o estádio de um time qualquer; Joabe Souza, o cara mais sereno que eu já conheci; Clara Lis Coelho, Maria Clara Araújo, Fernando Antunes e Angelo Remédio: duas flamenguistas e dois são-paulinos que sabem muito de política e Direito Administrativo; Fernando Araújo, um palmeirense de Itaquera, que discutiu comigo questões de Direito Processual; Bruna de Bem, que me ajudou a entender como funcionam as repercussões gerais; Giovana Labigalini, que me fez companhia nas madrugadas finais da escrita – e foi decisiva para que eu conseguisse depositar a tese no prazo; Victor Emanuel Bertoldo Teixeira, um gênio do Direito, que me ajudou em várias ocasiões; Jefferson Oliveira, que me apresentou a coleção de Georgenor; Tábata Gomes de Macedo Leitão, que estava lá no julgamento do intervalo intrajornada; Flávio Leme, um pontepretano incurável; Artur Pericles Monteiro, desde muito tempo um companheiro de estudos do STF; Gabriela Caramuru e Alessandro Silva, duas pessoas que me inspiram a estudar a TMD; Igor Garcia e Patrícia Maeda, dois magos do Direito; Pedro Daniel, que me deu ideias sobre o tratamento teórico da terceirização; Alan Trajano, uma enciclopédia viva da política brasileira recente; e Maximiliano Nagl Garcez, o Max, que, além de ter intermediado uma famosa gravata, também me deu a ideia para esta pesquisa.

Outros amigos foram essenciais para que eu não perdesse – completamente – a sanidade mental e, vez ou outra, quebravam um galhão. Entre os queridos órfãos do Coconut agradeço à famosíssima Ana Carolina Navarrete, que vira e mexe aparece na televisão; Raphael "Fê da Bá" Ferreira, pai do maravilhoso Dudu, Bárbara, mãe do maravilhoso Dudu; e Gustavo Angelelli, que não é nem famoso, nem pai (que eu saiba), mas ensinou todos nós a gostar de música boa e tolerar piadas ruins (e repetidas!). Quanto aos divertidos "Mistos", agradeço a companhia de Ana Flora Pontes, Leopoldo Pêó, Carolina Vieira, Yasmin Pestana, Riccardo Silva, Amanda Paulista e Otávio Constantino. Entre os "Paralelos", agradeço aos queridíssimos Patrícia Rezende, Mayara Vasconcelos, André Sanches, Hobert dos Santos e Caetano. Dos "fãs do Zé Gotinha", agradeço ao bom humor de Érica Leme, Felipe Barbosa, Letícia Abe, Edson Lorca, Paula Ruiz Garcia e Laís Nascimento; apesar de ficarem com grande parte do meu pouco dinheiro, agradeço aos amigos Beto, Beirigo, Aline, Paulinho e Larissa da Livraria Simples.

Por diferentes motivos agradeço aos amigos Victor Arruda, Elen Bueno, Paulo Napoli, Lenina Vernucci, Gustavo Carneiro, Katia Regina Cezar, Heloisa Miura, Renata Praxedes, Anne Yuri Kano, Lucas Kenji, Victor Pinton, Arthur Ferreira, Bruno Müller, Thalles Klukevicz, Fernando Yazbek, Teo e Marília Galvão.

Sou muito grato à luta encampada por Janaína Gomes e Renato Gomes, entre outras pessoas exemplares, quando os pós-graduandos mais precisavam. De outro lado, também agradeço às trabalhadoras Ana Kazuie de Aquino Nakazone e Camila Rodrigues Pereira da Silva, dignas representantes dos esforços que os servidores realizam para fazer com que a universidade pública continue sendo um espaço de excelência, apesar das condições cada vez mais difíceis.

Agradeço o companheirismo dos amigos do Curso de Normas Internacionais da OIT em Buenos Aires, Diego Varas, Julio (e sua querida Lidia Corzantes), Raul, Fernando, Nahuel, além do meu grande amigo Diego Bochnie. Agradeço também a solidariedade dos amigos da ALAL, Matias Cremonte, Nahir Velasco e Luisa Fernanda Gómez Duque.

Agradeço a animação e a inteligência de todo mundo do grupo de Orientandes e da EDITH, nas pessoas de Luana Raposo, Claudia Urano, Danilo Uler, Janaína Vieira, Lara Renó, Maria Paula, Pedro Paulo Sodré, Valdete Severo, Tainã Gois, Ticiane Natale, Noa Piatã, José Carlos Callegari, Gustavo Seferian e Gabriella Cruz.

Nos momentos de muita tensão recorri aos queridos amigos Renan Camilo, Hector Eng, Zeca Baboin, Natalia Takeno, Gabriela dos Santos Rodrigues, Giovanna Magalhães, Carlos Henrique Souza, Miriam Ramalho, Daniel Octaviano, Mariana Goulart, Ivan Silva, Marina Jacob e, sobretudo, aos incríveis vídeos que Rodrigo e Andreia enviavam da minha querida afilhada, Catarina, a Cacá.

Contudo, apesar de todo o apoio recebido em cada etapa desta pesquisa, faz-se necessário aderir à ressalva de Tim Maia em Réu Confesso, enunciada nos seguintes termos: "*Venho lhe dizer: se algo andou errado, eu fui o culpado, rogo o seu perdão*".

Deixando o mais importante para o final, quero agradecer todo o amor que recebi de toda a minha família, a começar por minha amada mãe, Maria Aparecida de Carvalho, o primeiro exemplo que tive na vida de carinho, ternura e solidariedade. Agradeço, também, à minha avó Michiko, que já passou por tanta coisa nessa vida – e não pensa em parar de aprontar tão cedo; e à minha sogra, Dona Iza, que todo dia me manda uma tapioca com queijo para que eu possa começar bem o dia.

Para terminar, inscrevo meu sincero agradecimento a minha companheira de luta e de sonhos, Ana Carolina Bianchi Rocha Cuevas Marques. Assim que entreguei minha dissertação de mestrado, em meados de março de 2016, Ana e eu fomos morar juntos, sob minha promessa de que ainda levaria muito tempo para que eu me propusesse a encarar um doutorado. Desde então, parece que tudo mudou: o mundo, o país, o direito, nossos planos, rotinas, trabalhos, famílias.

Parece que nos cinco anos que nos afastam daquela promessa, que rapidamente descumpri, sobrevivemos cinco décadas. Uma coisa, entretanto, não se alterou: nosso amor. Nestes quinze anos que estamos juntos – que parecem, por sua vez, quinze séculos – compartilhamos os melhores e os piores momentos de nossa vida, até agora. Dividimos risadas, lágrimas, esperanças, medos, abraços, travessuras, projetos, angústias, viagens, boletos, cuidado, carinho, vinhos e muita, muita cumplicidade. Agradeço por tudo o que você me ensinou, as ideias que me sugeriu, as palavras de conforto e a paciência para me aguentar. Agradeço, enfim, pelo seu amor e companheirismo. Obrigado, Ana; te amo: sem você, nada faria sentido!

*Entre direitos iguais, quem decide é a força.*
**Karl Marx**

*Dá-se o nome de ilusões constitucionais ao erro político que consiste em ter como existente uma ordem normal, jurídica, regulamentada, legal, numa palavra "constitucional", mesmo quando essa ordem na verdade não existe.*
**Vladimir Lenin**

HIC SVNT DRACONES

# Apresentação

*Pretendi, com a presente obra, responder à seguinte pergunta: como os Ministros do STF indicados por Lula e Dilma julgam Direito do Trabalho?*

**Baião de dois**
Jorge Luiz Souto Maior (Jorginho)

A apresentação de um livro remete sempre a um ato formal, composto por dois elementos principais, referências ao autor e indicações sobre a obra.
Mas a presente obra não comporta previsibilidades.
Aliás, se formos direto à essência do texto o que se revela é exatamente o quanto as previsões, sobretudo quando formuladas em desapego com a realidade histórica, acabam gerando frustrações.
Tudo gira em torno de dois componentes.
Centralmente, a obra transita pelos caminhos do dualismo: esperança e desilusão. Dois elementos que se contrapõem e se anulam.
Mas não é uma lamúria, nem denúncia.
É um relato e um ensinamento. Afinal, quem bem descreve, ensina.
Parece simples, mas é bastante complicado.
Relato é resultado.
Resultado exige pesquisa e método.
Assim, resultado é realidade.

Realidade passada e estudada. Realidade real.
Tudo que desvenda aponta.
O que foi pode não voltar a ser.
Pois a dualidade é sempre contrariedade.
Há elementos que se somam e se complementam.
Se um baião é bom, imagina dois.
Direito com pesquisa.
Conclusão com análise.
Análise com crítica.
Classe trabalhadora com classe trabalhadora!
Luta com Revolução.
Jorginho com Paulo.
Paulo com Ana!

# Introdução

O presente livro é uma versão alterada da tese que apresentei à Faculdade de Direito da Universidade de São Paulo em junho de 2021 e que defendi com êxito em setembro do mesmo ano, como requisito para alcançar o doutoramento.

Em minha pesquisa pretendi responder à seguinte pergunta: como os Ministros do STF indicados por Lula e Dilma julgam Direito do Trabalho?

Para tanto, recorri, como primeiro esforço, à pesquisa empírica jurisprudencial objetivando auferir resultados concretos, bem como compreender e descrever a dinâmica dos julgamentos do STF no período que delimitei. Ao final, obtive dados que reputo importantes para compreensão do papel que o STF desempenhou na história do direito do trabalho brasileiro entre 2003 e 2016.

Os resultados, paradoxalmente, mostravam tanto quanto escondiam. Explicando de maneira mais gráfica, os dados que colhi pelo esforço da pesquisa empírica jurisprudencial me remeteram à imagem aérea que se pode capturar de qualquer metrópole, como, por exemplo, a cidade do Rio de Janeiro: apesar de trazer consigo tantas informações acertadas, diz muito pouco sobre as riquezas e contradições de suas ruas, casas, morros e, principalmente, gente.

Parto, então, para um segundo esforço teórico: analisar de perto alguns casos que, julgando-os importantes, selecionei para conhecer mais de perto a atuação constitucional-trabalhista dos juristas que os presidentes petistas escolheram para compor o "guardião da Constituição".

Ao final, consolidada a reprodução ideal do movimento concreto do STF nesses treze anos de julgamentos trabalhistas, ofereço uma proposta interpretativa dos resultados a partir da leitura de Paulo Bonavides, um intérprete canônico do constitucionalismo nacional.

Como afirmei no primeiro parágrafo desta “Introdução”, o presente texto é uma “versão alterada” de minha tese doutoral. A grande diferença entre a tese defendida e este livro está no primeiro movimento da pesquisa. Por se tratar de um texto científico, a tese contava com um minucioso relatório que detalhava passo a passo cada etapa da pesquisa: cada percalço teórico, metodológico e prático era registrado, assim como as possíveis soluções e as razões para eleger um ou outro caminho de pesquisa. Ao invés de suprimir tal relatório promovi seu resumo, transformando os quatro capítulos originais do primeiro movimento em dois capítulos de maior densidade, porém de leitura mais fluida.

Os últimos anos têm sido de grandes mudanças no cenário político, social, econômico e jurídico brasileiro. Não só a legislação trabalhista mudou, mas a própria leitura que se faz dela foi profundamente revista. Os resultados são palpáveis, principalmente para quem está no lado de baixo da injusta pirâmide social nacional, tendo no desemprego e na fome ameaças cotidianas.

O texto que o leitor tem em mãos pretende contribuir na compreensão histórica de como foi que chegamos até aqui. Mais especificamente, pretendo ajudar a responder: como foi que o Direito do Trabalho foi interpretado e aplicado pelos ministros indicados por Lula e Dilma ao Supremo Tribunal Federal, desde o primeiro ano de mandato petista até a consolidação do golpe de 2016?

# Primeiro Movimento

## Sobrevoando à direita da Praça dos Três Poderes

*Vai-se acentuando,*
*Senhores da justiça – heróis da humanidade,*
*O verbo tricolor da confraternidade...*
*E quando, em breve, quando*
*Raiar o grande dia*
*Dos largos arrebóis – batendo o preconceito...*
*O dia da razão, da luz e do direito*
*– solene trilogia –*
*Quando a escravatura*
*Surgir da negra treva – em ondas singulares*
*De luz serena e pura;*
*Quando um poder novo*
*Nas almas derramar os místicos luares,*
*Então seremos povo!*
***Cruz e Sousa – Dilema***

Entre 1º de janeiro de 2003 e 31 de agosto de 2016 o Brasil foi governado por Presidentes da República eleitos pelo Partido dos Trabalhadores (PT): Luís Inácio Lula da Silva, o Lula, entre 2003 e 2010 e Dilma Vana Rousseff, a Dilma, entre 2011 e 2016.

Neste período, por atribuição inscrita no parágrafo único do art. 101 da Constituição Federal, ambos os Presidentes tiveram a oportunidade de escolher e, após a aprovação pela maioria absoluta do Senado

Federal, nomear treze juristas para compor o Supremo Tribunal Federal[1].

O Presidente Lula nomeou os Ministros Antônio Cezar Peluso, Carlos Augusto Ayres de Freitas Britto, Joaquim Benedito Barbosa Gomes, Eros Roberto Grau, Enrique Ricardo Lewandowski, Cármen Lúcia Antunes Rocha, Carlos Alberto Menezes Direito e José Antônio Dias Toffoli; enquanto a Presidenta Dilma nomeou os ministros Luiz Fux, Rosa Maria Pires Weber[2], Teori Albino Zavascki, Luís Roberto Barroso e Luiz Edson Fachin.

| Ministro | Ingresso | Idade na posse | Exoneração | Presidente | Data limite |
|---|---|---|---|---|---|
| Cezar Peluso | 06/06/2003 | 60 | 31/08/2012 | Lula | 2012 |
| Ayres Britto | 25/06/2003 | 60 | 18/11/2012 | Lula | 2012 |
| Joaquim Barbosa | 25/06/2003 | 48 | 31/07/2014 | Lula | 2025 |
| Eros Grau | 30/06/2004 | 63 | 02/08/2010 | Lula | 2011 |
| Ricardo Lewandowski | 16/03/2006 | 57 | Atual | Lula | 2023 |
| Cármen Lúcia | 21/06/2006 | 52 | Atual | Lula | 2029 |
| Menezes Direito | 05/09/2007 | 64 | 01/09/2009 | Lula | 2012 |
| Dias Toffoli | 23/10/2009 | 41 | Atual | Lula | 2042 |
| Luiz Fux | 03/03/2011 | 57 | Atual | Dilma | 2028 |
| Rosa Weber | 19/12/2011 | 63 | Atual | Dilma | 2023 |
| Teori Zavascki | 29/11/2012 | 64 | 19/01/2017 | Dilma | 2018 |
| Roberto Barroso | 26/06/2013 | 55 | Atual | Dilma | 2033 |

[1] Este número poderia ser ainda maior não fosse a repentina aprovação da Emenda Constitucional nº 88/2015, popularmente conhecida como "PEC da bengala", que aumentou de 70 para 75 anos a idade em que se dá a aposentadoria compulsória para Ministros de Tribunais Superiores (incluído o STF e o TCU). Por meio de tal artimanha o Legislativo impediu que a então Presidenta Dilma Rousseff indicasse mais quatro juristas para as vagas dos Ministros Celso de Mello, Marco Aurélio, Ricardo Lewandowski e Rosa Weber.

[2] No registro de sua posse como ministra do STF lê-se que o nome da ministra era Rosa Maria Weber Candiota da Rosa. Atualmente, em seu currículo disponível no site do tribunal consta seu nome como Rosa Maria Pires Weber.

| Ministro | Ingresso | Idade na posse | Exoneração | Presidente | Data limite |
|---|---|---|---|---|---|
| Edson Fachin | 16/06/2015 | 57 | Atual | Dilma | 2033 |

Tabela 1 – Ministros do STF nomeados pelos Presidentes Lula e Dilma.

A forma estabelecida para que um brasileiro nato, com idade entre 35 e 65 anos, dotado de notório saber jurídico e reputação ilibada componha os quadros da mais alta instância do Judiciário suscita importante interação entre os outros dois poderes: a indicação do Executivo, a sabatina do Legislativo e, no caso de aprovação, a nomeação pelo próprio Presidente que o escolheu.

Tal interação coloca em movimento os três poderes da República que, segundo o art. 2° da CF/88, coexistem de forma harmônica e independente.

Tomando como premissa que as Constituições são documentos cujo conteúdo político é de grande relevância e que esta reservou ao Supremo Tribunal Federal a atribuição de ser, precipuamente, seu guarda, é de se imaginar que ao indicar alguém para compor o STF o chefe do Executivo buscará um jurista cuja visão social de mundo seja compatível com o projeto político que aquele governo representa.

Sendo Lula e Dilma eleitos pelo Partido dos Trabalhadores, imaginar-se-ia que seus escolhidos tivessem um perfil mais voltado à ampliação dos Direitos Sociais, sobretudo quanto ao Direito do Trabalho.

Não obstante, em reuniões com sindicalistas, nos cafezinhos entre advogados trabalhistas, nos intervalos de eventos acadêmicos é comum ouvir a percepção contrária: o STF sempre julgou em favor das empresas, e os ministros indicados pelos petistas não fogem à regra.

Como a popularidade de uma opinião não é apta a validá-la cientificamente, decidi investigar como os ministros do STF indicados por Lula e Dilma julgam o Direito do Trabalho.

Dos treze juristas que alcançaram o posto por decisão petista sete deles, em junho de 2021, mantinham sua posição de juízes constitucionais. Dias Toffoli, por exemplo, que contava com 41 anos de idade quando de sua posse, completará 75 anos em 2042. Tais dados mostram que, mantendo-se o Direito do Trabalho no texto da Constituição da República, por muitos anos ainda há de perdurar a influência dos indicados dos petistas. Com isso, perdurará também a validade da pergunta que motiva a presente pesquisa – isso, obviamente, pressupondo a manutenção do regime político em vigência no país desde 1988. O que, por sua vez, exigirá um constante esforço de renovação, aprofundamento e atualização da pesquisa que levei a cabo.

Esta última afirmação parece ir ao encontro das notícias que me foram chegando durante a confecção deste livro, segundo as quais a atuação do Supremo Tribunal Federal em matéria trabalhista tem sido objeto de reflexões por juristas de prestígio no Brasil. Assim, a Rede de Estudos e Monitoramento Interdisciplinar da Reforma Trabalhista (REMIR) organizou, em novembro de 2020, o seminário "A construção jurisprudencial da Reforma Trabalhista pelo STF", resultando na publicação do livro organizado pelos Professores Renata Dutra e Sidnei Machado, denominado "O Supremo e a Reforma Trabalhista" (DUTRA; MACHADO, 2021); por outro lado, em abril de 2021 o Professor Grijalbo Fernandes Coutinho publicou a obra "Justiça Política do Capital: a desconstrução do Direito do Trabalho por meio de decisões judiciais", com base em sua Tese de Doutorado defendida em 2020 na UFMG (ANAMATRA, 2021); por fim, o magistrado trabalhista Felipe Bernardes lançou, também em 2021, a obra "O Direito do Trabalho no Supremo Tribunal Federal".

Tendo em vista, de um lado, o fato de a proposta que levei a cabo partir da análise da jurisprudência e não da doutrina, e, de outro, que os textos foram publicados quando minha pesquisa já estava em sua fase final, apesar de não ignorar a existência de tais obras não as utilizei na confecção desta investigação.

De toda sorte, para que a pesquisa fosse viabilizada tive que arbitrar os marcos temporais. A decisão quanto ao marco temporal inicial foi simples: se o objetivo é saber como os ministros indicados por Lula e Dilma julgam o Direito do Trabalho, a pesquisa se inicia com a posse do primeiro nome indicado por Lula.

Em 6 de junho de 2003 Antonio Cezar Peluso assumiu a vaga deixada pela aposentadoria do ministro Sydney Sanches, em 26 de abril de 2003. Eis, então, o marco temporal inicial: 6 de junho de 2003, a data da posse de Peluso, o primeiro jurista indicado por um presidente eleito pelo Partido dos Trabalhadores.

Decidir o marco temporal final foi um pouco mais difícil: ou, pelo menos, exige mais explicações. Considerei quatro datas: a primeira foi 12 de maio de 2016, quando o Senado Federal admitiu o processo de *impeachment* contra a Presidenta Dilma Rousseff, resultando em seu afastamento do cargo por até 180 dias; a segunda foi 31 de agosto de 2016, quando o Senado Federal efetivamente cassou o mandato da Presidenta Dilma Rousseff; a terceira foi 19 de janeiro de 2017, quando do falecimento do ministro Teori Zavascki; a quarta foi 22 de março de 2017, quando da posse do ministro Alexandre de Moraes, o primeiro integrante do STF pós-governos petistas.

Diante do gigantesco trauma que o *impeachment* da Presidenta Dilma Vana Rousseff causou e continua causando até os dias atuais à democracia brasileira, decidi por estabelecer o marco final da pesquisa em 31 de agosto de 2016. Em recente estudo em que reconstrói historicamente o instituto jurídico do *impeachment*, Rafael Mafei, rechaçando expressamente a alcunha de "golpe", define a derrubada da Presidenta Dilma como:

> um *impeachment* ilegítimo, marcado por evidente desencontro entre motivos alegados por seus perpetradores e objetivos perseguidos pelas elites políticas que o levaram a cabo; pela atuação muitas vezes imprópria de atores do sistema de justiça em favor de um dos lados da disputa; pelo descompasso entre seus fundamentos jurídicos e um desejo social difuso de combate à corrupção que foi burlado, mas jamais contemplado, pela vitória de Temer, Jucá e Cunha, ao lado de líderes de partidos fisiológicos com extensa ficha policial e do baixo clero parlamentar que carreiam consigo. (MAFEI, 2021, pp. 241-2)[3]

No momento em que minha tese doutoral foi entregue (junho de 2021) o Brasil contava com mais de meio milhão de vítimas fatais da COVID-19, a fome voltava a bater à porta dos brasileiros, tal qual o desemprego e o desespero. Segundo dados colhidos por William Nozaki, o número de militares cedidos para cargos civis no governo federal passou de 1.783 em 2015 para 3.020 em 2.017, para 6.157 em 2020

[3] A leitura da obra inteira é altamente recomendável, porém seu epílogo aparece, no momento atual, como leitura quase que obrigatória por todos os brasileiros.

(2021, p. 10). Desde o *impeachment* ilegítimo o país ficou impregnado de um cheiro de pólvora cada vez mais forte no ar[4].

Ao eleger, portanto, a data de 31 de agosto de 2016 como marco temporal final desta pesquisa pretendo dar destaque para a consolidação daquilo que o ex-ministro Ayres Britto denominou "pausa democrática com freio de arrumação para ideias, valores e processos da sociedade brasileira" (UOL, 2016).

Neste primeiro movimento da pesquisa, portanto, investigarei como o Supremo Tribunal Federal atuava, ou seja, processava os casos que veiculavam matéria trabalhista durante o período ininterruptamente democrático de 6 de junho de 2003 a 31 de agosto de 2016.

[4] Aproveito para registrar um fato que representa bem o clima político que se estabeleceu. Durante o turbulento segundo semestre de 2018 cursei a disciplina "Garantias processuais do cidadão em juízo", ministrada pelo Professor Enrique Ricardo Lewandowski, nas manhãs das segundas-feiras. No período, para marcar a efeméride a Faculdade de Direito promoveu o evento "30 anos da Constituição Federal de 1988". Palestrante convidado, o professor Lewandowski transferiu a aula do dia 1º de outubro para o Salão Nobre, possibilitando aos alunos comparecerem às atividades da manhã quando, além dele, falariam os professores Rogério Arantes (DCP/USP), Humberto Ávila (DEF) e Paula Forgioni (DCO), bem como o recém-empossado Presidente do STF, ministro Dias Toffoli. O último indicado de Lula chegou ao evento – que ocorreria às vésperas das eleições gerais – trazendo consigo a polêmica nomeação, ocorrida duas semanas antes, do general da reserva Fernando de Azevedo e Silva como seu assessor especial (SILVA, F, 2018). Para que não restasse dúvidas de que aquele incômodo odor era de pólvora, Toffoli, despudoradamente, explicitou na palestra que "não me refiro nem a golpe nem a revolução de 64. Me refiro a movimento de 1964" (LEORATTI, 2018). O fato é narrado por Hugo Cavalcanti Melo Filho em seu urgente "Judiciário tutelado: STF sob o peso dos coturnos" (2019, pp. 65-6), e o uso equívoco da referência do ministro foi refutado pelo historiador Daniel Aarão Reis (SCORCE, 2018).

# Capítulo 1

## Catando feijão para o gato de Cheshire

*Would you tell me, please, which way I ought to go from here?'*
*'That depends a good deal on where you want to get to,'*
*said the Cat.*
*'I don't much care where –' said Alice.*
*'Then it doesn't matter which way you go,' said the Cat.*
*'– so long as I get somewhere,' Alice added as an explanation.*
*'Oh, you're sure to do that,' said the Cat, 'if you only*
*walk long enough´*
**Lewis Carroll – Alice in Wonderland**

*Catar feijão se limita com escrever:*
*joga-se os grãos na água do alguidar*
*e as palavras na folha de papel;*
*e depois, joga-se fora o que boiar.*
*Certo, toda palavra boiará no papel,*
*água congelada, por chumbo seu verbo:*
*pois para catar esse feijão, soprar nele,*
*e jogar fora o leve e oco, palha e eco.*
*Ora, nesse catar feijão entra um risco:*
*o de que entre os grãos pesados entre*
*um grão qualquer, pedra ou indigesto,*
*um grão imastigável, de quebrar dente.*
*Certo não, quando ao catar palavras:*
*a pedra dá à frase seu grão mais vivo:*
*obstrui a leitura fluviante, flutual,*
*açula a atenção, isca-a como o risco*
**João Cabral de Melo Neto**

Este primeiro capítulo se inicia com duas epígrafes porque também duas são as tarefas que pretendo concluir nele. Cada trecho literário dialoga, portanto, com as dificuldades e especificidades dos desafios que lhes correspondem.

No clássico infantil "Alice no país das maravilhas"[5] a protagonista reencontra o gato de Cheshire em cima de uma árvore. No breve diálogo entre os dois, o sorridente animal diz algo que soa como uma importante lição metodológica: é preciso saber aonde se quer chegar para se planejar um caminho. Daí a primeira tarefa do capítulo: descrever o objeto de pesquisa, registrando seus limites e, assim, poder avançar sabendo exatamente o que constitui aquilo que estamos buscando.

A seguir há o poema de João Cabral de Melo Neto. É curioso resgatar que o texto mais famoso deste autor, "Morte e Vida Severina", data de 1955, portanto um ano após ser beneficiado por decisão do STF em que se anulava a pena que o governo Getúlio Vargas lhe aplicara de colocá-lo em "disponibilidade inativa, sem remuneração", afastando-o de suas atividades no Itamaraty pelas convicções comunistas[6] do diplomata.

Retornando ao poema, é de se destacar que o ato de "catar feijão", como se verá, ilustra bem a segunda tarefa ambicionada neste capítulo, qual seja: definir o universo de casos a serem examinados.

Eis, portanto, os dois objetivos deste primeiro capítulo: descrever os limites do objeto de pesquisa seguindo a lição do gato de Cheshire;

---

[5] Proponho a seguinte tradução livre: "- *Você pode, por favor, me dizer por qual caminho eu devo seguir? – Isso depende de aonde você quer chegar, respondeu o gato. – Para mim, tanto faz o lugar, disse Alice. – Então, tanto faz o caminho, disse o gato. – Mas eu quero chegar em algum lugar, Alice explicou. – Ah, isso você consegue! É só continuar andando que em algum lugar você chega*". Certa vez, durante a graduação, ganhei uma versão de bolso deste livro que continha uma capa um pouco "burocrática". Estava com o presente em minha mochila quando encontrei meu amigo e colega de sala Thalles Klukevicz, que, por qualquer motivo, precisava de algum favor meu. Forjando a "forma equivalente" que Marx explica no primeiro volume de O Capital (2013, p. 127) pedi que, em troca, ele desenhasse alguma coisa em cima daquela capa sem vida. No dia seguinte, Thalles me devolveu o livro com uma caprichosa gravura que até hoje conservo entre meus mais preciosos itens bibliográficos. Certamente a retribuição produzida por ele foi desproporcional ao favor que fiz no dia anterior, por isso aproveito este espaço para agradecer-lhe pela amizade, risadas e por aquele desenho.

[6] O caso é relembrado por Arnaldo Sampaio de Moraes Godoy (2012). O acórdão pode ser acessado em: BRASIL. STF. MS nº 2.264/DF, rel. Luiz Gallotti, julgado em 14.10.1954, disponível em: <https://redir.stf.jus.br/paginadorpub/paginador.jsp?docTP=AC&docID=82335>. Acesso em dezembro de 2021.

e definir o universo de indivíduos que conformam a população a ser analisada, como quem "cata feijão", na imagem de João Cabral de Melo Neto.

## 1.1 O gato de Cheshire ou do objeto de pesquisa

A descrição do objeto exige o enfrentamento de duas questões que compõem a investigação: em primeiro lugar, delimitar os elementos do funcionamento do Supremo Tribunal Federal que pretendo verificar ("dinâmica jurisdicional"); em segundo lugar, delimitar as fronteiras internas ao Direito do Trabalho que selecionarei para compor o escopo da pesquisa ("questões trabalhistas").

### *1.1.1 Dinâmica jurisdicional*

Originalmente nomeei o objetivo de "dinâmica institucional", porém ao refletir sobre a amplitude da palavra "institucional" alterei para "dinâmica jurisdicional". É que, sendo um órgão de extrema relevância para a vida política nacional, o Supremo Tribunal Federal exerce seu poder de diversas maneiras, não só a partir da jurisdição.

Nesse sentido, Diego Werneck Arguelhes e Leandro Molhano Ribeiro (2018) destacam aquilo que chamam de "poder de sinalizar" que a corte tem, mas que também cada ministro individualmente possui. Aliado ao poder de decidir, bem como ao poder de definir a agenda do STF, os autores avançam na proposta de Oscar Vilhena Vieira (2008) para afirmar que com o passar do tempo a "supremocracia" se transmutou em uma "ministrocracia".

De fato, quando, por exemplo, um ministro do órgão que deveria ser o "guardião da Constituição" afirma que determinado tribunal especializado é um "laboratório" de um partido político (MIGALHAS, 2017), apesar de não estar diante de uma decisão jurisdicional, tem-se a emissão de um posicionamento individual de um integrante do STF que, de uma forma ou de outra, impacta o cenário político brasileiro.

Quanto ao "poder de definir a agenda", apenas um breve registro. O Regimento Interno do STF, ao prever o pedido de vistas[7], garante em algum grau este poder de definir a agenda a cada um de seus membros. Em algumas posições, como explicam Arguelhes e Ribeiro

[7] RISTF, art. 134: O ministro que pedir vista dos autos deverá apresentá-los, para prosseguimento da votação, no prazo de trinta dias, contado da data da publicação da ata de julgamento.

(2018, p. 20), é possível o exercício deste poder de maneira ainda mais contundente, como é o caso da figura do relator – que precisa liberar o caso para julgamento – e do Presidente da Turma ou do Tribunal, que precisa inserir o caso liberado na pauta de julgamento. Assim, aquilo que o STF irá julgar é também marcado por combinações de escolhas políticas. Apesar de não ser o objeto desta obra, tendo em vista o grande poder que se concentra na Presidência do STF, deixo anotada a lista de ministros que ocuparam tal posição no período pesquisado:

| Presidência | Início | Final |
|---|---|---|
| Marco Aurélio | 31/05/2001 | 05/06/2003 |
| Maurício Corrêa | 05/06/2003 | 08/08/2004 |
| Nelson Jobim | 08/08/2004 | 29/03/2006 |
| Ellen Grecie | 29/03/2006 | 23/04/2008 |
| Gilmar Mendes | 23/04/2008 | 23/04/2010 |
| Cezar Peluso | 23/04/2010 | 19/04/2014 |
| Ayres Britto | 19/04/2012 | 17/11/2012 |
| Joaquim Barbosa | 18/11/2012 | 31/07/2014 |
| Ricardo Lewandowski | 31/07/2014 | 12/09/2016 |
| Cármen Lúcia | 12/09/2016 | 13/09/2018 |
| Dias Toffoli | 13/09/2018 | 10/09/2020 |
| Luiz Fux | 10/09/2020 | |

Tabela 2 – Ministros que presidiram o STF entre maio de 2001 e setembro de 2020.

Registro uma última curiosidade antes de retornar à discussão do objeto: interessante notar que a presidência do ministro Marco Aurélio se encerra exatamente no dia anterior à posse do primeiro indicado da era Lula, o ministro Cezar Peluso.

Nesta etapa da pesquisa, portanto, quando me refiro à "dinâmica" tenho, como subentendido, seu complemento "jurisdicional". A ideia é saber como as demandas trabalhistas chegam até o Supremo, mas não só: como a corte atua diante delas; qual o percurso do processo antes, durante e depois da suprema decisão; o que se discute nesses processos; como funciona a instância de deliberação dos ministros; enfim, pretendo um mapeamento da "vida dos processos" trabalhistas nos órgãos colegiados do Supremo Tribunal Federal em um determinado período, qual seja, entre 6 de junho de 2003 e 31 de agosto de 2016.

Para tanto, a pesquisa me impôs grandes desafios. O primeiro, e mais óbvio, foi a elaboração de estratégias que me permitissem alcançar as respostas a tais perguntas. Porém, aquilo que a pesquisa fornece a partir da execução de tais estratégias são dados que, por si só, dizem muito pouco. Daí a necessidade de criar formas de sistematizar, classificar, enfim, categorizar tais respostas.

Entrei em contato com dois textos nos quais o jusfilósofo Dimitri Dimoulis reflete sobre a tarefa de sistematização no Direito. O primeiro é o seu "Positivismo Jurídico" (2006, pp. 74-7), e o segundo é o que ele escreve em companhia de Soraya Lunardi no "Curso de Processo Constitucional" (2017).

Apesar de apresentar e defender o procedimento das classificações, os autores não negam que "Esse ideal classificatório não pode ser atingido pelo Direito, em que tudo é fluido, mutável e controvertido" (2017, p. 83). Ou, de maneira mais explícita:

> [...] no âmbito jurídico revela-se praticamente impossível propor classificações que sejam logicamente perfeitas [...] Sempre haverá dúvidas sobre o universo de referência e sobre o sentido de cada elemento. Da mesma forma, as definições das categorias nunca podem ser totalmente impermeáveis. Isso se dá em razão da natureza do saber jurídico que se baseia em discursos ambíguos que mudam no tempo e se encontram eivados de incertezas. (2006, p. 76)

Não obstante, os autores ainda acreditam na utilidade do esforço classificatório, que tem como condão auxiliar o desenvolvimento das pesquisas em Direito: "Ainda que não resolva definitivamente todos os problemas, permite ordenar o mundo jurídico, propiciando um melhor entendimento dos debates e facilitando a ulterior discussão" (2006, p. 76)[8].

Entretanto, fazê-lo não é tarefa simples em relação às definições de critérios e categorias. De partida, há duas dificuldades: a primeira está relacionada com a advertência do acadêmico grego radicado no Brasil, qual seja, nem sempre é possível a classificação taxativa quando diante de um discurso jurídico; como dito: "tudo é fluido, mutável e controvertido".

A segunda, por outro lado, reflete a específica situação da construção do objeto de pesquisa, vale dizer: a elaboração de critérios deve refletir a dúvida que a pesquisa pretende responder; quanto mais abrangente a dúvida, mais difícil parece ser a construção dos critérios e, portanto, das categorias.

É preciso, portanto, dar mais concretude à pergunta "como os ministros do Supremo Tribunal Federal indicados por Lula e Dilma julgam Direito do Trabalho?" Ou ainda, "como os órgãos colegiados do STF julgaram Direito do Trabalho entre 2003 e 2016?".

Nesta tarefa, desenvolvi e reuni as principais perguntas que me incentivaram neste primeiro objetivo. Diante do recorte temporal (entre 6 de junho de 2003 e 31 de agosto de 2016), do recorte material (processos que veiculassem questões de Direito do Trabalho) e do recorte subjetivo (decisões colegiadas), elaborei as seguintes questões:

1. Quantos processos foram julgados?
2. Quais os tipos de processos são mais comuns?
3. Como chegaram os processos em que o STF atua como instância recursal?
4. A decisão recorrida foi mantida?
5. Quais as matérias de Direito do Trabalho que mais chegam ao STF?
6. Qual é o tipo de resposta que o STF costuma dar? Há julgamento de mérito?
7. Quantos processos eram de controle concentrado?

[8] Para que a classificação seja útil, Dimoulis alerta: "Um cuidado básico [...] é explicitar o universo de referência e as definições adotadas para facilitar o controle e a posterior crítica" (2006, p. 76). Explicitar passo a passo a construção daquilo que Dimoulis ora chama de "universo de referência", ora de "universo de estudo" foi uma preocupação que me acompanhou durante toda a pesquisa e pode ser examinado a partir do texto original da obra. Como expliquei na Introdução deste livro, substituí a descrição pormenorizada dos métodos de investigação que utilizei na tese por uma explicação de caráter generalista.

8. Quais órgãos atuaram no julgamento? Quem julga?
9. É possível identificar a presença de litigantes habituais?
10. Quem foi o relator do processo?
11. Há votos divergentes?
12. Como chegaram os processos em que o STF atuou como instância originária?
13. O resultado da decisão beneficia quem?
14. Caso o mérito não tenha sido julgado, qual foi o fundamento para isso?

Tais questões deram origem a critérios, e para cada critério elaborei categorias específicas no esforço de apreensão teórica do fenômeno pesquisado (a dinâmica jurisdicional do STF diante de matéria trabalhista). Deixarei para apresentar esses critérios e categorias no próximo capítulo.

### *1.1.2 Questões trabalhistas: delimitando o Direito do Trabalho*

Querer delimitar os objetos que compõem o Direito do Trabalho é uma tarefa demasiadamente pretensiosa, porque partindo de sua construção histórica, é necessário reconhecer que o Direito do Trabalho não se basta em textos normativos e decisões judiciais, mas, antes, representa uma virada radical na compreensão do papel e da própria lógica do Direito e do Estado na sociedade capitalista contemporânea (SOUTO MAIOR, 2000, pp. 213 e 248).

Porém, não é isso que o objeto requer. O que se requer é a definição das matérias, ou melhor, dos tipos de problemas jurídicos que chegam para que o STF os resolva colegiadamente. Não deixo de reconhecer que tal delimitação de "tipos de problemas jurídicos" pressupõe escolhas ideológicas (como não poderia deixar de ser em se tratando de um objeto próprio das humanidades[9]) daquilo que constitui ou não o Direito do Trabalho. De toda sorte, os recortes metodológicos de caráter objetivo foram necessários para que a pesquisa se viabilizasse.

Destaco, no entanto que, apesar dos meus esforços para demarcar previamente aquilo que deverá e aquilo que não deverá compor o objeto de pesquisa, na concretude das análises dos casos os limites se mostram muito efêmeros, frequentemente proporcionando dúvidas cujas soluções tratarei de apresentar caso a caso.

[9] Retomo esta discussão no segundo capítulo.

Passo, portanto, à proposta de delimitação do escopo material da pesquisa: *a priori*, todas as questões relativas ao direito individual do trabalho e ao direito coletivo do trabalho estão incluídas. Aliás, a advertência que expressei no primeiro parágrafo desse ponto pulsa diante dessa pretensa divisão entre direito individual e coletivo. É que, como se sabe, tal díade atende simplesmente a certo interesse didático: dividir disciplina extremamente rica de conteúdo para que, aos poucos, se possa abordar o conjunto das complexas relações que a compõem. Esse atalho didático, no entanto, não permite ignorar que diante do histórico da construção justrabalhista um fenômeno corresponda à expressão do desenvolvimento do outro: aquilo que se convenciona chamar de direito individual do trabalho só existe como expressão socialmente generalizada – pela intermediação estatal – dos produtos daquilo que denominamos direito coletivo do trabalho.[10]

Questões relativas ao meio ambiente do trabalho, tais quais saúde e segurança do trabalhador ou infortunística laboral também compõem o escopo objetivo da pesquisa. De outro lado, a importante discussão sobre a competência para julgar acidentes de trabalho não faz parte do objeto.

Apesar de a erradicação do trabalho análogo à escravidão (Convenções da OIT nº 29/1930 e 105/1957) – junto com a promoção da liberdade sindical (Convenções da OIT nº 87/1948 e 98/1949), o combate à discriminação laboral (Convenções da OIT nº 100/1951 e 111/1958) e à erradicação do trabalho infantil (Convenções da OIT nº 138/1973 e 182/1999) – compor as chamadas "*core obligations*" ou Convenções Fundamentais da Organização Internacional do Trabalho (OIT, 2019, p. 18), decidi por não

[10] Nas palavras de Jorge Luiz Souto Maior: "Costuma-se dividir o Direito do Trabalho em dois planos de atuação, o Direito Individual do Trabalho e o Direito Coletivo do Trabalho, que, conforme os pressupostos teóricos estabelecidos se desenvolveriam em sentidos contraditórios, mesmo que isso não seja percebido ou revelado. Essa divisão, no entanto, não pode subsistir, pois se baseia em dois equívocos: primeiro, de que exista um direito "individual" do trabalho, expressão pela qual se faz supor que a regulação se dê na ótica do exclusivo interesse do indivíduo, e segundo, de que nas relações sindicais não se inseririam os mesmos princípios jurídicos trabalhistas, fazendo-se supor que em virtude da alteração dos sujeitos estaria aberto o campo para a incidência dos preceitos liberais clássicos, sobretudo o contrato, a partir de uma imaginada autonomia coletiva. Ora, se isso de fato se desse não seria próprio falar em Direito Coletivo do Trabalho, pois que de Direito do Trabalho não se trataria. Além disso, nas denominadas relações individuais, examinadas pelo Direito do Trabalho no contexto do Direito Social, a esfera será prioritariamente coletiva, ainda que se cuide de gerar direitos aos trabalhadores individualmente considerados. Não se referem a direitos subjetivos, vinculados ao interesse exclusivo do titular do direito, até porque sua vontade é limitada, incluindo a impossibilidade de renunciar ao direito. São, portanto, direitos integrados a um projeto coercitivo de organização e conformação da produção e da reprodução capitalista" (SOUTO MAIOR, 2011, pp. 684-5).

incluir tal tema no objeto de pesquisa. É que, no Direito do Trabalho, geralmente a *ratio pro homine* está ao lado daquele que teve violado seu patrimônio civil, ou seja, do trabalhador que não recebeu o que lhe era devido, mesmo depois de ter laborado, enquanto no Direito Penal a *ratio pro homine* é invertida, beneficiando aquele que é acusado de violar o patrimônio alheio. Assim, dada a distinta racionalidade jurídica que emerge de casos que envolvam trabalho análogo à escravidão, decidi por não os integrar ao escopo da pesquisa.

Decidi que temas afeitos ao processo do trabalho e à seguridade social estariam, *a priori*, excluídos do objeto.

Os indivíduos que veiculam discussões trazidas por agentes públicos, sobretudo servidores estatais, contemplam casos envoltos em uma vasta gama de nuances e complexidades. Inicialmente, a regra de seleção que impus foi a de que empregados públicos de empresas estatais comporiam o escopo – já que são regidos pela CLT – enquanto servidores estatutários estariam excluídos.

Não obstante, a combinação entre a Emenda Constitucional nº 19/1998 e a Medida Cautelar na Ação Direta de Inconstitucionalidade nº 2135, proferida em 2007, causou distúrbios na aplicação desta regra em diversos casos.

## 1.2 Do universo de pesquisa

Após delimitar o objeto da pesquisa enfrentei a tarefa de definir o universo de casos (aquilo que a estatística define como "população") que examinaria. De pronto, a questão das fontes de pesquisa (QUEIROZ, 2015, p. 80) se impôs como um problema cuja superação teve seus percalços.

Desde a concepção da pesquisa parti do pressuposto segundo o qual os casos (indivíduos da população, em termos estatísticos[11]) seriam fornecidos primariamente pela pesquisa realizada no banco de dados eletrônico que o Supremo Tribunal Federal disponibilizava em seu *site*[12].

Criado em 1996 (VERÇOSO et al., 2014), o sistema eletrônico de buscas do STF foi alvo de diversas críticas ao longo dos anos. É possível encontrar

[11] Segundo a lição de Magalhães e Lima: "Na terminologia estatística, o grande conjunto de dados que contém a característica que temos interesse recebe o nome de população. Esse termo refere-se não somente a uma coleção de indivíduos, mas também ao alvo sobre o qual reside nosso interesse." (2015, p. 2).

[12] Quando da elaboração do projeto de pesquisa (segundo semestre de 2017) e do exame de qualificação (setembro de 2019), tal banco de dados era acessível por meio do endereço: <https://jurisprudencia.stf.jus.br/pages/search>.

desde críticos que, mesmo o reivindicando como instrumento de pesquisa, identificam problemas de usabilidade, como, por exemplo, acusar "resultados que não se ajustam à expressão pesquisada" (SILVA, 2009, p. 33)[13], até outros que, diante da incompletude do sistema, parecem rechaçar tal metodologia (RODRIGUEZ JUNIOR, 2013). De toda sorte, é preciso reconhecer que o sistema eletrônico de buscas do STF passou por diversas mudanças com o tempo, tornando-se cada vez mais confiável – ainda que, admito, ainda há muito para melhorar[14].

Provavelmente seguindo esse ímpeto de aperfeiçoamento, o STF lançou, em 25 de maio de 2020[15] – portanto, em momento da pesquisa em que eu já tinha delimitado o universo de casos a serem analisados – novo sistema de busca de jurisprudência que coexistiu com o sistema original até que este fosse definitivamente desativado em 4 de setembro de 2020[16]. Faço tais anotações para justificar o fato de que, tendo em vista esta mudança do mecanismo de busca, alguns dos procedimentos de pesquisa que utilizei e que, por isso mesmo, descreverei a seguir não são mais passíveis de reprodução.

---

[13] Aproveito a citação ao texto do Professor Virgílio Afonso da Silva para registrar uma lembrança do ano de 2008 quando, ainda calouro, passava algumas tardes lendo na Biblioteca dos Departamentos de Filosofia do Direito e de Direito do Estado (Sala Arouche Rendon). Ali, certa vez, sentado em frente a uma ampla janela que dava vista para a lateral da Catedral da Sé (de frente para a Rua Senador Feijó), fui interrompido por alguém que, para acessar um livro da última prateleira da estante que estava ao meu lado, precisava posicionar (e subir) a escada da biblioteca no exato local em que eu me sentava. Diante da minha surpresa, o portador da escada, o Professor Virgílio, disparou simpaticamente que "alcançar o conhecimento é sempre uma coisa difícil", destacando zombeteiramente a palavra "alcançar". Mais de uma década após o ocorrido, diante das dificuldades na elaboração da presente pesquisa, sou levado a concordar com ele.

[14] O texto de Verçoso et al. (2014) faz um detalhado diagnóstico dos problemas enfrentados por quem se dedica à pesquisa jurisprudencial no site do STF e do STJ. Ao final, os autores afirmam: "Propomos que os tribunais superiores disponibilizem no banco de dados jurisprudenciais de suas páginas eletrônicas todos os julgados. Ademais, fornecer a integralidade dos julgados e permitir que o sistema de busca varresse o inteiro teor das decisões seriam outras iniciativas adequadas para contribuir ao aprimoramento dos sistemas." (2014, p. 127).

[15] BRASIL. Supremo Tribunal Federal. STF moderniza pesquisa de jurisprudência e facilita acesso aos usuários. STF imprensa, Brasília, 25/05/2020. Disponível em: <http://portal.stf.jus.br/noticias/verNoticiaDetalhe.asp?idConteudo=444028&ori=1>. Acesso em 17 mar. 2021; BRASIL. Supremo Tribunal Federal. Conheça a nova página de pesquisa de jurisprudência do STF. STF imprensa, Brasília, 27/05/2020. Disponível em: <http://portal.stf.jus.br/noticias/verNoticiaDetalhe.asp?idConteudo=444192&ori=1>. Acesso em 17 mar. 2021.

[16] BRASIL. Supremo Tribunal Federal. Versão anterior do serviço de pesquisa de jurisprudência do STF será desativada nesta sexta-feira (4). STF imprensa, Brasília, 03/09/2020. Disponível em: <http://portal.stf.jus.br/noticias/verNoticiaDetalhe.asp?idConteudo=450951&ori=1>. Acesso em 17/03/2021.

### *1.2.1 Fontes e procedimentos para delimitar o universo*

Seguramente um dos maiores desafios que enfrentei para a elaboração desta pesquisa foi o de delimitar a população que analisaria. Para superá-lo, utilizei-me de dois tipos de fontes: uma principal e outra acessória, sendo que a principal foi composta de dois tipos de procedimentos: um primário e outro secundário.

### *1.2.2 a) Lutando contra Boole: a elaboração de argumentos*

Partindo da fonte principal, qual seja, a base de dados de jurisprudência do STF, o primeiro obstáculo para a delimitação da população foi o de confeccionar, por meio de operadores booleanos, um argumento de pesquisa que, quando executado no buscador eletrônico do STF, fornecesse resultados que satisfizessem o escopo dessa investigação.

Dentre todos os argumentos de pesquisas que elaborei, o que julguei ser mais promissor foi o seguinte: ((DIREITO PROX7 TRABALH$). EMEN.); restringi os resultados aos marcos temporais desta pesquisa de 6 de junho de 2003 a 31 de agosto de 2016. A fórmula utilizada busca expressões que contenham a palavra “direito” e derivações de “trabalho” – incluindo trabalhista, por exemplo – em uma distância próxima[17] no corpo da Ementa de julgados.

Ao todo, encontrei 580 documentos, sendo 554 acórdãos, 7 Questões de Ordem e 19 Repercussões Gerais.

| Parâmetros da Pesquisa | |
|---|---|
| Data da pesquisa | 31/05/2019 |
| Expressão de busca | (DIREITO PROX7 TRABALH$). EMEN.) |
| Marco Inicial | 06/06/2003 |
| Marco Final | 31/08/2016 |
| Total de Documentos | 580 |
| Acórdãos | 554 documentos |

[17] Reconheço que a utilização do operador PROX7 é demasiadamente conservadora – já que este operador busca palavras aproximadas em qualquer ordem –, porém, tendo em vista que foi fornecido um volume de elementos que, à primeira vista, se mostrava viável para submissão à análise individual, mantive a opção conservadora já que me parecia ser muito menos oneroso para a pesquisa eliminar eventuais casos irrelevantes do que deixar de lado algum elemento que compusesse o objeto de pesquisa.

| Parâmetros da Pesquisa | |
|---|---|
| Questões de Ordem | 7 documentos |
| Repercussão Geral | 19 documentos |

Tabela 3 - Parâmetros da Pesquisa.

### 1.2.2 *b) A contribuição dos servidores do STF*

Enfim eu tinha um universo de elementos de análise factível para os próximos meses: um número que julgava ser capaz de analisar segundo os objetivos do trabalho. Preocupado, entretanto, com a possibilidade de que outros argumentos de pesquisa pudessem fornecer resultados mais abrangentes, entrei em contato com a Coordenadoria de Análise de Jurisprudência, órgão vinculado à Secretaria de Documentação[18] do STF, que prontamente me atendeu[19].

Utilizando o argumento fornecido por tal órgão do tribunal – (DIREITO ADJ5 TRABALHO NAO DEC$ ADJ5 MONOCRATICA$) – refiz a pesquisa. Obtive 2.425 documentos, dos quais 2.017 eram decisões monocráticas, 380 acórdãos, 12 Decisões da Presidência, 5 Questões de Ordem e 11 Repercussões Gerais. Tal diferença quantitativa revela que a estratégia de pesquisa da Seção não foi tão bem-sucedida para eliminar as decisões monocráticas por meio da fórmula NAO DEC$ ADJ5 MONOCRATICA$.

Interpretei que o número inferior de acórdãos ofertado pela proposta do órgão atestaria um grau satisfatório de confiabilidade do

[18] Aliás, não é a primeira vez que me sirvo para fins acadêmicos dos serviços do pessoal de pesquisa de jurisprudência do STF. À época da redação do texto "As Ações Diretas de Inconstitucionalidade movidas no Supremo Tribunal Federal contra a Deforma Trabalhista" (YAMAMOTO, 2018), o auxílio da Seção de Pesquisa de Jurisprudência, vinculada à Coordenadoria de Análise de Jurisprudência do STF, foi absolutamente imprescindível.

[19] Na verdade, a mensagem que enviei para o órgão tinha como objetivo apenas travar certo diálogo sobre argumentos de pesquisa. Na oportunidade escrevi que "*num primeiro momento, gostaria de mapear todas as decisões que o STF tomou sobre Direito do Trabalho de forma colegiada, portanto, não monocrática. Eu sei que vocês possuem a pesquisa por ramos do direito, porém exatamente Direito do Trabalho não está disponível. Assim, diante de tal tarefa hercúlea gostaria de pedir sugestões de chaves de pesquisa que me garantam que nenhum caso passe batido*". Para a minha surpresa, algumas horas depois recebi como resposta a proposta de argumento que apresento neste parágrafo. Apenas inseri a delimitação temporal exata que defini e pude, então, aproveitar a pesquisa realizada pela Coordenadoria de Análise de Jurisprudência do STF. Uma vez que a mensagem enviada não é assinada nominalmente por qualquer servidor, mas pelo próprio órgão, registro aqui meus agradecimentos a todos os trabalhadores que, com muita competência, servem na Coordenadoria de Análise de Jurisprudência do Supremo Tribunal Federal: muito obrigado!

argumento de pesquisa que elaborei originalmente. Evidentemente não seria o caso de abandonar a fórmula que eu criei em favor da que me foi fornecida, mas antes integrar ambos os resultados.

Ao tratar, num primeiro momento, apenas dos documentos classificados como "Acórdãos" por ambas as pesquisas tenho a simples soma dos dois resultados, fornecendo 934 (554 + 380) documentos. Porém, dado que a maior parte dos elementos que o parâmetro executado pela Coordenadoria de Análise de Jurisprudência do STF já constava da minha pesquisa original, tal volume certamente contaria com elementos duplicados. Após diversas experiências e um trabalhoso processo de aprendizado dos instrumentos disponíveis no Excel, cheguei a um número de 601 acórdãos relativos a Direito do Trabalho que o STF, por meio de suas turmas ou pelo seu pleno, julgou entre 6 de junho de 2003 e 31 de agosto de 2016.[20] Diante do resultado parcial, identifiquei cada elemento com um código cujo primeiro caractere é 's' e os outros três seguem a sequência numérica (de 's001' a 's601').

Além do fato de tal universo excluir as decisões tomadas em sede de Questões de Ordem e Decisões da Presidência, é preciso advertir que muitos dos casos que compõem tal universo de 601 elementos, apesar de atender um ou outro parâmetro de pesquisa, não trata exatamente do objeto que a pesquisa delimitou. Assim, o trabalho de eliminar casos que tratavam de objeto que não fazia parte do escopo da pesquisa me acompanhou durante grande parte do tempo.

De outro lado, a análise de alguns indivíduos que compõem a população que delimitei às vezes aponta para casos que, apesar de não serem encontrados pelos argumentos de pesquisa utilizados, são pertinentes ao objeto da investigação. Também nessas circunstâncias incluí tais indivíduos (conforme explicito mais adiante, os casos foram registrados com código cujo primeiro caractere é 'p' seguido

[20] A diferença de resultados entre a minha pesquisa e aquela realizada pelo órgão interno do STF está na utilização de dois operadores distintos que revelam estratégias distintas de pesquisa, e mais: revelam certa diversidade nas decisões teóricas tomadas com antecedência. De minha parte lancei mão do operador "EMEN", ou seja, minha busca limitou-se a encontrar Direito do Trabalho e suas derivações na ementa dos julgados. Da parte da Seção utilizou-se a fórmula "NAO DEC$ ADJ5 MONOCRATICA$", na tentativa de excluir, portanto, os julgados monocráticos.

de outros 3 que obedecem a sequência numérica), não deixando de registrar tal procedimento[21].

### 1.2.2 c) *Dialogando com Georgenor de Sousa Franco Filho*

Em 1998 a editora LTr lançou um opúsculo intitulado "Direito do Trabalho no STF" que, assinado por Georgenor de Sousa Franco Filho, reunia os principais julgados trabalhistas do ano anterior na mais alta Corte do país.

Em setembro de 2019 foi publicado o vigésimo segundo volume desta consagrada obra do juslaboralismo e do constitucionalismo brasileiro.

Portanto, desde 1998 o autor – que, ademais da vasta produção acadêmica, também atua como Desembargador do Tribunal Regional do Trabalho da 8ª Região (Pará/Amapá) – tem lançado, ano após ano, ininterruptamente, novo volume a fim de congregar e comentar rapidamente as decisões que o Supremo Tribunal Federal produziu no ano anterior em matéria de Direitos Sociais, com especial destaque para o Direito do Trabalho, o Processo do Trabalho e a Seguridade Social.

Com o objetivo de tornar o universo de casos analisados o mais completo possível, primeiro empreendi a tarefa de anotar os julgados coletados pelo acadêmico paraense entre os volumes 7 (publicado em 2004 sobre decisões de 2003) a 20 (publicado em 2017 sobre decisões de 2016).

Consultando o utilíssimo "Índice dos julgados publicados na coletânea" que aparece ao final de cada volume obtive, ao todo, 499 casos (FRANCO FILHO, 2017, v. 20, pp. 243-64); a seguir, identifiquei cada elemento com um código cujo primeiro caractere é 'g' e os outros três seguem a sequência numérica (de 'g001' a 'g499').

Assim, ao universo que construí com a ajuda da Coordenadoria de Análise de Jurisprudência do STF (população de 601 indivíduos) acresci o universo fornecido por Georgenor de Sousa Franco Filho

[21] Tais decisões metodológicas me pareceram as mais legítimas para a preservação da integridade do objeto de pesquisa. A postura parece ser a indicada também por Feferbaum et al. (2019, pp. 116-7), que afirmam que: "Após a composição da amostra, o pesquisador passa à fase de leitura e análise dos julgados. Como apontado, é natural que ao longo desse processo ele refine a sua amostra pela leitura de seu inteiro teor. Por um lado, alguns julgados selecionados podem não se relacionar diretamente com o escopo do projeto, razão pela qual deverão ser excluídos. Por outro lado, alguns importantes precedentes referenciados nas decisões analisadas, mas não recolhidos na fase de pesquisa nas bases eletrônicas de jurisprudência, merecem ser integrados à amostra. A amostra inicial é, portanto, meramente indicativa. O mais importante é que o pesquisador mantenha um registro das inserções e exclusões com a devida justificativa.".

(população de 499 indivíduos). De imediato, obtive o universo de 1100 casos julgados pelo STF.

Dos 499 indivíduos que o "Índice dos julgados publicados na coletânea" do vigésimo volume de "Direito do Trabalho no STF" referenciava nos catorze volumes que englobam o recorte temporal desta pesquisa, centenas foram eliminados: alguns porque repetiam casos já colhidos; outros porque, apesar de datarem de 2003 ou de 2016, foram julgados antes de 6 de junho do primeiro ano do governo Lula ou depois de 31 de agosto do último ano do governo Dilma; muito outros casos foram eliminados porque não tratavam propriamente do objeto desta pesquisa: tratavam de questões relativas a Processo do Trabalho, Seguridade Social, Direito Administrativo etc.

Outra dificuldade se deu quanto à grande quantidade de elementos que Franco Filho faz referência, porém não pude encontrar no banco de dados eletrônico que o STF disponibiliza em "Inteiro Teor de Acórdãos".[22] No total, 204 casos apresentaram tal problema.

Imaginei que muitas decisões apareceriam de forma duplicada, vale dizer: anotados tanto no site quanto nos volumes da obra do jurista paraense. Não obstante, apenas 27 ocorrências foram registradas duas vezes. Assim, o resultado até então do universo de indivíduos colhidos passou a ser 1073 casos.

Após o registro, passei à análise de cada um dos indivíduos registrados, a fim de excluir aqueles que não fossem pertinentes ao escopo desta pesquisa.

### *1.2.3 Catando feijão: a angustiante tarefa de selecionar a população para construir universos*

Até aqui caminhei os seguintes passos: estipulei um objetivo de pesquisa; a partir dele construí um objeto; em seguida, desenvolvi instrumentos para que pudesse acessar os casos em que investigaria o objeto construído.

Desviando um pouco do espectro de tribunais e bancos de dados, observo que na natureza dificilmente é possível encontrar substâncias químicas puras. Geralmente nos deparamos com misturas homo ou heterogêneas. O esforço humano de tentar separar substâncias distintas de forma manual é denominado "catação" e consiste, na verdade, na famosa atividade de "separar o joio do trigo", ou seja, de

[22] http://portal.stf.jus.br/jurisprudencia/pesquisarInteiroTeor.asp

retirar daquele conjunto de elementos aquilo que não se tem interesse em consumir – seja trigo, feijão ou mesmo pedras preciosas.

Diante de uma base de dados com 1073 indivíduos fornecidos pelo *site* do STF e pela obra de Georgenor de Sousa Franco Filho intuía que muitos elementos do meu conjunto deveriam ser eliminados. Vislumbrei dois possíveis caminhos: insistir em tentar elaborar filtros mais confiáveis a partir das fórmulas booleanas no site do STF ou então passar a analisar um a um, ainda que superficialmente, para excluir aquilo que julgasse impertinente.

Em favor do primeiro caminho pesava o fato de que, apesar de não dominar totalmente o funcionamento dos mecanismos de pesquisas, meus rudimentares conhecimentos tecnodigitais ainda poderiam fornecer algum resultado satisfatório de maneira rápida e não tão trabalhosa. Pesando contra este caminho estava o receio de perder indivíduos importantes para a pesquisa ou, como se diz popularmente, "jogar fora o bebê junto com a água do banho".

Reconheço o estranhamento que causa a referência a processos físicos e químicos como analogia para descrever a construção de uma tese do campo das humanidades. Já está há muito superada[23] a premissa positivista de que fatos sociais, tais quais fatos naturais, estão submetidos a leis que independem da vontade humana.[24]

Não obstante, ainda acho que a analogia se justifica. É que por diversas vezes, no largo período que utilizei para examinar a

---

[23] Michael Löwy, de maneira didática, dedica-se a reconstituir tal debate teórico no primeiro capítulo de seu "As aventuras de Karl Marx contra o Barão de Münchhausen" (2013, p. 25), texto que pude ler e discutir na disciplina "Ideologia e Direitos Sociais", supervisionada pelos Professores Flávio Roberto Batista e Ronaldo Lima dos Santos. Cabe aqui o reconhecimento da abordagem radicalmente crítica ali desenvolvida a partir de um breve relato: os encontros aconteciam no entardecer das quintas-feiras do primeiro semestre de 2018; ocorre que, na noite de 14 de março daquele ano, uma quarta-feira, o país recebeu a terrível notícia de que a Vereadora da cidade do Rio de Janeiro, Marielle Francisco da Silva, a Marielle Franco, junto com seu motorista, Anderson Gomes, foram brutalmente assassinados. Diante da dor daquela perda incomensurável para o país, percebi que não seria capaz de me concentrar nas profundas discussões que permeavam a aula, por isso decidi que me juntaria à manifestação prevista para o mesmo horário da aula. Em determinado momento, no entanto, encontrei meus colegas de sala e ambos os docentes se somando àquele ato de revolta, indignação e, sobretudo, solidariedade: a sala inteira – exceto eu, que tinha decidido faltar – deliberou que naquele dia a aula seria na rua. Registro aqui meu agradecimento aos Professores e aos colegas com quem pude aprender tanta coisa.

[24] Émile Durkheim, um sofisticado representante desta tese, afirma que "A primeira regra e a mais fundamental é considerar fatos sociais como coisas"; páginas seguintes, reivindicando a herança teórica de Auguste Comte, explicita que: "Comte, é verdade, proclamou que os fenômenos sociais são fatos naturais, submetidos a leis naturais. Daí, implicitamente reconheceu seu caráter de coisas, pois na natureza só existem coisas." (DURKHEIM: 2012, pp. 41 e 44).

pertinência temática de cada um dos indivíduos que compunham minha população, recordei da cena final do clássico "Eles não usam black-tie", quando Otávio, papel de Gianfrancesco Guarnieri, diante do desesperador desfecho daquela greve se junta à Dona Romana, interpretada por Fernanda Montenegro, para, amarguradamente, na expressão de João Cabral de Melo Neto, "catar feijão".

Deixarei demais reflexões comparando o ato de escrever em meio à situação política e social do Brasil de 2018 a 2021 com a obra de Leon Hirszman para situação mais oportuna.[25]

De toda sorte, este foi, portanto, o trabalho que desenvolvi: a "catação" daqueles elementos que, dentro do universo de 1073 indivíduos, não serviam ao objeto que construí para a pesquisa.

Ao "catar feijão", o cozinheiro, partindo da observação a olho nu de seu conjunto de feijão misturado a elementos indesejados, retira manualmente o segundo. Esta "observação a olho nu", obviamente, não é perfeita: pode ser que se deixe passar alguma pedrinha ou então que se elimine algum grão de feijão. Isto porque não se vai até a essência daquilo que se observa, fica-se na aparência: se isso parece uma pedrinha, jogo fora; se isso parece um feijão, conservo-o na pilha dos grãos.

De forma análoga, realizei a maior parte da seleção dos indivíduos "a olho nu", observando a aparência, o que, nesta pesquisa, significa a análise das ementas. De certo, mais seguro seria ter lido a integralidade dos indivíduos. Porém, assim como uma catação de feijão demasiadamente minuciosa traz pouco ganho em relação a uma catação mais simples e ainda impede que o almoço saia no horário, a leitura da integralidade dos acórdãos possivelmente pouco ou (mais otimistamente) nada mudaria na composição da população final e ainda demandaria muito mais tempo de pesquisa.

Separando-os em etapas, procedi à leitura dos indivíduos por três vezes, buscando delimitar a população da maneira mais fiel possível. Nessas leituras senti a necessidade de estabelecer critérios e categorias para dar maior sistematicidade à árdua tarefa

[25] Provavelmente, na minha próxima sessão de análise. Aliás, aproveito o ensejo para registrar meus agradecimentos ao meu analista pelo excelente trabalho.

de seleção de indivíduos que comporiam, ao final, a população. Deixarei para relatar tais construções teóricas no próximo capítulo.

Deparei-me, no entanto, com alguns casos que não constavam em nenhuma das duas fontes de pesquisas utilizadas e foram mencionados de maneira reiterada. Diante desta situação, procedi à adição destes indivíduos à população que seria submetida ao terceiro processo de leitura; em seguida os analisei de forma mais aprofundada. Foram seis os casos adicionados: identifiquei cada elemento com um código cujo primeiro caractere é 'p' e os outros três seguem a sequência numérica (de 'p001' a 'p006'). São eles:

| **Indivíduos citados em outros casos e adicionados à terceira leitura** | | | | |
|---|---|---|---|---|
| p001 | ADI 1770-4/DF | JOAQUIM | Tribunal Pleno | 11/10/2006 |
| p002 | RE 463629-8 | ELLEN | Segunda Turma | 14/11/2006 |
| p003 | RE 565714-1 | CÁRMEN | Tribunal Pleno | 30/04/2008 |
| p004 | AI-RG 752633/SP | PELUSO | Tribunal Pleno | 17/09/2009 |
| p005 | RE 460700 | AYRES | Monocrática | 30/10/2006 |
| p006 | ADC 16 | PELUSO | Tribunal Pleno | 24/11/2010 |

Tabela 4 - Indivíduos adicionados à terceira leitura.

Encontrei, também, 55 indivíduos que não correspondem exatamente aos padrões da pesquisa, porém que poderiam vir a servir para explicar questões pontuais em momentos diversos da pesquisa.

Ao final, portanto, a seleção a que procedi forneceu as seguintes cifras:

| | | |
|---|---|---|
| | 1073 | [universo inicial] |
| – | 546 | [casos eliminados na segunda leitura] |
| + | 6 | [casos que colhi na leitura dos demais indivíduos] |
| – | 84 | [casos eliminados na terceira leitura] |
| – | 55 | [casos que foram reservados para possível análise] |
| = | 394 | ["universo da dinâmica jurisdicional" ou "universo 1"] |

Enfim concluí a composição de uma população para analisar a dinâmica jurisdicional do Supremo Tribunal Federal em matéria trabalhista entre 6 de junho de 2003 e 31 de agosto de 2016. Chamarei tal conjunto de 394 indivíduos de "universo da dinâmica jurisdicional" ou ainda "universo 1".

Admito que a tarefa de seleção não foi fácil e tomou muito mais tempo e energia do que eu havia imaginado inicialmente.

A tarefa de construir um universo de pesquisa a partir da seleção de indivíduos que importam ao objeto de pesquisa provoca certa angústia. É que a pessoa responsável por realizar a seleção deve fazê-lo em obediência a um objeto. Obviamente, quem cria o objeto de pesquisa é o próprio pesquisador, porém uma vez delimitado é preciso ser fiel a ele e negar a tentação da adesão de última hora de indivíduos que, por mais interessantes que possam ser, fogem ao escopo do objeto.

De qualquer forma, a seleção foi finalizada: os feijões foram separados e é chegada a hora de usá-los.

# Capítulo 2

## Uma foto panorâmica do STF

*En todas las casas se habían escrito claves para memorizar los objetos y los sentimientos. Pero el sistema exigía tanta vigilancia y tanta fortaleza moral que muchos sucumbieron al hechizo de una realidad imaginaria, inventada por ellos mismos, que les resultaba menos práctica pero más reconfortante.*
***Gabriel García Márquez – Cien años de soledad***

Páginas atrás elaborei a seguinte proposta: diante dos objetivos que estabeleci realizaria um esforço de sistematização dos elementos que compõem o objeto. Com tal sistematização pretendia dar materialidade aos objetivos postos, partindo da elaboração de critérios classificatórios que, por sua vez, suscitariam categorias. Estas, quando preenchidas, deveriam fornecer resultados úteis à pesquisa. A seguir, explicito a sequência de procedimentos metodológicos que utilizei para desenvolver a sistematização que revelaria os resultados de pesquisa.

Enquanto descrevia os procedimentos que desenvolvi, deixei entrever (ou "escapar", quase que de maneira inconsciente) algumas questões que suscitam o tema dos valores que orientam a pesquisa ou de uma suposta neutralidade científica. Assim, mesmo que de maneira lateral acredito ser necessária uma breve explicação sobre tais questões.

Minha proposta de construir um método de pesquisa que permita a verificação dos resultados pelos interessados no assunto não carrega consigo uma pretensa neutralidade axiológica.

Parto do pressuposto que esta pesquisa – assim como qualquer outra – está situada, perpassada e constituída por um momento histórico-social absolutamente concreto. Isso significa que as perguntas que a animam não se encontram em estado de suspensão no mundo (puro) das ideias. Antes, refletem minhas inquietações acadêmicas que, por sua vez, são conformadas a partir dos valores[26] que construí em meu percurso de vida e que, querendo ou não, carrego (e sou carregado) no momento histórico-social em que vivo.[27]

O pressuposto que rechaça a possibilidade de uma pesquisa social inteiramente objetiva parece consolidado nas Ciências Sociais desde Max Weber, para quem:

> Não existe nenhuma análise científica totalmente "objetivada" da vida cultural, ou (...) dos "fenômenos sociais", que seja independente de determinadas perspectivas especiais e parciais, graças às quais estas manifestações possam ser, explícita ou implicitamente, consciente ou inconscientemente, selecionadas, analisadas e organizadas na exposição, enquanto objeto de pesquisa. Isso se deve ao caráter particular da meta do conhecimento de qualquer trabalho das ciências sociais que se proponha ir além de um estudo meramente formal das normas – legais ou convencionais – da convivência social (2016, p. 233).[28]

Assim, se as perguntas que motivam a pesquisa não são – nem se pretendem – "puras", também os instrumentos que construo para respondê-las nascem marcados por meu próprio conjunto axiológico. Mas, não só: a construção de critérios e categorias é estruturada diretamente por escolhas que estão fundamentadas, elas próprias, em

[26] Aqui, a palavra "valores" não faz referência a uma ideia de "valores universais", mas sim à minha própria "visão social de mundo", como propõe Michel Löwy (2010, p. 13).

[27] Como ensina Gramsci: viver é tomar partido.

[28] Mais adiante, Weber afirma: "A tentativa de um conhecimento da realidade 'livre de pressupostos' só conseguiria produzir um caos de 'juízos existenciais' acerca de inúmeras concepções ou percepções particulares. E o mesmo resultado só seria possível na aparência, já que a realidade de cada uma das percepções, expostas a uma análise detalhada, ofereceria um sem-número de elementos particulares que nunca poderão ser expressos de modo exaustivo nos juízos de percepção. Este caos só pode ser ordenado pelo fato de que, em qualquer caso, unicamente um segmento da realidade individual possui interesse e significado para nós, posto que só ele se encontre em relação com as ideias culturais de valor com que abordamos a realidade" (2016, p. 239).

acordo com tal conjunto. Porém, ao reconhecer esta influência não afasto a necessária explicitação das razões que utilizo para vencer os obstáculos da pesquisa.

Mesmo diante, por exemplo, de classificações já há muito estabelecidas pela doutrina jurídica, decidir por utilizá-las integralmente, parcialmente ou escolher entre esta ou aquela corrente, ou mesmo optar por criar um critério próprio são soluções que tomo pretendendo atender ao objetivo que estabeleci, a partir de escolhas historicamente situadas, porém, destaco, explicitadas suas justificativas racionais.[29]

De maneira mais explícita: pretendo propor uma investigação rigorosa do objeto de pesquisa que defini. Por mais rigorosa que pretenda ser esta investigação, no entanto, ela inevitavelmente se dá concretamente: é levada a cabo por um pesquisador que pensa e produz a partir da concretude da realidade em que vive. Ao destacar esta historicidade (e, portanto, concretude) da pesquisa não pretendo flexibilizar o caráter rigoroso que reivindiquei, antes, porém, situar este trabalho como um esforço teórico para o desenvolvimento dos estudos sobre a dinâmica jurisdicional do Direito do Trabalho no Brasil, sujeito a – e, na verdade, pretendendo suscitar – críticas que contribuam para o avanço da investigação da função e dos limites do Direito e, mais especificamente, do Direito do Trabalho.

## 2.1 Sistematização e construção de critérios e categorias

Explicada a ressalva, parto dela para retornar à descrição e fundamentação de minhas ações na pesquisa. Desenhei este procedimento metodológico baseado nas indicações que Dimitri Dimoulis realiza nos dois textos que citei anteriormente.

Depois de identificar uma variedade – vale dizer, quantidade heterogênea – de posições juspositivistas, Dimoulis aduz em seu "Positivismo Jurídico" (2006, pp. 74-7):

> Ponto de partida da classificação é a fixação do universo de referência. Em seguida, devem ser elaboradas as definições das categorias. A última tarefa consiste na distribuição dos elementos do universo de referência entre as várias categorias. (p. 75)

[29] Agradeço, aqui, ao diálogo constante e que estabeleci com o acadêmico e amigo, Gabriel Franco da Rosa, sobretudo em relação à teoria do direito e epistemologia nas humanidades. Eventuais equívocos, por óbvio, são de responsabilidade exclusiva do autor.

Na obra "Curso de Processo Constitucional" (2017), elaborada em parceria com Soraya Lunardi, tal procedimento passa a ser detalhado. Ali, os autores descrevem as quatro etapas que julgam necessárias para realizar classificações no estudo do Direito. Tal qual já era anunciado em "Positivismo Jurídico", a primeira etapa é a fixação do universo de referência:

> Primeiro, observam-se e descrevem-se os elementos que devem ser classificados (universo de estudo), para descobrir diferenças e semelhanças. (2017, p. 83)

Desdobrando a segunda frase da citação transcrita, os autores explicam: "Segundo, elaboram-se critérios que permitam a classificação" e, então, "Terceiro, para cada um desses critérios, devemos estabelecer categorias que permitem classificar os objetos".

Por fim, "Quarto, os elementos têm de ser agrupados nas categorias elaboradas (classificação propriamente dita)".

Ao terminar de "catar feijões" venci a primeira etapa, qual seja, a "fixação do universo de referência". Agora, cabe explicitar a elaboração dos critérios e das categorias necessárias ao objetivo fixado.

Pretendo que os critérios reflitam as questões que elenquei anteriormente (item 1.1.1). Dadas as características do objeto de pesquisa – um conjunto de decisões judiciais – as questões ecoam momentos distintos de um movimento, qual seja a transformação de demandas justrabalhistas (ou que envolvam Direito do Trabalho) em pronunciamentos judiciais do Supremo Tribunal Federal.

*Campo da Demanda*. Cronologicamente, o primeiro tipo de questão manifesta-se a partir da demanda: quais as características dos processos selecionados? Estão neste grupo os dados que versam sobre os sujeitos e os objetos que provocam o Supremo.

*Campo da Deliberação*. Estabelecido o processo a seguir, há um segundo tipo de questão: aquelas que ecoam o tema do STF enquanto instância deliberativa. Compõe este grupo de perguntas saber, por exemplo, quantos ministros votaram, se houve divergência, qual foi o tipo de juízo que o STF exerceu no caso, dentre outras.

*Campo da Decisão*. Por fim, tenho um terceiro tipo de questão: a que se preocupa quanto ao resultado da atuação do Supremo Tribunal Federal. Como exemplo, posso citar: quantos processos foram julgados, quem foram os relatores, quando foram julgados, qual foi o órgão que realizou o julgamento etc.

O esforço cronológico de sistematização das questões pesquisadas serve como explicitação da elaboração da investigação, porém não me pareceu útil como modo de exposição dos critérios (MARX, 2013, p. 88). Assim, sem me prender à sequência cronológica dos momentos que descrevi, passo a apresentar a sistematização que elaborei.

## 2.2 Critérios "Data", "Relatoria" e "Órgão"

*Data*. A primeira questão – que está no campo das decisões – é saber quando tais casos foram julgados. Esta pergunta me levou a construir o critério "**Data**", que conta como critério a data do julgamento no período selecionado, qual seja, 6 de junho de 2003 e 31 de agosto de 2016

*Relatoria*. A segunda questão – que também está no campo das decisões – é saber quem, ou seja, qual ministro atuou na relatoria do processo.

Para tanto, elaborei o critério "Relatoria", que conta como categorias possíveis todos os ministros que atuaram na corte durante o período pesquisado. Destaco que estão categorizados não somente os nomeados por Lula e Dilma, já que no "universo 1" há casos em que, apesar de não terem sido relatados por um dos treze ministros indicados pelos presidentes petistas, eles, de alguma forma, participaram do julgamento – nem que fosse apenas estando presentes na sessão de julgamento.

Nominalmente, pela ordem de antiguidade são categorias deste critério: José Paulo Sepúlveda Pertence (**Sepúlveda**), José Celso de Mello Filho (**Celso**), Carlos Mário da Silva Velloso (**Velloso**), Marco Aurélio Mendes de Farias Mello (**Aurélio**), Maurício José Corrêa (**Maurício**), Ellen Gracie Northfleet (**Ellen**), Gilmar Ferreira Mendes (**Gilmar**), Antônio Cezar Peluso (**Peluso**), Carlos Augusto Ayres de Freitas Britto (**Ayres**), Joaquim Benedito Barbosa Gomes (**Joaquim**), Eros Roberto Grau (**Eros**), Enrique Ricardo Lewandowski (**Lewandowski**), Cármen Lúcia Antunes Rocha (**Cármen**), Carlos Alberto Menezes Direito (**Menezes**), José Antônio Dias Toffoli (**Toffoli**), Luiz Fux (**Fux**), Rosa Maria Pires Weber (**Rosa**), Teori Albino Zavascki (**Teori**), Luís Roberto Barroso (**Barroso**) e Luiz Edson Fachin (**Fachin**).

*Órgão*. Também no campo das decisões a terceira questão é saber qual o órgão em que o caso foi julgado. O art. 3º do RISTF expressa que: "São órgãos do Tribunal o Plenário, as Turmas e o Presidente". Uma vez que a atuação dos ministros no desempenho de suas atribuições específicas quando na Presidência do STF não faz parte do objeto desta pesquisa, reduzi o critério "**Órgão**" às seguintes categorias: "**Primeira Turma**", "**Segunda Turma**" e "**Tribunal Pleno**".

### *2.2.1 Distribuição de processos no período pesquisado*

A data de julgamento é uma informação que o próprio site do STF fornece. Não obstante, decidi transformar a informação em um critério de pesquisa para refletir sobre o acesso à justiça, mais especificamente verificar se a quantidade de processos trabalhistas que os órgãos colegiados do STF julgaram variou no período pesquisado. Anoto os dados obtidos abaixo:

| Ano | Quantidade |
|---|---|
| 2003 | 4 |
| 2004 | 4 |
| 2005 | 10 |
| 2006 | 17 |
| 2007 | 12 |
| 2008 | 5 |
| 2009 | 13 |
| 2010 | 21 |
| 2011 | 47 |
| 2012 | 72 |
| 2013 | 36 |
| 2014 | 50 |
| 2015 | 62 |
| 2016 | 41 |

Tabela 5 - Quantidade de processos julgados por ano.

Dando forma gráfica a tais dados, o resultado é o que segue:

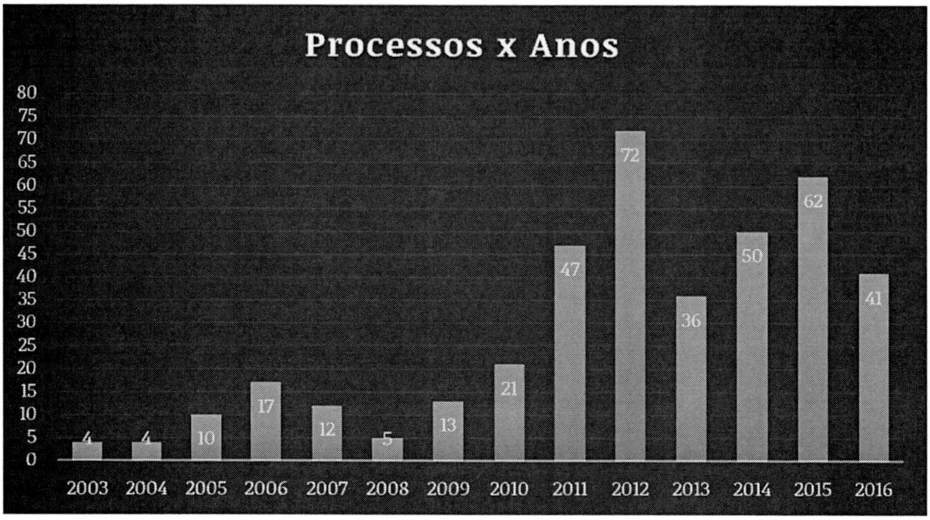


Figura 1 - Evolução da quantidade de processos trabalhistas julgados por órgãos colegiados do STF no período entre 06/06/2006 e 31/08/2016.

O que se observa é que a partir de 2010 há uma tendência de alta no número de processos trabalhistas julgados pelo STF. O ano de 2012 se destaca com 72 decisões de um universo de 394 indivíduos, o que representa 18,27% do total. A seguir, o ano de 2015 figura com 62 decisões, representando 15,74% do total de julgamentos trabalhistas proferidos por órgãos colegiados do Supremo Tribunal Federal no período que analisei.

De toda sorte, ao dividir ao meio o intervalo de pesquisa é possível notar dois momentos muito distintos do acesso à justiça no STF.

Em uma primeira fase, entre os anos de 2003 e 2009 (portanto, sete anos incompletos – já que a contagem se inicia em junho de 2003) a corte julgou um total de 65 casos, o que representa 16,5% daquilo que chamei de "universo da dinâmica jurisdicional". Neste período a média foi de aproximadamente 9,3 casos trabalhistas julgados por órgãos colegiados ao ano.

Já na segunda fase, entre os anos de 2010 e 2016 (igualmente sete anos incompletos, já que a contagem termina em agosto de 2016), o guardião da Constituição pronunciou-se colegiadamente sobre Direito do Trabalho em 329 oportunidades, sendo que apenas uma vez, exatamente no ano desta transição, 2010, o número de indivíduos ficou abaixo das três dezenas. Isso significa que 83,5% das decisões do STF analisadas ocorreram na segunda metade do período pesquisado, alcançando assim a média de 47 disputas trabalhistas julgadas anualmente.

Este resultado chamou a atenção dos membros de minha banca de doutoramento. Durante os debates o Professor Homero Batista suscitou que possivelmente o aumento do volume processual verificado esteja ligado a alguma alteração normativa de caráter regimental que tenha expandido o acesso recursal ao STF. Seria possível levantar a hipótese de que tal aumento esteja relacionado, também, à alteração socioeconômica experimentada no período. De toda sorte deixo registrado, portanto, um dos resultados desta pesquisa que tem o condão de instigar novas investigações.

### 2.2.2 A influência do momento histórico para a definição da pauta

A partir de tais informações concebo duas perguntas. A primeira é saber se é possível enxergar alguma tendência de variação na quantidade de julgados trabalhistas no mês que antecede a posse de um novo ministro. A segunda, nesta mesma linha, é saber se é possível verificar a existência de tal tendência em relação ao trimestre que antecede o início de um novo mandato presidencial.

Uma vez que o marco temporal inicial do universo da dinâmica jurisdicional se dá exatamente com a posse do ministro Cezar Peluso, em 6 de junho de 2003, quanto a ele a pesquisa fica prejudicada. Tendo em vista que seus colegas Ayres Britto e Joaquim Barbosa tomam posse logo em seguida, a menos de 20 dias de distância, em 25 de junho de 2003, também o universo selecionado impede tal averiguação.

O primeiro-ministro verificável, portanto, é Eros Grau, que ingressa em 30 de junho de 2004. Naquele ano apenas quatro indivíduos foram julgados, sendo um no segundo trimestre, um no terceiro e dois no quarto trimestre. Nenhum caso trabalhista foi discutido por qualquer dos três órgãos colegiados do STF nos trinta dias que antecedem a posse do então Professor de Direito Econômico da USP.

Também Professor da USP, pertencente ao Departamento de Direito do Estado, o segundo ministro verificável é Ricardo Lewandowski, que toma posse em 16 de março de 2006. Naquele ano 17 processos trabalhistas foram julgados pelo STF, sendo que um deles, o AI-AgR nº 454064/PA (S049), foi julgado pela Segunda Turma dois dias antes do ingresso do Titular de Teoria Geral do Estado. O caso não é de grande relevância, permitindo assim a conclusão de que também em relação ao ministro Lewandowski inexiste tal tendência.

O ano de 2006 parece especialmente relevante, já que além da posse do ministro Lewandowski também contou com a posse da ministra Cármen Lúcia em 21 de junho de 2006, além de, em outubro, terem sido realizadas eleições gerais, quando Luís Inácio Lula da Silva foi reeleito em segundo turno com a expressiva votação de 60,83% dos votos contra seu adversário, o tucano Geraldo Alckmin, que alcançou aproximadamente 39,17% dos votos.

Como afirmei anteriormente, no ano da reeleição de Lula os órgãos do STF julgaram 17 processos. Tal cifra destoa um pouco dos anos anteriores: 4 julgamentos em 2003 e outros 4 em 2004, subindo para 10 julgamentos em 2005, chegando aos 17 de 2006, baixando para 12 em 2007 e 5 em 2008.

Quanto à ministra Cármen Lúcia, mineira de Montes Claros, os 30 dias que antecedem sua posse contam com 6 julgados do Tribunal Pleno: a ADI 3026-4/DF (G032), de relatoria do ministro Eros Grau, em que se discute o *status* laboral das pessoas que trabalham na Ordem dos Advogados do Brasil; e os Recursos Extraordinários 193503 (S486), 193579-1 (G359), 210029 (S487), 213111-3 (G362), 214668-1 (G363), os quais, tratando de matéria idêntica, foram julgados todos de uma vez. O julgamento de tais indivíduos ocorreu em 12 de junho de 2006. Originalmente a relatoria tinha sido distribuída ao ministro Carlos Velloso que, indicado por Fernando Collor de Mello, aposentou-se em 19 de janeiro de 2006. Tendo em vista a redação do art. 38, IV, alínea 'b',[30] o ministro Joaquim Barbosa assume a relatoria do acórdão dos cinco indivíduos.

A matéria veiculada nos casos trata dos poderes conferidos pela CF/88 às entidades sindicais, com específica atenção à "legitimidade extraordinária dos sindicatos para defender em juízo os direitos e interesses coletivos ou individuais dos integrantes da categoria que representam". Tendo em vista a importância da decisão, selecionei

[30] RISTF, art. 38 – O Relator é substituído: IV – em caso de aposentadoria, renúncia ou morte: b) pelo Ministro que tiver proferido o primeiro voto vencedor, acompanhando o do Relator, para lavrar ou assinar os acórdãos dos julgamentos anteriores à abertura da vaga.

tais indivíduos para analisá-los de maneira mais aprofundada em momento posterior desta pesquisa.

Do ponto de vista quantitativo é possível verificar que nos trinta dias que antecederam a sucessão do ministro Nelson Jobim pela ministra Cármen Lúcia houve uma variação positiva (aumento) da quantidade de julgamentos de casos trabalhistas por órgãos colegiados do STF, mais especificamente do Pleno. Este aumento, no entanto, parece ser explicado pela união do julgamento dos seis indivíduos referidos. Assim, a análise meramente quantitativa, por enquanto, não permitiu concluir a existência da tendência que aventei.

Quando deslocamos a lupa para comparar a passagem entre o trimestre no qual se realizou a eleição de 2006 e o início do segundo mandato de Lula, tampouco há evidências para reconhecer qualquer tendência. No último quartel de 2006 foram julgados três casos (G087, P001 e P002), tratando sobre a aposentadoria como fator de extinção da relação empregatícia. De outro lado, em nosso universo não há registro de qualquer julgado trabalhista nos primeiros três meses de 2007.

Em agosto daquele ano o ministro José Paulo Sepúlveda Pertence adianta em alguns meses sua aposentadoria, permitindo, portanto, que Carlos Alberto Menezes Direito ocupasse a vaga por indicação do presidente Lula. Em 5 de setembro, três dias antes de completar 65 anos, Menezes Direito toma posse no STF. No mês que antecede sua chegada apenas um caso trabalhista é decidido no pleno (S007), uma ADI em que o Estado de Santa Catarina arguía a incompetência da Assembleia Legislativa para legislar sobre matéria laboral.

O sucessor de Sepúlveda Pertence, o ministro Menezes Direito, falece em 1º de setembro de 2009. Para seu lugar Lula indica seu então AGU, José Antonio Dias Toffoli, que tomará posse em 23 de outubro. O ano de 2009 conta com 13 julgados, sendo que apenas um foi decidido nos trinta dias que antecederam a posse de Dias Toffoli: o RE-AgR 600057/SC (S557), em que se confirma o direito à licença-maternidade e estabilidade provisória de servidoras públicas, "independentemente do regime jurídico de trabalho".

Em 31 de outubro 2010 o Brasil, pela primeira vez em sua história, elegeu uma mulher para ocupar a Presidência da República. Dilma Vana Rousseff venceu o tucano José Serra, alcançando, em segundo turno, 56,05% dos votos válidos, contra 43,95% do paulista. Entre 2010 e 2011 verifica-se um aumento significativo de processos: passamos de 21 para 47. Não obstante, o volume de decisões manteve-se estável quando comparamos o último trimestre do segundo governo Lula (14 casos) e o primeiro trimestre do primeiro governo Dilma (15 casos).

Prestes a completar 70 anos, Eros Grau aposenta-se do STF em agosto de 2010. Em fevereiro de 2011 a presidenta Dilma indica Luiz Fux para ocupar a vaga de Grau. A posse do processualista carioca se dá em 3 de março de 2011. No mês anterior, fevereiro, 7 casos são julgados: AI-AgR 714791/RJ (S076); AI-ED 819985/SP (S186); ADPF-MC 151/DF (S034); AI-AgR 819972/MG (S136); AI-AgR 824885/RS (S138); AI-AgR 827043/RS (S141) e RE-AgR 572061/DF (S539). Apesar do volume relativamente alto de decisões, nenhuma delas tem grande impacto no ordenamento justrabalhista. Do ponto de vista quantitativo o mês de março de 2011 – o primeiro de Fux no STF – contabilizou 8 casos, portanto mantendo a média anterior.

A seguir, para suceder à vaga deixada pela precoce aposentadoria da ministra Ellen Gracie, ocorrida em agosto de 2011, Dilma indicará a magistrada do TST, Rosa Weber, que tomará posse em 19 de dezembro de 2011, um dia antes do início do recesso judicial daquele ano. No mês anterior, em novembro, foram julgados ao todo 6 indivíduos, enquanto em dezembro contabiliza-se 7 indivíduos. Tendo em vista a questão do recesso judicial, bem como a relativa estabilidade nos números de processos julgados nos dois últimos meses do ano, não há evidências que comprovem a hipotética tendência que levantei.

No ano seguinte a presidenta Dilma indicou outro juiz de tribunal superior proveniente do sul do país. O catarinense Teori Albino Zavascki toma posse em 29 de novembro de 2012 na vaga deixada pela aposentadoria do paulista Antonio Cezar Peluso, em agosto daquele ano. Durante todo o mês da posse de Teori o STF julgou apenas 3 indivíduos. Exatamente a mesma quantidade de julgados no mês subsequente a sua posse.

O sergipano Ayres Britto aposenta-se compulsoriamente em 18 de novembro de 2012. Apenas no dia 26 do movimentado mês de junho de 2013 Luís Roberto Barroso tomará posse como ministro do STF. Nos trinta dias que antecedem a posse de Barroso a corte julga apenas um caso, o AI-AgR 769205/MG (S100). O próximo caso trabalhista se dá apenas em 6 de agosto, portanto mais de um mês depois do ingresso de Barroso.

Pela quarta vez consecutiva, em 26 de outubro de 2014 o candidato da coligação encabeçada pelo Partido dos Trabalhadores, no caso a presidenta Dilma, venceu as eleições presidenciais derrotando o candidato da chapa liderada pelo Partido da Social-Democracia Brasileira, naquela oportunidade Aécio Neves da Cunha. Os órgãos colegiados do STF contabilizaram 50 julgados durante o ano de 2014. A média de julgamentos manteve-se estável entre o terceiro e o quarto semestres, vale dizer: treze e catorze processos, respectivamente.

O ano também fora marcado pela aposentadoria precoce do ministro Joaquim Benedito Barbosa Gomes, em 31 de julho de 2014. A vaga foi ocupada pelo Professor de Direito Privado da UFPR, Luiz Edson Fachin, apenas em 16 de junho de 2015. Ao comparar o número de julgados trabalhistas anotados nos trinta dias anteriores à posse de Fachin com a quantidade registrada no primeiro mês de trabalho do ministro é possível constatar uma grande diferença: os colegiados julgaram nove casos[31] antes do ingresso do ministro e nenhum caso nos trinta dias subsequentes.

Esta, portanto, é a única evidência que por este procedimento metodológico permitiria admitir a hipótese segundo a qual os órgãos colegiados do STF aproveitariam a incompletude do quadro de ministros para julgar mais casos trabalhistas. Porém, nem mesmo esta evidência parece ser sólida, tendo em vista o longo intervalo entre a aposentadoria de Joaquim Barbosa e a posse de Edson Fachin. Em outras palavras: a averiguação do grande número de julgados nos trinta dias que antecederam o ingresso de Fachin diz pouco sobre a confecção da pauta, quando contextualizado em um período de onze meses e meio.

De outro lado, os três períodos eleitorais verificados, 2006, 2010 e 2014, não permitiram a verificação de qualquer alteração no volume de julgamentos exercidos pelo STF no trimestre em que os pleitos acontecem em comparação ao primeiro trimestre do mandato que se inicia.

Apesar de reconhecer a possibilidade de se utilizar outros procedimentos metodológicos mais sofisticados para investigar hipóteses congêneres, acredito que o esforço aqui realizado aponta para a inexistência da tendência levantada, quer seja a relativa ao período anterior à posse de um novo ministro no STF, quer seja a

[31] São eles: Rcl-AgR 16846/SC (s463); RE-AgR 584086/SP (s548); ARE-AgR 860238/DF (s325); ARE-AgR 878413/DF (s334); ARE-AgR 885070/DF (s336); ARE-AgR 808607/RO (s304); ARE-AgR 877025/DF (s333); ARE-AgR 704132/SP (s263); ARE-AgR 821761/SC (s307).

que compara o volume de julgamentos trabalhistas no período de passagem de mandatos.

### *2.2.3 Relatoria dos processos e órgão julgador*

Tal qual a data, também o ministro responsável pela relatoria do processo, bem como o órgão em que a decisão foi tomada, são informações que a antiga pesquisa no site do STF já fornecia automaticamente.

Não obstante, o sistema indicava o nome do ministro originalmente sorteado para a relatoria. Ou seja, ainda que o sorteado tenha sido substituído quer por sua exoneração antes da conclusão do caso, quer por ter ficado vencido na deliberação colegiada, o antigo buscador do STF anotava invariavelmente o nome do ministro que originariamente fora designado para ser o relator. Sempre que me vi diante de tal situação procedi à alteração para registrar o nome do ministro relator designado quando da decisão final.

Nestes termos, reproduzo o número de processos que cada juiz constitucional relatou no universo 1:

| Relatoria | Nº de processos | Indicado por |
|---|---|---|
| Rosa Weber | 79 | Dilma |
| Dias Toffoli | 54 | Lula |
| Roberto Barroso | 38 | Dilma |
| Joaquim Barbosa | 30 | Lula |
| Luiz Fux | 30 | Dilma |
| Ayres Britto | 28 | Lula |
| Cármen Lúcia | 27 | Lula |
| Ricardo Lewandowski | 22 | Lula |
| Gilmar Mendes | 17 | FHC |
| Ellen Gracie | 15 | FHC |
| Teori Zavascki | 13 | Dilma |
| Marco Aurélio | 11 | Collor |
| Eros Grau | 8 | Lula |

| Relatoria | Nº de processos | Indicado por |
|---|---|---|
| Sepúlveda Pertence | 6 | Sarney |
| Cezar Peluso | 6 | Lula |
| Edson Fachin | 4 | Dilma |
| Celso de Mello | 3 | Sarney |
| Carlos Velloso | 1 | Collor |
| Maurício Corrêa | 1 | Itamar |
| Menezes Direito | 1 | Lula |
| **Total** | **394** | |

Tabela 6 – Quantidade de processos que cada Ministro relatou.

Novamente, eis os resultados colhidos de maneira gráfica:

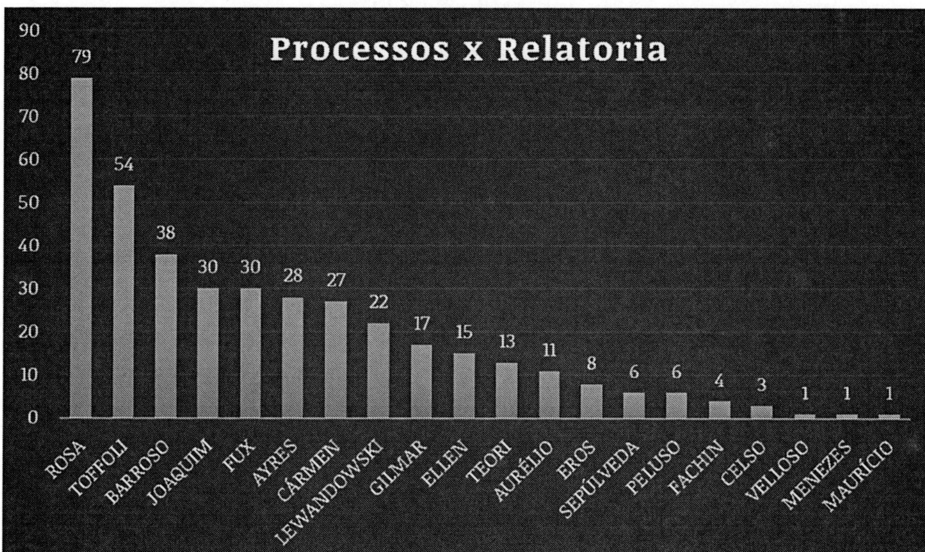


Figura 2 – Volume de processos trabalhistas que cada Ministro do STF relatou.

Ao olhar os dados algumas questões chamam a atenção. Em primeiro lugar é curioso notar que no período analisado justamente aquela que construiu sua carreira na Justiça do Trabalho, a ministra

Rosa Weber, seja também a que mais relatou processos de matéria trabalhista. Durante o período, além dela o único egresso da magistratura trabalhista fora o ministro Marco Aurélio.[32]

Quanto aos órgãos em que os indivíduos foram julgados há uma maior distribuição para a Primeira Turma (215 dos 394 indivíduos), sendo que, com praticamente metade, coloca-se a Segunda Turma (110 dos 394) e, por fim, o Tribunal Pleno com 69 dos 394 indivíduos.

| Órgão | Nº |
|---|---|
| Primeira Turma | 215 |
| Segunda Turma | 110 |
| Tribunal Pleno | 69 |
| **Total** | **394** |

Tabela 7 - Quantidade de processos distribuídos para cada órgão colegiado do STF.

No período que pesquisei os ministros que mais relataram processos trabalhistas foram, nesta ordem, Rosa Weber (79 processos), Dias Toffoli (54 processos), Roberto Barroso (38 processos), Joaquim Barbosa e Luiz Fux com 30 processos cada um. Resultando, apenas entre estes, o total de 231 indivíduos.

Considerando que, com exceção de Joaquim Barbosa, os outros quatro citados atuaram (e ainda atuam) junto à Primeira Turma, fica então explicado porque este órgão julgou quase o dobro de processos trabalhistas que seu congênere. Não obstante, persiste a dúvida em saber a razão pela qual exatamente estes ministros foram designados mais vezes como relatores de processos que veiculavam matéria trabalhista.

O resultado chamou a atenção da banca, com destaque para a indagação específica realizada pela Professora Aldacy Rachid Coutinho. É, realmente, instigante constatar que a ministra Rosa Weber que, como indicarei na segunda parte da pesquisa, é a que demonstra ter maior afinidade com

[32] Segundo trecho de seu currículo, disponibilizado no site do STF: Integrou o Ministério Público junto à Justiça do Trabalho da Primeira Região, no período de 1975 a 1978. Ingressando na Magistratura, foi Juiz Togado do Tribunal Regional do Trabalho da Primeira Região, no período de 1978 a 1981, quando presidiu a Segunda Turma, no biênio 1979/1980. Foi Ministro Togado do Tribunal Superior do Trabalho, no período de setembro de 1981 a junho de 1990.

o Direito do Trabalho, tenha um volume de relatorias muito maior do que seus colegas. Deixo registrado que talvez seja promissor o caminho de pesquisa que cruze tal resultado com o descrito no item anterior, qual seja, o aumento de volume dos casos trabalhistas a partir de 2011. O fato de a ministra Rosa Weber ingressar na corte nos últimos dias do ano judicial de 2011 possivelmente ajuda a explicar tal fenômeno que, de qualquer maneira, merece maior investigação.

## 2.3 Critérios "Divergência" e "Votantes"

*Divergência*. Avançando para o espectro deliberativo aparece a questão: para que o colegiado chegasse à decisão final houve alguma divergência? A dúvida levou à construção do critério "**Divergência**" que, por sua vez, ensejou duas categorias, "**sim**" e "**não**".

*Votantes*. Ato contínuo, suscito a pergunta: quantos ministros se manifestaram em cada indivíduo analisado? Com isso, concebi o critério "**Votantes**", cujas categorias são os números **1 a 11** indicando a quantidade numérica de ministros que votaram em cada caso.

### *2.3.1 O diálogo deliberativo trabalhista no STF*

Por trás dos critérios "divergência", "votantes", "resultado" e, até mesmo, "relatoria", aparece a temática do processo deliberativo. A teoria processual fala em dimensão externa (ou popular) do princípio da publicidade, fundamentado na ideia de que "Em última análise, o povo é o juiz dos juízes" (CINTRA et al., 2009, p. 75). Sob a perspectiva da teoria do direito, a questão importa para legitimar o controle judicial da atividade legislativa: seria exatamente a capacidade de oferecer os melhores argumentos que justificaria que um Poder composto por membros não eleitos possa afastar do ordenamento jurídico leis aprovadas por representantes eleitos pelo povo.

Analisar, portanto, o processo deliberativo do órgão de cúpula do Poder Judiciário brasileiro impõe-se como uma tarefa de primeira ordem para a sobrevivência da democracia liberal. Os critérios que citei buscam dados para que este dever democrático possa ser realizado.

Adentrando, portanto, a qualidade deliberativa das decisões, busco resposta para a seguinte questão: como são elaboradas as respostas dadas por órgãos colegiados do STF em casos trabalhistas? Para tentar resolver este problema investiguei dois índices: o primeiro era saber se a decisão final foi unânime ou se divergências foram apresentadas e, ao final das discussões, mantidas; o segundo era saber a quantidade de ministros cuja manifestação expressa está registrada no acórdão.

Quanto ao primeiro índice, o resultado que obtive foi o seguinte: dos 394 indivíduos que formam a população do universo da dinâmica jurisdicional, 336 casos, ou seja, 85,28% do total, foram decididos a partir de decisões unânimes. De outro lado, em 58 indivíduos, o que representa 14,72% do universo 1, a divergência foi expressamente manifestada, resultando em uma decisão colegiada tomada por maioria de votos.

Já quanto ao número de ministros que se manifestaram no debate, em 319 casos há o registro apenas do voto do relator, o que representa 80,96% dos indivíduos que compõem o universo analisado. Reproduzo abaixo os dados colhidos:

| Ministros votantes | Ocorrências | Percentual |
|---|---|---|
| 1 | 319 | 80,96% |
| 2 | 26 | 6,60% |
| 3 | 8 | 2,03% |
| 4 | 5 | 1,27% |
| 5 | 3 | 0,76% |
| 6 | 4 | 1,02% |
| 7 | 7 | 1,78% |
| 8 | 4 | 1,02% |
| 9 | 6 | 1,52% |
| 10 | 10 | 2,54% |
| 11 | 2 | 0,51% |
| **Total Geral** | **394** | **100,00%** |

Tabela 8 – Quantidade de votos registrados nas deliberações colegiadas.

Apesar de próximos entre si, os índices constituem variáveis distintas: uma decisão unânime, por exemplo, pode resultar de um rico debate em que o exercício racional da argumentação convença os demais ministros, mas também pode ser fruto apenas da silenciosa concordância dos pares do relator.

Daí a explicação da diferença entre as 336 decisões tomadas por unanimidade e as 319 decisões em que apenas um ministro se manifestou. É que em 17 oportunidades, apesar de não haver divergências, mais de um ministro se manifestou. Abaixo, deixo anotados tais casos:

| # | Identificação | Relator | Data | Votantes | Divergência |
|---|---|---|---|---|---|
| g494 | RMS 24309-4 | AURÉLIO | 12/08/2003 | 5 | não |
| s599 | RMS 24069 / DF | AURÉLIO | 22/03/2005 | 3 | não |
| s028 | ADI 554 / MT | EROS | 15/02/2006 | 2 | não |
| s029 | ADI 559 / MT | EROS | 15/02/2006 | 2 | não |
| p002 | RE 463629-8 | ELLEN | 14/11/2006 | 2 | não |
| s020 | ADI 3670 / DF | SEPÚLVEDA | 02/04/2007 | 2 | não |
| s017 | ADI 3251 / RO | AYRES | 18/06/2007 | 2 | não |
| s007 | ADI 2487 / SC | JOAQUIM | 30/08/2007 | 6 | não |
| g406 | RE 405031-5 | AURÉLIO | 15/10/2008 | 7 | não |
| g490 | RMS 21053 | AURÉLIO | 24/11/2010 | 3 | Não |
| g376 | RE 291822-9 | AURÉLIO | 29/11/2011 | 2 | Não |
| g188 | ARE-RG 654432/GO | LEWANDOWSKI | 19/04/2012 | 2 | Não |
| g189 | ARE-RG 661383/GO | PELUSO | 23/08/2012 | 2 | Não |
| s016 | ADI 318 / MG | GILMAR | 19/02/2014 | 4 | Não |
| g120 | MI-AgR 774/DF | GILMAR | 28/05/2014 | 3 | Não |
| s022 | ADI 4079 / ES | BARROSO | 26/02/2015 | 7 | Não |
| s504 | RE 590415 / SC | BARROSO | 30/04/2015 | 7 | Não |

Tabela 9 – Casos em que não há divergência, porém mais de um ministro votou.

Ao comparar ambos os índices colhi os seguintes dados:

| Votantes | Sem Divergência | Com Divergência | Total |
|---|---|---|---|
| 1 | 319 | 0 | 319 |
| 2 | 8 | 18 | 26 |

| Votantes | Sem Divergência | Com Divergência | Total |
|---|---|---|---|
| 3 | 3 | 5 | 8 |
| 4 | 1 | 4 | 5 |
| 5 | 1 | 2 | 3 |
| 6 | 1 | 3 | 4 |
| 7 | 3 | 4 | 7 |
| 8 | 0 | 4 | 4 |
| 9 | 0 | 6 | 6 |
| 10 | 0 | 10 | 10 |
| 11 | 0 | 2 | 2 |
| **Total** | 336 | 58 | 394 |

Tabela 10 – Votantes e Divergência.

O resultado é compatível com as expectativas, demonstrando, mais uma vez, a enorme importância que o voto do relator assume nas deliberações colegiadas do STF. O tema foi objeto de estudo, entre outros, por Virgílio Afonso da Silva, no texto ""Um voto qualquer?"O papel do ministro relator na deliberação no Supremo Tribunal Federal" (SILVA, 2015).

## 2.4 Critérios "Classe processual" e "Função jurisdicional"

No limiar entre o momento da apresentação da demanda ao Supremo e o momento de sua deliberação aparecem as questões que perguntam o tipo de processo que chegou até o "guardião da Constituição". Desdobrei este problema (tipo de processo) em duas questões: primeiro, e mais simples, saber qual tipo processual foi objeto de deliberação colegiada; a seguir, exigindo maior esforço classificatório, investiguei a função jurisdicional que o STF estava exercendo quando julgou cada um dos elementos.

*Classe processual.* Assim, a questão de saber o tipo processual de cada indivíduo gerou o critério "**Classe processual**", o qual foi preenchido com critérios que reproduziam o nome iuris registrado no acórdão, como, por exemplo, ARE-AgR (Agravo Regimental em Recurso Extraordinário com Agravo), ADI (Ação Direta de Inconstitucionalidade), ARE-RG (Repercussão Geral em Recurso Extraordinário com Agravo), e assim por diante.

*Função jurisdicional.* Muito mais difícil, entretanto, foi definir a função jurisdicional exercida pelo STF em cada caso. No famoso texto de 2008, quando Oscar Vilhena Vieira cunha a expressão "supremocracia", o autor identifica que a Constituição de 1988 arquitetou um desenho institucional superlativo para o "guardião da Constituição", uma vez que concentrou em um único órgão

> funções que, na maioria das democracias contemporâneas, estão divididas em pelo menos três tipos de instituições: tribunais constitucionais, foros judiciais especializados (ou simplesmente competências difusas pelo sistema judiciário) e tribunais de recursos de última instância (p. 447).

Esta observação importa para o objetivo deste momento da pesquisa. Identificar a dinâmica jurisdicional do tribunal, ou, de forma mais concreta, perguntar como os casos de Direito do Trabalho são processados pelo STF significa, entre outras coisas, descobrir qual o tipo de função jurisdicional o Supremo está exercendo quando julga os casos que selecionei.

A classificação proposta por Vieira, portanto, parece útil ao escopo desta pesquisa. Porém, destaco que a função de "foro judicial especializado" não será utilizada. É que nesta categoria o autor agregou função que não diz respeito ao objeto deste trabalho, qual seja, a atuação do STF em casos em que sua competência é atribuída em razão da pessoa que figura no processo. Assim, por mais interessantes que fossem, eliminei julgados como os Inquéritos 2.131/DF (S427), 3.412/AL (S428) e 3.564/MG (S429), em que, respectivamente, os ex-Senadores João Batista de Jesus Ribeiro (PR-TO) e João José Pereira de Lyra (PSD-AL) – este, investigado tanto no segundo, quando também figurava no polo passivo seu filho, Antônio José Pereira de Lyra, quanto no terceiro Inquérito – foram denunciados por, entre outros crimes, redução à condição análoga à de escravo, nos termos do art. 149 do Código Penal. Daí a inutilização de tal função descrita por Vieira. O autor também insere na descrição desta função a atuação de "tribunal de pequenas causas políticas". Neste sentido, a título de exemplo, seriam os casos dos Habeas Corpus 127.520/DF e 127.817/DF[33], em que, diante da recusa do então Presidente da Câmara dos Deputados, Eduardo Cunha (PMDB-RJ), de permitir o ingresso de sindicalistas para acompanhar a votação do PL nº 4.330/2004 sobre terceirização, tais militantes sociais vinculados à Central Única dos Trabalhadores (CUT) impetraram perante o Supremo remédio contendo pedido para que pudessem ingressar na Câmara dos Deputados. Tampouco casos desta natureza subsistiram no "universo 1", resultando, assim, afastada a função de "foro judicial especializado" que Oscar Vilhena Vieira descreve em suas duas versões – tanto no sentido do STF, enquanto foro qualificado para julgar determinadas pessoas, quanto no sentido do STF, enquanto foro qualificado para julgar questões congressuais ou atinentes ao funcionamento do Executivo.

Assim, restaram duas funções: a de tribunal constitucional e a de tribunal de recursos de última instância.

A referência a tais funções baseia-se no fato de que em muitas democracias liberais o órgão responsável por realizar o controle de concentrado de constitucionalidade das leis é distinto do órgão jurisdicional responsável por decidir os recursos judiciais em última instância.

A classificação das funções desempenhadas pelo STF, assim como qualquer outra classificação jurídica, não é estanque. Classificações servem a um propósito metodológico (ou pedagógico, em alguns casos) específico do objeto proposto. Nenhuma delas alcançará uma perfeição abstrata – já que inexistente –, porém a depender do caso serão mais ou menos úteis.

Neste sentido é interessante notar, por exemplo, o caso do instituto da reclamação. Analisando-o, Dimoulis e Lunardi (2017, p. 281) reconstroem brevemente o debate acerca de sua natureza jurídica. Recurso, incidente processual, petição e ação são as possibilidades de enquadramento que a doutrina apresentaria. Apesar da indicação de que quando do julgamento da ADI 2.212 o Supremo registrou que a reclamação situar-se-ia no "âmbito do direito constitucional de peti-

[33] Este caso é especialmente marcante para mim porque atuei, junto com os colegas da Advocacia Garcez, diretamente nele na condição de advogado do então Presidente da CUT, Vagner Freitas de Moraes. Os casos foram brevemente descritos em: MARQUES, Ana C. B. R. C.; YAMAMOTO, Paulo C.; LOPES, Gabriel F. R. Terceirização: uma análise jurídico-política da aprovação do PL n. 4.330/2004. Revista do Departamento de Direito do Trabalho e da Seguridade Social, v. 7, p. 224-251, 2016.

ção", os autores aderem à corrente doutrinária majoritária segundo a qual a reclamação "tem natureza de ação".

Neste cenário, outra questão se impõe: ao julgar uma reclamação, em que o autor da ação requer a intervenção do STF para que sua decisão em controle concentrado, por exemplo, seja respeitada por outro órgão jurisdicional, estaria o Supremo exercendo sua função de tribunal constitucional ou a de tribunal de recursos de última instância? Há, inegavelmente, motivos para dúvidas. Ainda que não entenda a reclamação como um recurso, enquadrá-la como exercício da função recursal não deixa de ser tentador.

De toda sorte, reconhecendo a importância da proposta classificatória de Oscar Vieira Vilhena, e mesmo partindo dela, porém considerando a diversidade de objetos de pesquisa, escolhi, neste trabalho, partir de uma distinta classificação quanto à função exercida pelo Supremo em sua atuação jurisdicional.

Ao invés de função de tribunal constitucional e última instância recursal, meu objeto insta uma díade entre atuação recursal e atuação originária. Portanto, com base nas distintas funções jurisdicionais de competência do Supremo Tribunal Federal construí o critério "**Função**" contendo duas categorias: "**originária**" e "**recursal**".

Com isso, Recursos Extraordinários, Agravos de Instrumentos, Agravos Regimentais em geral serão classificados sob a anotação de "recursal".

Já ações de controle concentrado, como Ações Diretas de Inconstitucionalidade, Arguições de Descumprimento de Preceito Fundamental, Ações Declaratórias de Constitucionalidade e Ações Diretas de Inconstitucionalidade por Omissão, serão classificadas sob a anotação de "originária".

Dada a especificidade de ações como a Reclamação ou de remédios constitucionais como o Mandado de Segurança, o Mandado de Injunção, o *Habeas Corpus* e o *Habeas Data*, eu os incluí, também, sob a categoria de "função originária". Tomei esta decisão com base em dois fundamentos: do ponto de vista jurídico, a especificidade de tais ações parece exigir seu reconhecimento enquanto exercício de jurisdição originária do Supremo; já do ponto de vista da investigação percebi que um grande volume de indivíduos da função recursal repisa um percurso extremamente repetitivo, porém distinto dos encontrados em tais ações especiais e remédios constitucionais.

Caso curioso, no entanto, trata de recursos ou meios de impugnação de decisão judicial em sede de tais ações que decidi categorizar como exercício de função originária, por exemplo, Agravo Regimental em Reclamação ou Recurso em Mandado de Segurança. Não obstante, decidi manter tais indivíduos na categoria matriz, qual seja, "originária", dada a influência que a matéria da ação original exerce para a discussão recursal.

### *2.4.1 O tipo de processo que o STF julga*

Diante da questão: entre 6 de junho de 2003 e 31 de agosto de 2016 quais foram os tipos processuais que mais chegaram para que os órgãos colegiados do Supremo Tribunal Federal decidissem sobre matéria trabalhista, a pesquisa que desenvolvi ofereceu o resultado a seguir:

| Classe processual | Nº de casos | Origem | Função |
|---|---|---|---|
| ARE-AgR | 129 | RE | recursal |
| AI-AgR | 93 | RE | recursal |
| RE-AgR | 49 | RE | recursal |
| ADI | 25 | ADI | originária |
| RE | 23 | RE | recursal |
| Rcl-AgR | 18 | Rcl | originária |
| ARE-ED | 11 | RE | recursal |
| ARE-RG | 6 | RE | recursal |
| MI | 4 | MI | originária |
| AI-ED | 4 | RE | recursal |
| ARE-AgR-ED | 4 | RE | recursal |
| AI-AgR-ED | 3 | RE | recursal |
| RMS | 3 | MS | originária |
| RE-ED | 2 | RE | recursal |
| MI-AgR | 2 | MI | originária |

| Classe processual | Nº de casos | Origem | Função |
|---|---|---|---|
| RE-RG | 1 | RE | recursal |
| ADI-MC | 1 | ADI | originária |
| ADI-QO | 1 | ADI | originária |
| ADC | 1 | ADC | originária |
| RE-AgR-ED | 1 | RE | recursal |
| ADPF-MC | 1 | ADPF | originária |
| Rcl | 1 | Rcl | originária |
| AI | 1 | RE | recursal |
| Rcl-AgR-segundo | 1 | Rcl | originária |
| ADC-AgR | 1 | ADC | originária |
| AI-QO-RG | 1 | RE | recursal |
| RE-RG-ED | 1 | RE | recursal |
| ARE-AgR-AgR | 1 | RE | recursal |
| AI-RG | 1 | RE | recursal |
| ARE | 1 | RE | recursal |
| MS | 1 | MS | originária |
| MI-AgR-segundo | 1 | MI | originária |
| ARE-AgR-segundo | 1 | RE | recursal |
| **Total** | **394** | | |

Tabela 11 – As classes processuais mais comuns na pesquisa.

A partir da categorização que explicitei entre "função originária" e "função recursal", concluo que esta última é numericamente muito superior em relação à primeira: dos 394 processos que compõem o universo da dinâmica jurisdicional, em 337 o STF foi chamado a atuar em sua função recursal, o que representa 85,53% do total de indivíduos.

| Função Recursal | | |
|---|---|---|
| Classe processual | Ocorrências | Percentual do total |
| ARE-AgR | 129 | 32,74% |
| AI-AgR | 93 | 23,60% |
| RE-AgR | 49 | 12,44% |
| RE | 23 | 5,84% |
| ARE-ED | 11 | 2,79% |
| ARE-RG | 6 | 1,52% |
| AI-ED | 4 | 1,02% |
| ARE-AgR-ED | 4 | 1,02% |
| AI-AgR-ED | 3 | 0,76% |
| RMS | 3 | 0,76% |
| RE-ED | 2 | 0,51% |
| RE-RG-ED | 1 | 0,25% |
| ARE | 1 | 0,25% |
| AI | 1 | 0,25% |
| RE-AgR-ED | 1 | 0,25% |
| AI-QO-RG | 1 | 0,25% |
| RE-RG | 1 | 0,25% |
| AI-RG | 1 | 0,25% |
| ARE-AgR-AgR | 1 | 0,25% |
| MI-AgR | 1 | 0,25% |
| ARE-AgR-segundo | 1 | 0,25% |
| **Função Recursal** | **337** | **85,53%** |

Tabela 12 – As classes processuais mais comuns no desempenho da função recursal.

Dentre as classes processuais recursais mais recorrentes é possível observar a predominância do Agravo Regimental em Recurso Extraordinário com Agravo (ARE-Agr), seguida por Agravo Regimental em Agravo de Instrumento (AI-AgR) e de Agravo Regimental em Recurso Extraordinário (RE-AgR). Juntas, as três classes processuais somam 271 indivíduos, o que representa 80,42% dos julgados que categorizei como exercício da função recursal (271 de 337 indivíduos) e 68,78% do total de casos analisados no universo 1 (271 de 394 indivíduos).

Quanto à função originária (nos limites que impus), registrei 57 oportunidades em que o guardião da Constituição foi chamado a se manifestar, o que representa 14,47% do total de casos analisados.

| Função Originária | | |
|---|---|---|
| **Classe processual** | **Ocorrências** | **% (total)** |
| ADI | 25 | 6,35% |
| Rcl-AgR | 18 | 4,57% |
| MI | 4 | 1,02% |
| Rcl | 1 | 0,25% |
| MI-AgR-segundo | 1 | 0,25% |
| Rcl-AgR-segundo | 1 | 0,25% |
| ADI-QO | 1 | 0,25% |
| MS | 1 | 0,25% |
| ADPF-MC | 1 | 0,25% |
| ADC-AgR | 1 | 0,25% |
| ADC | 1 | 0,25% |
| ADI-MC | 1 | 0,25% |
| MI-AgR | 1 | 0,25% |
| **Total** | **57** | **14,47%** |

Tabela 13 - As classes processuais mais comuns no desempenho da função originária

Concluo, portanto, que a partir do significado que emprestei à função originária duas classes processuais aparecem com maior frequência na pesquisa: as Ações Diretas de Inconstitucionalidade – de longe a ação de controle concentrado mais utilizada – e as Reclamações.

Os dados colhidos me permitem afirmar que numericamente predomina no Supremo Tribunal Federal o exercício de sua função recursal, em comparação à sua função originária. Dentro daquela função predominante, por sua vez, destaca-se a centralidade do Recurso Extraordinário. Apesar de em poucas oportunidades ser o veículo direto da decisão colegiada – apenas 23 de 394 indivíduos, o que representa 5,94% do total – são os recursos interpostos a partir do RE, tais como ARE-Agr, AI-AgR e RE-AgR, que, pretendendo fazê-lo provocar a corte, povoam majoritariamente o universo da dinâmica jurisdicional.

### 2.4.2 *A influência da função na deliberação*

A partir de tais informações suscito duas perguntas para investigar a influência que a função exercida (originária ou recursal) desempenha quanto ao diálogo deliberativo (votantes e divergência).

A primeira pergunta é saber se há diferença na quantidade de votantes quando os colegiados estão diante de casos que provocam a atuação originária ou recursal. Os números que obtive foram:

| Função x Votantes | | | |
|---|---|---|---|
| Votantes | Ocorrências | % (total) | % (função) |
| Originária | 57 | 14,47% | 14,47% |
| 1 | 24 | 6,09% | 42,11% |
| 2 | 9 | 2,28% | 15,79% |
| 3 | 3 | 0,76% | 5,26% |
| 4 | 3 | 0,76% | 5,26% |
| 5 | 1 | 0,25% | 1,75% |
| 6 | 2 | 0,51% | 3,51% |
| 7 | 4 | 1,02% | 7,02% |
| 8 | 2 | 0,51% | 3,51% |

| Função x Votantes | | | |
|---|---|---|---|
| Votantes | Ocorrências | % (total) | % (função) |
| 9 | 4 | 1,02% | 7,02% |
| 10 | 5 | 1,27% | 8,77% |
| Recursal | 337 | 85,53% | 85,53% |
| 1 | 295 | 74,87% | 87,54% |
| 2 | 17 | 4,31% | 5,04% |
| 3 | 5 | 1,27% | 1,48% |
| 4 | 2 | 0,51% | 0,59% |
| 5 | 2 | 0,51% | 0,59% |
| 6 | 2 | 0,51% | 0,59% |
| 7 | 3 | 0,76% | 0,89% |
| 8 | 2 | 0,51% | 0,59% |
| 9 | 2 | 0,51% | 0,59% |
| 10 | 5 | 1,27% | 1,48% |
| 11 | 2 | 0,51% | 0,59% |

Tabela 14 – Função x Votantes.

Os resultados mostram que em ambas as situações há o predomínio de decisões em que apenas o relator se manifesta. Porém, quando o STF desempenha a função recursal tal predomínio é muito mais significativo. Enquanto 42,11% (24 indivíduos de um total de 57 ocorrências da função originária) dos casos de função originária foram decididos pela manifestação do voto apenas do relator, nos casos de função recursal o percentual de decisões sem que aconteça qualquer diálogo entre os ministros que compõem o colegiado chega a 87,54% (295 indivíduos de um total de 337 ocorrências da função recursal).

A segunda pergunta, por sua vez, é saber se a função à qual o STF é chamado para atuar influencia na quantidade de divergências que se apresentam durante a solução do caso.

| Função x Divergência | | | |
|---|---|---|---|
| **Divergência** | **Ocorrências** | **% (total)** | **% (função)** |
| **Originária** | **57** | **14,47%** | **14,47%** |
| não | 31 | 7,87% | 54,39% |
| sim | 26 | 6,60% | 45,61% |
| **Recursal** | **337** | **85,53%** | **85,53%** |
| não | 305 | 77,41% | 90,50% |
| sim | 32 | 8,12% | 9,50% |

Tabela 15 - Função x Divergência.

Os números mostram resultados interessantes. A conclusão a que chego é que o tipo de função influencia decisivamente na existência ou não de divergência – influenciando, portanto, o processo deliberativo.

Decisões em que o STF é chamado para exercer sua função recursal são tomadas, na esmagadora maioria das vezes, sem o registro de qualquer divergência: das 337 ocorrências da função recursal 305 foram decididas sem divergência, o que representa 90,5% desta função e 77,41% de todo o universo 1 (305 indivíduos de 394).

Por outro lado, quando diante de sua função originária mantém--se a tendência de não se ter divergência, porém, de maneira muito menos acentuada: das 57 ocorrências da função originária 31 não registraram divergência (54,39%), enquanto 26 registraram (45,61%).

## 2.5 Critérios "Juízo" e "Fundamentação do juízo"

De volta ao espectro das preocupações com o resultado das decisões do Supremo levanta-se a questão do juízo realizado pela corte, bem como seus fundamentos. Quando realizei a primeira leitura dos casos do universo 1 percebi uma enorme quantidade de julgados colegiados de Agravos Regimentais e Agravos de Instrumentos, que tentavam promover a discussão veiculada em sede de Recurso Extraordinário.

Minha primeira reação foi querer eliminar tais elementos que me pareciam dizer muito pouco. É possível que esta postura inicial de rechaço a tais indivíduos fosse inspirada, de alguma maneira, no texto de Virgílio Afonso da Silva, mais especificamente no seguinte trecho:

> Se o que se quer analisar é o papel do Supremo Tribunal Federal como corte constitucional, seu papel na relação entre os poderes, então não faz sentido investigar como os ministros se comportam nas decisões das dezenas de milhares de agravos de instrumento, por exemplo. (2015, p. 188).

Não obstante, ao olhar para a especificidade do meu objeto de pesquisa reconheci que tais julgados, ainda que individualmente pudessem não ter grande relevância social, poderiam ser proveitosos e fornecer resultados importantes.

De pronto, há a questão quantitativa, que possibilita o fornecimento do substrato material para a discussão do sistema recursal brasileiro. Neste sentido o cruzamento de dados que averigua o tipo de decisão que o colegiado costuma dar nestes casos com, por exemplo, a quantidade de magistrados que se pronunciaram ou a existência ou não de manifestação de divergência, poderia fornecer resultados interessantes.

Porém, mesmo do ponto de vista qualitativo acredito que tal investigação merece prosperar. Como pretendo mostrar em momento oportuno, encontrei decisões que causaram grande impacto no Direito do Trabalho nacional nas quais, em diversas oportunidades, uma das duas turmas do STF julgou que o tema, por exemplo, não deveria ser discutido, já que seria desprovido de interesse constitucional direto (no Capítulo 4 aprofundo-me em dois exemplos).

Foi, portanto, pensando de um lado no problema de saber qual é o tipo de resposta que os órgãos colegiados do STF dão para os casos trabalhistas e, de outro, na concretude dos indivíduos que compõem a população do "universo 1" que formulei os critérios "**Juízo**" e "**Fundamentação do juízo**".

*Juízo*. O critério "Juízo", portanto, é o espaço destinado para investigar as distintas soluções processuais que o Supremo Tribunal Federal oferece nos casos selecionados. São três as categorias que compõem tal critério: "**mérito**", "**processual**" e "**repercussão geral**".

Classifico como "mérito" os indivíduos em que a solução dada pelo órgão colegiado resolve a questão material veiculada imediata ou mediatamente na demanda. Assim, por exemplo, se diante de um Agravo Regimental em sede de Mandado de Injunção o órgão não se basta em negar o processamento do MI, mas o faz afirmando que não é exigível aquele direito pleiteado originalmente, procedo ao registro de que o Supremo respondeu conforme a categoria "mérito" neste critério de "juízo".

Por sua vez, anoto sob a categoria "processual" os indivíduos em que o órgão decide que não irá processar o mérito daquela demanda. O mais comum em tais casos são decisões em que o Supremo identifica a ausência de algum pressuposto de admissibilidade recursal e, então, resolve não decidir o mérito.

Uma última categoria do critério "juízo" é a denominada "repercussão geral". Utilizo esta categoria sempre que o objeto da decisão for a existência ou não de repercussão geral. A ausência da repercussão geral também pode aparecer como o fundamento utilizado pelo STF para não julgar o mérito do recurso, porém neste caso seria uma específica situação da categoria "processual". Não obstante, a categoria "repercussão geral" no critério "juízo" reflete circunstância distinta: quando a decisão do Supremo é exatamente sobre a existência ou não de repercussão geral em determinado assunto.

*Fundamentação do juízo*. A categoria "processual" do critério "juízo" suscita uma nova questão: qual o fundamento utilizado pelo Supremo Tribunal Federal para não julgar o mérito da demanda? Diante desta questão – que, em conjunto com a anterior, compõe o problema "qual é o tipo de resposta que o STF dá aos casos trabalhistas?" – engendrei o critério "**Fundamentação do juízo**".

Nele anoto o principal fundamento utilizado pelo Supremo para afastar o julgamento do mérito veiculado mediatamente. São categorias deste critério: "**contrato**", "**deficiência**", "**ED: não contradição**", "**ED: não omissão**", "**fatos e provas**", "**infraconstitucional**", "**instância**", "**legitimidade**", "**local**", "**matéria**", "**perda do objeto**", "**prequestionamento**", "**Rcl: identidade**", "**repercussão geral**", "**variedade**" e "**n/a**".

A categoria "contrato" é utilizada quando a decisão se encontra fundamentada na Súmula nº 454 do STF, segundo a qual "Simples interpretação de cláusulas contratuais não dá lugar a recurso extraordinário".

Já a categoria "deficiência", por sua vez, é utilizada para designar a deficiência na fundamentação de Recurso Extraordinário (Súmula nº 284 do STF[34]) ou de Agravo (Súmula nº 287 do STF) que impede a "exata compreensão da controvérsia".[35]

Anotei sob a denominação de "fatos e provas" quando o fundamento da decisão reproduz – implícita ou explicitamente – o conteúdo da Súmula nº 279 do STF, que estabelece que "Para simples reexame de prova não cabe recurso extraordinário".

A categoria "infraconstitucional", por sua vez, foi registrada sempre que a decisão se valia do fundamento que ficou consagrado no texto da Súmula nº 636 do STF:

> Súmula nº 636 do STF: Não cabe recurso extraordinário por contrariedade ao princípio constitucional da legalidade quando a sua verificação pressuponha rever a interpretação dada a normas infraconstitucionais pela decisão recorrida.

Outra categoria baseada em súmula do Supremo, desta vez a de nº 281, é a que denominei "Instância". O texto sumular afirma ser "inadmissível o recurso extraordinário quando couber na Justiça de origem recurso ordinário da decisão impugnada".

Quando o fundamento da decisão do órgão colegiado fosse o mesmo inscrito na Súmula nº 280 do STF, segundo a qual "Por ofensa a direito local não cabe recurso extraordinário", procedi ao registro da categoria "local".

Por outro lado, anotei sob a categoria de "prequestionamento" todas as decisões construídas a partir da inteligência da Súmula nº 356 do STF, que diz que "O ponto omisso da decisão, sobre o qual não foram opostos embargos declaratórios, não pode ser objeto de recurso extraordinário por faltar o requisito do prequestionamento".

A Súmula nº 283 do STF coloca que "É inadmissível o recurso extraordinário quando a decisão recorrida assenta em mais de um fundamento suficiente e o recurso não abrange todos eles". Nas ocasiões em que tal interpretação foi utilizada como a principal motivação

[34] Reproduzo o texto da Súmula nº 284 do STF: É inadmissível o recurso extraordinário quando a deficiência na sua fundamentação não permitir a exata compreensão da controvérsia.

[35] Reproduzo o texto da Súmula nº 287 do STF: Nega-se provimento ao agravo quando a deficiência na sua fundamentação ou na do recurso extraordinário não permitir a exata compreensão da controvérsia.

para a decisão do órgão assentei no critério fundamentação do juízo a categoria "variedade".

É comum que as decisões não se fundamentem em apenas um argumento. Nestes casos, em que múltiplas razões são apresentadas, elejo a categoria que reflita o fundamento em que o relator se deteve com maior profundidade para fazer sua inscrição. Não obstante, há casos em que os ministros vão além e deixam entrever suas posições sobre a questão de fundo que o ato recursal tenta veicular, anotei casos assim sob a denominação de "matéria".

Por fim, aproveitei o campo "Fundamentação do juízo" para, diante de casos em que o juízo foi registrado como "repercussão geral", anotar o resultado do julgamento concebendo, assim, os critérios "**positiva**" – quando o STF reconhece a existência de repercussão geral – e "**negativa**" – quando o STF não reconhece que aquele tema possui repercussão geral.

### *2.5.1 Os tipos de resposta do STF*

Uma vez criados e explicitados os critérios "juízo" e "fundamentação do juízo", servindo de instrumento de pesquisa para colher dados quanto ao tipo de resposta que o STF produz quando, em seus órgãos colegiados, defronte a casos de direito do trabalho, obtive os seguintes resultados:

| Juízo | | |
|---|---|---|
| Juízo | Ocorrências | % (total) |
| Processual | 321 | 81,47% |
| Mérito | 66 | 16,75% |
| Repercussão geral | 7 | 1,78% |

Tabela 16 – Os tipos de respostas ("juízo") mais comuns na pesquisa.

Os números estão de acordo com o que esperava: apenas em 16,75% dos casos trabalhistas analisados pelo STF a corte decidiu o mérito da questão. Na grande maioria das vezes (321 de 394 indivíduos) a questão material mediatamente veiculada não foi objeto de deliberação imediata do colegiado.

No parágrafo anterior falei em "deliberação imediata" porque, conforme os dados que apresento na próxima tabela, dos 321 casos em que classifiquei a resposta do STF como processual em 64 deles há um certo juízo de valor quanto à matéria de fundo. Os números colhidos quanto à fundamentação do juízo foram os seguintes:

| Fundamentação do juízo | | |
|---|---|---|
| **Fundamentação** | **Ocorrências** | **% (total)** |
| **Processual** | **321** | **81,47%** |
| Infraconstitucional | 138 | 35,03% |
| Matéria | 64 | 16,24% |
| Fatos e provas | 47 | 11,93% |
| Repercussão geral | 28 | 7,11% |
| Contrato | 16 | 4,06% |
| Prequestionamento | 12 | 3,05% |
| Local | 4 | 1,02% |
| Outros | 12 | 3,05% |
| **Mérito** | **66** | **16,75%** |
| n/a | 66 | 16,75% |
| **Repercussão geral** | **7** | **1,52%** |
| Positiva | 7 | 1,78% |
| **Total Geral** | **394** | **100,00%** |

Tabela 17 – Fundamentação do juízo.

## 2.6 Critério "Resultado"

*Resultado*. No campo dos resultados criei – sem qualquer criatividade, admito – um critério homônimo. Aqui, a dúvida é saber se ao final do processo deliberativo o órgão jurisdicional decidiu por reformar ou não a questão que lhe foi demandada.

O critério "**Resultado**", portanto, promove as categorias "**manutenção**", "**reforma**" e "**parcial**". Quando diante de controle concentrado anotarei como "manutenção" a incolumidade da norma e como "reforma" sua declaração de inconstitucionalidade.

### *2.6.1 Reforma ou manutenção?*

Seguindo, então, no campo da decisão fui verificar a partir do critério "Resultado" se o STF costuma manter a decisão que se questiona.

Registro, a seguir, os dados que obtive:

| Resultado | | |
|---|---|---|
| **Resultado** | **Ocorrências** | **% (total)** |
| Manutenção | 338 | 85,79% |
| Parcial | 5 | 1,27% |
| Reforma | 44 | 11,17% |
| RG | 7 | 1,78% |
| **Total Geral** | **394** | **100,00%** |

Tabela 18 – Resultado: manutenção e reforma.

Tal qual o que constatei em "Juízo", em "Resultado" também se confirma aquilo que esperava. Tendo em vista o enorme volume de trabalho do STF, faz sentido que na maior parte das decisões colegiadas apenas o relator profira voto, mantendo a decisão original a partir de um argumento processual.

## 2.7 Critérios "Tema" e "Subtema"

No campo da demanda delineei os critérios "**Tema**" e "**Subtema**", com o objetivo de designar quais são as questões trabalhistas que mais são trazidas aos órgãos colegiados do Supremo Tribunal Federal.

Luís Roberto Barroso fala num processo de "constitucionalização do Direito". O argumento é que no Brasil, com a Carta de 1988, há o expresso abrigo constitucional de matérias caras a outros ramos jurídicos, como "administrativo, civil, penal, do trabalho, processual civil e penal, financeiro e orçamentário, tributário, internacional e mais além" (2010, p. 361).

Gabriela Neves Delgado e Lara Parreira de Faria Borges irão afirmar que:

> Será em 1988 que o Princípio da Proteção toma fôlego renovado, em consonância com o projeto inclusivo, democrático e abrangente de direitos fundamentais previstos pela Constituição da República de 1988.
> A abertura democrática e inclusiva promovida pela Constituição de 1988 permitiu ao intérprete rever o padrão de proteção justrabalhista outrora desenhado na década de 1940, mediante afirmação potencializada de vocação expansionista do Direito do Trabalho, seja no tocante aos sujeitos trabalhadores por ele tutelados, seja no tocante ao objeto de trabalho e ao seu grau de proteção.
> Na perspectiva de proteção ao sujeito trabalhador, a Constituição de 1988 promove um giro hermenêutico ao determinar que trabalhadores tradicionalmente excluídos do âmbito de proteção do Direito do Trabalho, em razão do recorte normativo previsto pela CLT, sejam alcançados pelo Princípio da Proteção, reforçando o próprio sentido inclusivo de Democracia – vetor do Estado Democrático de Direito brasileiro. (DELGADO e BORGES,, L, 2015, p. 38)

Para executar esta classificação inicialmente pensei em me valer daquilo que Maurício Godinho Delgado denominou "acepção mais restrita" de Direito do Trabalho, na qual se reparte o Direito Material do Trabalho entre Direito Individual e Direito Coletivo (2019, p. 62). Não obstante, ainda que se ignore a advertência feita por Souto Maior (2011, pp. 684-5)[36], tal divisão bipartida diz pouco quanto ao objeto desta pesquisa. Na verdade, diz pouco, inclusive, quanto ao próprio Direito do Trabalho: exatamente por isso, Delgado avança para uma proposta mais abrangente que acomode, por exemplo, temas relacionados ao Direito Ambiental do Trabalho e ao Direito Internacional do Trabalho (DELGADO, 2019, pp. 67-9).

Tendo em vista a especificidade própria do objeto de pesquisa – aquilo que o STF decide julgar sobre Direito do Trabalho –, meu esforço de uniformização resultou na construção de 11 categorias temáticas,

[36] Cf. ponto 1.1.2. deste trabalho.

cada uma delas desdobrando-se em outras categorias de subtemas. Passo à explicitação de cada uma delas.

A categoria "**coletivo**" é composta de subtemas como "greve", "greve de servidor", "liberdade sindical", "representação sindical", "norma coletiva", "contribuição sindical", "negociação coletiva com a Administração Pública".

A segunda categoria foi a de "**competência legislativa**", composta de casos em que o STF é instado a se pronunciar sobre a constitucionalidade de leis que adentram à temática justrabalhista em entes da federação que não a União. As categorias que compõem os subtemas em competência legislativa são, basicamente, a matéria que a legislação dispõe como, por exemplo: "estabilidade do dirigente servidor", "inclusão do trabalho da mulher", "piso salarial", "MAT", dentre outros.

Denominei a terceira categoria que compõe o critério "Tema" como "**jornada**". Tais questões constituem, junto com a remuneração, a essência daquilo com que historicamente o Direito do Trabalho lidou (MARX, 2013, pp. 369 e ss.). Como subtemas, a categoria "jornada" abrange: "DSR", sigla para Descanso Semanal Remunerado, "trabalho noturno", "intervalo", "alteração da jornada", "compensação", "horas *in itinere*", "turno ininterrupto" e "extraordinária", denominação sob a qual eu me refiro às discussões sobre jornada extraordinária.[37]

A quarta categoria temática que criei foi nomeada de "**MAT**", sigla para Meio Ambiente do Trabalho. As discussões sob este rótulo tratam de subtemas como "acidente de trabalho", "insalubridade" e a relação entre Direitos da Personalidade – enquanto face privada dos Direitos Fundamentais – e Direito do Trabalho, casos anotados na categoria de subtema "personalidade".

Seguindo pela ordem alfabética, a quinta categoria do critério "Temas" é a tradicional "**relação de emprego**".[38] Nela encontra-se como subtemas: "carreira", "concurso", "poder diretivo", "regime jurídico" e "requisitos da relação".

---

[37] Originalmente denominei esta categoria "horas extras", designação muito popular não só aos juristas mas também aos trabalhadores. Reconheço que a denominação à qual recorri soa artificial, causando certa estranheza. Não obstante, acredito ser importante suscitar tal estranheza tendo em vista a necessária "desnaturalização" daquilo que foi concebido historicamente como extraordinário. É que a limitação da jornada figura na gênese da criação do Direito do Trabalho. Apagar os limites que esta expressão dos Direitos Humanos de segunda dimensão impõe contribui para o enfraquecimento do próprio Direito e da própria humanidade.

[38] Aqui, a expressão "relação de emprego" ao invés de "contrato de emprego" reflete meu rechaço à teoria contratualista do emprego, a partir dos fundamentos desenvolvidos por Souto Maior (2008, p. 40).

A sexta categoria temática é a "**remuneração**", na qual são discutidos subtemas como "adicionais", "auxílio alimentação", "desvio de função", "equiparação salarial", "PLR", "reajuste salarial", dentre outros.

Questões envolvendo a **seguridade social** aparecem como categoria temática quando são abordados subtemas como "complementação de aposentadoria", "incidência previdenciária" em parcelas remuneratórias e "prescrição".

Decidi, como uma oitava categoria, dar autonomia ao tema da "**terceirização**" no qual são tratados subtemas como "atividade fim" e "responsabilidade subsidiária".

Muitas são as questões suscitadas a partir do tema do "**término da relação**". Dentre elas há subtemas como garantia de emprego – genericamente referida como "estabilidade" – "prescrição", "sucessão trabalhista", "reintegração", "aposentadoria" como forma de término do emprego, Programa de Demissão Voluntária, o famoso "PDV", "verbas rescisórias", dentre outros.

Outra categoria importante dentro do critério "Temas" é a de "**vínculo com a Administração Pública**". Aqui aparecem subtemas como "regime jurídico", "concurso" público, "prescrição", dentre outros.

Por fim, a décima primeira categoria de "Temas", seguindo a ordem alfabética, é aquela que denominei "**política pública**", composta por dois "subtemas": "licença-gestante" e "PCD", referente a pessoa com deficiência.

### *2.7.1 De que o STF fala quando julga Direito do Trabalho?*

Como demonstrei, para viabilizar a pergunta "quais são os temas trabalhistas mais julgados pelo STF?" desenvolvi as categorias do critério "Tema". Colocando-a em movimento a questão, agora, é saber a quantidade de ocorrências de cada uma, bem como seus consequentes subtemas. Apresento, primeiro, os resultados em relação ao tema:

| Tema | | |
|---|---|---|
| Tema | Ocorrências | % (total) |
| Término da relação | 85 | 21,57% |
| Coletivo | 82 | 20,81% |
| Remuneração | 58 | 14,72% |
| Vínculo com AP | 38 | 9,64% |

| Tema | | |
|---|---|---|
| Tema | Ocorrências | % (total) |
| Jornada | 37 | 9,39% |
| Competência legislativa | 21 | 5,33% |
| MAT | 18 | 4,57% |
| Terceirização | 17 | 4,31% |
| Seguridade | 15 | 3,81% |
| Relação de emprego | 12 | 3,05% |
| Política pública | 11 | 2,79% |

Tabela 19 - Tema.

Apresento, a seguir, os três subtemas que mais apareceram em cada tema classificado.

Quanto ao "**término da relação**" estão abrigados sob a denominação de "Outros" os seguintes subtemas: prescrição, verbas rescisórias, PDV, sucessão trabalhista, CCP, reintegração, dispensa imotivada, anistia, estabilidade, empregado público, tempo de serviço, prescrição FGTS, multa por atraso, relação com a AP, inclusão trabalho da mulher, prescrição, diferenças salariais, empregado público, inquérito falta grave, estabilidade, rescisória, prescrição avulso, estabilidade decenal, prescrição complementação, prescrição anistia e prescrição auxílio alimentação.

| Principais subtemas da categoria "Término da Relação" | | | |
|---|---|---|---|
| Subtemas | Ocorrências | % (total) | % (tema) |
| Aposentadoria | 11 | 2,79% | 12,94% |
| Estabilidade dirigente | 10 | 2,54% | 11,76% |
| Aviso-prévio | 8 | 2,03% | 9,41% |
| Outros | 56 | 14,21% | 65,88% |
| **Término da Relação** | **85** | **21,57%** | |

Tabela 20 - Principais subtemas em "término da relação".

Quanto ao tema "**coletivo**" estão abrigados sob a denominação de "Outros" os seguintes subtemas: greve de servidor, negociação coletiva com a Administração Pública, liberdade sindical e greve.

| Principais subtemas da categoria "Coletivo" | | | |
|---|---|---|---|
| **Subtemas** | **Ocorrências** | **% (total)** | **% (tema)** |
| Representação sindical | 26 | 6,60% | 31,71% |
| Norma coletiva | 25 | 6,35% | 30,49% |
| Contribuição sindical | 15 | 3,81% | 18,29% |
| Outros | 16 | 4,06% | 19,51% |
| **Coletivo** | **82** | **20,82%** | |

Tabela 21 - Principais subtemas em "coletivo".

No tema "**remuneração**" estão abrigados sob a denominação de "Outros" os seguintes subtemas: PLR, diferenças salariais, equiparação salarial, vinculação ao salário-mínimo, gratificação, supressão de gratificação, empregado público, desvio de função e auxílio alimentação.

| Principais subtemas da categoria "Remuneração" | | | |
|---|---|---|---|
| **Subtemas** | **Ocorrências** | **% (total)** | **% (tema)** |
| Reajuste salarial | 17 | 4,31% | 29,31% |
| Adicional | 7 | 1,78% | 12,07% |
| Irredutibilidade | 6 | 1,52% | 10,34% |
| Outros | 28 | 7,11% | 48,28% |
| **Remuneração** | 58 | 14,72% | |

Tabela 22 - Principais subtemas em "remuneração".

Em "**vínculo com a AP**" estão abrigados sob a denominação de "Outros" os seguintes subtemas: férias, concurso, FGTS, remuneração, aposentadoria, prescrição e prescrição FGTS.

| Principais subtemas da categoria "Vínculo com a AP" | | | |
|---|---|---|---|
| Subtemas | Ocorrências | % (total) | % (tema) |
| Regime jurídico | 25 | 6,35% | 65,79% |
| Outros | 13 | 3,30% | 34,21% |
| **Vínculo com a AP** | **38** | **9,65%** | |

Tabela 23 - Principais subtemas em "vínculo com a AP".

No tema "**jornada**" estão abrigados sob a denominação de "Outros" os seguintes subtemas: DSR, turno ininterrupto, compensação, horas *in itinere*, alteração da jornada e intervalo da mulher.

| Principais subtemas da categoria "Jornada" | | | |
|---|---|---|---|
| Subtemas | Ocorrências | % (total) | % (tema) |
| Extraordinária | 18 | 4,57% | 48,65% |
| Intervalo | 7 | 1,78% | 18,92% |
| Trabalho noturno | 3 | 0,76% | 8,11% |
| Outros | 9 | 2,28% | 24,32% |
| **Jornada** | **37** | **9,39%** | |

Tabela 24 - Principais subtemas em "jornada".

Em "**competência legislativa**" estão abrigados sob a denominação de "Outros" os seguintes subtemas: vínculo com a AP, inclusão trabalho da mulher, jornada, remuneração, respeito à lei trabalhista, jornada feriado, regime jurídico, estabilidade de dirigente servidor e participação em empresa pública.

| Principais subtemas da categoria "Competência Legislativa" | | | |
|---|---|---|---|
| Subtemas | Ocorrências | % (total) | % (tema) |
| Remuneração piso salarial | 4 | 1,02% | 19,05% |
| Categoria específica | 3 | 0,76% | 14,29% |
| MAT | 3 | 0,76% | 14,29% |

| Principais subtemas da categoria "Competência Legislativa" | | | |
|---|---|---|---|
| Subtemas | Ocorrências | % (total) | % (tema) |
| Outros | 11 | 2,79% | 52,38% |
| **Competência Legislativa** | **21** | **5,33%** | |

Tabela 25 - Principais subtemas em "competência legislativa".

Consignei o tema Meio Ambiente do Trabalho sob a sigla "**MAT**". Dentro dele, registrei apenas três subtemas.

| Subtemas da categoria "MAT" | | | |
|---|---|---|---|
| Subtemas | Ocorrências | % (total) | % (tema) |
| Acidente de trabalho | 9 | 2,28% | 50,00% |
| Insalubridade | 5 | 1,27% | 27,78% |
| Personalidade | 4 | 1,02% | 22,22% |
| **MAT** | **18** | **4,57%** | |

Tabela 26 - Subtemas em "MAT".

O tema "**terceirização**" abriga sob a denominação de "Outros" os seguintes subtemas: atividade-fim e portuário.

| Principais subtemas da categoria "Terceirização" | | | |
|---|---|---|---|
| Subtemas | Ocorrências | % (total) | % (tema) |
| Responsabilidade subsidiária | 14 | 3,55% | 82,35% |
| Outros | 3 | 0,76% | 17,65% |
| **Terceirização** | **17** | **4,31%** | |

Tabela 27 - Principais subtemas em "terceirização".

Por sua vez, "**seguridade**" abrange três subtemas: complementação de aposentadoria, incidência previdenciária e prescrição.

| Principais subtemas da categoria "Seguridade" | | | |
|---|---|---|---|
| **Subtemas** | **Ocorrências** | **% (total)** | **% (tema)** |
| Complementação de aposentadoria | 10 | 2,54% | 66,67% |
| Incidência previdenciária | 3 | 0,76% | 20,00% |
| Prescrição | 2 | 0,51% | 13,33% |
| **Seguridade** | **15** | **3,81%** | |

Tabela 28 - Subtemas em "seguridade".

Quanto ao tema "**relação de emprego**" estão abrigados sob a denominação de "Outros" os seguintes subtemas: concurso e regime jurídico.

| Principais subtemas da categoria "Relação de Emprego" | | | |
|---|---|---|---|
| **Subtemas** | **Ocorrências** | **% (total)** | **% (tema)** |
| Requisitos da relação | 4 | 1,02% | 33,33% |
| Carreira | 3 | 0,76% | 25,00% |
| Poder diretivo | 3 | 0,76% | 25,00% |
| Outros | 2 | 0,51% | 16,67% |
| **Relação de Emprego** | **12** | **3,05%** | |

Tabela 29 - Principais subtemas em "relação de emprego".

Por fim, o tema "**política pública**" é composto pelos subtemas gestante e PCD.

| Subtemas da categoria "Política Pública" | | | |
|---|---|---|---|
| **Subtemas** | **Ocorrências** | **% (total)** | **% (tema)** |
| Licença gestante | 9 | 2,28% | 81,82% |
| PCD | 2 | 0,51% | 18,18% |

| Subtemas da categoria "Política Pública" | | | |
|---|---|---|---|
| Subtemas | Ocorrências | % (total) | % (tema) |
| Política Pública | 11 | 2,79% | |

Tabela 30 - Subtemas em "política pública".

Em 2014 as pesquisadoras Sayonara Grillo Coutinho Leonardo da Silva e Eleonora Kira Valdez de Moura publicaram o artigo "O que os atores demandam perante o Supremo Tribunal Federal em matéria trabalhista?" (2014). A pesquisa demonstrou, entre outros resultados de grande relevância, como os atores e as demandas se alteram conforme mudam as conjunturas políticas.

As autoras, integrantes do Grupo de Pesquisa Configurações Institucionais e Relações de Trabalho (CIRT), trazem para o campo do direito do trabalho a interessante agenda de pesquisa da sociologia jurídica, que tem como um de seus marcos o incontornável trabalho "A judicialização da política e das relações sociais no Brasil", de 1999, de autoria de Luiz Werneck Vianna, Maria Alice Resende de Carvalho, Manuel Palacios Cunha Melo e Marcelo Baumann Burgos (1999).[39] Apesar de a pesquisa que ora apresento ter utilizado ambos os trabalhos como importantes fontes para a construção do modelo metodológico, destaco a diferença quanto à abrangência das decisões, tendo em vista que as pesquisas citadas investigaram a fundo a atuação do STF em sede de controle concentrado.

## 2.8 Critérios "Parte ativa", "Tipo de parte ativa, "Parte passiva" e "Tipo de parte passiva"

Já há algum tempo a processualística colocou o tema da efetivação do acesso à justiça no centro do debate. No texto clássico de Cappelletti e Garth, por exemplo, os juristas afirmarão que "O 'acesso' não é apenas um direito social fundamental, crescentemente reconhecido; ele é também, necessariamente, o ponto central da moderna processualística" (1988, pp. 12-3). Ao que Boaventura Santos concordará expressando que "o tema do acesso à justiça é aquele que mais

[39] Aproveito para fazer um registro acadêmico pessoal: a pesquisa que apresentei também se pretendia, de alguma forma, herdeira da pesquisa de Werneck Vianna et al. O curioso, no entanto, é que o clássico "Liberalismo e sindicato no Brasil", apresentado pelo acadêmico em 1976 como tese de doutoramento no Departamento de Ciência Política da FFLCH-USP, foi igualmente uma obra incontornável quando de minha pesquisa de mestrado sobre o movimento sindical brasileiro.

diretamente equaciona as relações entre o processo civil e a justiça social, entre igualdade jurídico-formal e desigualdade socioeconômica" (1986, p. 18).

Olhando para a concretude da contemporaneidade, a desigualdade material impõe-se como um fato que não se limita às estatísticas[40], alcançando, também, como não poderia deixar de ser, as relações jurídicas, inclusive as relações processuais. Assim, por exemplo, a desigualdade material entre litigantes em um processo judicial implicará em obstáculos ao acesso à Justiça. A dupla Cappelletti e Garth identificará entre tais obstáculos aquilo que denominam "possibilidade das partes"[41], a partir das reflexões do sociólogo do direito Marc Galanter em seu clássico "*Why the 'haves' come out ahead: speculations on the limits of legal change*", de 1974.[42]

Questionando a experiência jurídica para além das normas, Galanter mostra que litigantes habituais (*repeat players* no original, traduzido como jogadores habituais) recebem uma série de vantagens em relação a seus adversários que não estão acostumados com a experiência judicial (*one-shooter* no original, traduzido como participante eventual). Dentre outras vantagens destacam-se: maior experiência litigiosa, acesso a especialistas, desenvolvimento de relações informais com os membros das cortes,[43] maior poder de barganha e negociação, e capacidade de influenciar na própria regra do jogo (2018, pp. 48 e ss).

[40] Dados colhidos pela equipe de Thomas Piketty demonstram, ano após ano, o aumento da desigualdade social em todas as partes do mundo, em distintas velocidades: em alguns casos a desigualdade social (WORLD INEQUALITY LAB, 2017) aumenta com maior rapidez em certos períodos históricos, em outros ela tem um ritmo quase constante de elevação, porém nunca deixa de aumentar. No topo da pirâmide social o relatório da ONG britânica Oxfam, anterior à pandemia, nos revela que, dentre todos os seres humanos no planeta, os 1% mais ricos ficaram com 82% de toda riqueza global gerada em 2017 (OXFAM, 2018). Ou seja, aproximadamente 7 milhões de pessoas no mundo concentraram mais de quatro quintos de tudo o que foi produzido no ano passado. E ainda: a metade mais pobre da população mundial, os 3,5 bilhões de humanos mais pobres no mundo, possuem a mesma quantidade de dinheiro que os 42 maiores bilionários da Terra. No Brasil este número cai para cinco, vale dizer: os cinco brasileiros mais ricos do país possuem a mesma riqueza que a metade mais pobre de toda a população brasileira.

[41] As três grandes barreiras que impedem a efetiva paridade de armas, segundo os autores, são: as custas judiciais, as possibilidades das partes e a questão dos interesses difusos. Concluirão preliminarmente que: "os obstáculos criados por nossos sistemas jurídicos são mais pronunciados para as pequenas causas e para os autores individuais, especialmente os pobres; ao mesmo tempo, as vantagens pertencem de modo especial aos litigantes organizacionais, adeptos do uso do sistema judicial para obterem seus próprios interesses" (1988, p. 28).

[42] Recentemente, o artigo foi traduzido para o português por Ana Carolina Chasin (2018).

[43] De maneira lateral, este tema aparecerá nos Capítulos 3, 4.2. e 6.3.

Desenvolvi os critérios a seguir descritos com o objetivo de colher dados que possam auxiliar na reflexão sobre a existência de litigantes habituais nos processos trabalhistas que o STF julga, bem como na verificação das vantagens que tal condição suscitaria.

*Parte Ativa e Parte Passiva* – De volta à pesquisa, seguindo entre os critérios que buscam explicitar aspectos da chegada das demandas até o "guardião da Constituição", deparei-me, portanto, com a questão dos sujeitos litigantes. Pretendi desenvolver critérios para que pudesse colher dados relevantes sobre (1) a existência de litigantes habituais nos processos trabalhistas que o STF julga, e (2) as vantagens que tal condição suscitaria.

Com isso as categorias são preenchidas conforme os nomes que constam em cada julgado. Quando, por exemplo, a Confederação Nacional do Comércio de Bens, Serviços e Turismo propõe ADI contra Lei Estadual, registro nome da entidade patronal como categoria específica do critério "**Parte Ativa**", enquanto anoto a Assembleia Legislativa daquele Estado como categoria específica do critério "**Parte Passiva**".

Do ponto de vista da técnica processual reconheço que o nome de ambos os critérios pode suscitar problemas. É que como cada indivíduo refere-se a uma determinada situação jurídica específica em uma relação jurídica processual distinta,[44] terão designações distintas. Assim, aquele que propõe ADI, ADC, ADO ou ADPF recebe o nome de Requerente, enquanto a parte adversa é designada de Interessado; ou então denomina-se Recorrente aquele que interpõe Recurso Extraordinário em face de Recorrido.

Porém, o próprio STF, em sua Resolução nº 604, de 11 de dezembro de 2017,[45] anota os nomes que devem ser utilizados em cada situação jurídica específica sob o registro de "Parte Ativa" e "Parte Passiva". Daí, deixando ressalvado que tal critério possa vir a sofrer críticas desde

[44] Explica Cândido Rangel Dinamarco: "As situações jurídicas ativas e passivas que a compõem constituem abstrações (...) Atos e situações jurídicas intercalam-se no processo segundo o objetivo programado (...) cada ato realizado cria uma nova situação jurídica ativa ou passiva, que por sua vez autoriza ou induz a prática de novo ato; a realização do novo ato jurídico autorizado ou exigido dá vida a uma nova situação jurídica – e assim desde o início do processo pela demanda inicial do autor até ao seu fim" (2005, p.27).

[45] Aproveito para agradecer o apoio do amigo Fernando Silva de Araújo, grande processualista, que me auxiliou na compreensão dos desafios teóricos envolvidos na nomeação destes critérios. Apesar de todo o brilhantismo de Fernando, é possível que ainda assim eu tenha cometido alguns equívocos: em se verificando tal hipótese, é necessário reconhecer que a responsabilidade pelos erros é imputada exclusivamente a mim.

o ponto de vista da teoria processual, optei por manter a designação de critério “Parte Ativa” e critério “Parte Passiva”.

*Tipo de Parte Ativa e Tipo de Parte Passiva* – O critério anterior questiona de maneira específica quem está litigando: qual é o nome da pessoa natural ou jurídica que está anotada no acórdão. De maneira complementar, ainda no campo da demanda elaborei os critérios “Tipo da Parte Ativa” e “Tipo da Parte Passiva”, nos quais a pergunta é sobre a função que tais partes litigantes desempenham na relação jurídica material discutida no processo.

Assim, criei as seguintes categorias, aplicáveis para ambos os critérios: Agente público; Administração Pública Direta Municipal (APD municipal); Administração Pública Direta Distrital (APD distrital); Administração Pública Direta Estadual (APD estadual); Administração Pública Direta Federal (APD federal); Administração Pública Indireta Municipal (API municipal); Administração Pública Indireta Distrital (API distrital); Administração Pública Indireta Estadual (API estadual); Administração Pública Indireta Federal (API federal); Autarquia profissional; Cartório; Empregador privado; Empresa estatal; Entidade patronal; Entidade profissional; Fundo de Previdência; Instituto Nacional do Seguro Social (INSS); Ministério Público (MP); Órgão Gestor de Mão de Obra (OGMO); Partido Político; Trabalhador.

Uma vez definido que o objeto de pesquisa excluiria da análise a relação estatutária dos servidores, seria de imaginar que apenas duas categorias seriam necessárias para classificar os tipos de litigantes: empregadores e empregados, bem ao encontro dos artigos 2º e 3º da CLT. Não obstante, diante da complexidade dos indivíduos do universo de pesquisa tais categorias se mostraram, apesar de necessárias, insuficientes. Alguns exemplos podem demonstrar tal situação: no RE 291822-9 (G376) litiga a Federação dos Contabilistas do Estado do Rio Grande do Sul contra o Sindicato dos Contadores do Estado do Rio Grande do Sul; ou ainda, no ARE-AgR nº 668285 (S219), litiga a Câmara de Vereadores do Município de Rio Grande contra o Ministério Público Estadual do Rio Grande do Sul; ou na ADC-AgR nº 34/DF (G007), contrapõe-se o Conselho Federal de Corretores de Imóveis ao Congresso Nacional.

Os casos ficam ainda mais complexos quando temos como pessoa capaz de exigir o trabalho de outrem (empregador) órgão ou ente da Administração Pública. Interessante, por exemplo, o RE-AgR 634093 (S566), em que se tem a União agravando decisão contra servidora pública gestante ocupante de cargo em comissão.

Indivíduos que veiculam casos que suscitam a intersecção entre direito administrativo e direito do trabalho se mostraram particularmente desafiadores. É que partindo de pressupostos teóricos e interesses jurídicos distintos os conflitos passam a exigir soluções mais sofisticadas. Quanto ao primeiro, Celso Antônio Bandeira de Mello reunirá sob o binômio "supremacia do interesse público" e "indisponibilidade dos interesses públicos pela Administração" o que chama de regime jurídico-administrativo (2010, pp. 57 e ss.). Quanto ao segundo, ao tratar sobre seu fundamento central, o "Princípio de Proteção", Américo Plá Rodriguez dirá:

> O princípio de proteção se refere ao critério fundamental que orienta o Direito do Trabalho, pois este, ao invés de inspirar-se num propósito de igualdade, responde ao objetivo de estabelecer um amparo preferencial a uma das partes: o trabalhador. Enquanto no direito comum uma constante preocupação parece assegurar a igualdade jurídica entre os contratantes, no Direito do Trabalho a preocupação central parece ser a de proteger uma das partes com o objetivo de, mediante essa proteção, alcançar-se uma igualdade substancial e verdadeira entre as partes. (1978, p. 27)

Para que pudesse em uma única categoria dar conta de litigantes que atuaram sob a subordinação de órgão ou ente da Administração Pública, usei a categoria "Agente público" que, segundo Celso Antônio Bandeira de Mello:

> Esta expressão – agentes públicos – é a mais ampla que se pode conceber para designar genérica e indistintamente os sujeitos que servem ao Poder Público como instrumentos expressivos de sua vontade ou ação, ainda quando o façam apenas ocasional ou esporadicamente.
> Quem quer que desempenhe funções estatais, enquanto as exercita, é um agente público. Por isto, a noção abarca tanto o Chefe do Poder Executivo (em quaisquer das esferas) como os senadores, deputados e vereadores, os ocupantes de cargos ou empregos públicos da Administração direta dos três Poderes,

> os servidores das autarquias, das fundações governamentais, das empresas públicas e sociedades de economia mista nas distintas órbitas de governo, os concessionários e permissionários de serviço público, os delegados de função ou ofício público, os requisitados, os contratados sob locação civil de serviços e os gestores de negócios públicos. (2010, pp. 244-5)

A utilização que faço, entretanto, desta categoria restringe-se a pessoas naturais que mantenham com a Administração Pública "relação de trabalho de natureza profissional", "sob vínculo de dependência" (2010, p. 248). Assim, por exemplo, a categoria "agentes públicos" – nos termos aqui utilizados – abrange tanto o empregado público quanto o servidor temporário.

De outro lado, reduzi agentes políticos – que, para o Direito Administrativo são um tipo específico de agente público (BANDEIRA DE MELLO, 2010, p. 247) –, órgãos e entes às categorias de Administração Pública Direta (APD) e Administração Pública Indireta (API), conforme o ente federativo a que pertençam: federal, estadual, municipal ou distrital.[46] Com isso, quando o Governador do Distrito Federal questiona no STF uma lei que a Câmara Legislativa Distrital aprovou tratando de matéria trabalhista, como é o caso da ADI nº 3.069 (S012), a anotação que procedi tanto no critério "Tipo de Parte Ativa" quanto em "Tipo de Parte Passiva" foi "APD distrital". Ou ainda: quando o Centro Estadual de Educação Tecnológica Paula Souza recorre no ARE-AgR nº 694623 (S252) contra decisão quanto a diferenças salariais em prol de servidora temporária, categorizo que se trata de litígio entre "APD estadual" e "agente público".

Quanto às Sociedades de Economia Mista e Empresas Públicas, decidi por uniformizá-las sob a categoria "Empresa Estatal".

Outras duas exceções à generalização que procedi a partir das categorias de APD e API são os casos do Instituto Nacional do Seguro Social que, sob a lógica utilizada, consistiria em uma autarquia federal, portanto, API federal; e do Ministério Público que, a depender do caso – se se trata de Ministério Público Estadual ou de ramo do MPU – ingressaria como APD estadual ou federal.

---

[46] Agradeço aos amigos Joabe Souza, Maria Clara Araújo e Fernando Antunes por discutirem comigo algumas ideias deste ponto.

Tendo em vista a competência de atuação especificamente relacionada ao objeto da pesquisa de ambos os litigantes, resolvi especificá-los compondo, portanto, categoria de "INSS" e "MP". Nesta última destaca-se a atuação do Ministério Público do Trabalho e da Procuradoria Geral da República que lhe faz as vezes no Supremo Tribunal Federal.

Por fim, merece nota a categoria das entidades sindicais. A CLT, em seu artigo 511, parte da distinção entre interesse econômico, para se referir aos empregadores, e interesse profissional, para se referir aos trabalhadores. Apesar de "entidade econômica" ser a expressão utilizada pelo texto normativo, ponderei que a expressão "entidade patronal" seria mais adequada, tendo em vista que rechaça a ideia de que seria o conjunto dos proprietários dos meios de produção, e não o conjunto dos portadores da mercadoria força de trabalho, o responsável pela produção de valor em nossa sociedade. De outro lado, a expressão "entidade profissional" não me causou tal estranhamento, de sorte que a mantive para indicar sindicatos, federações ou confederações de trabalhadores.

Há, entretanto, dois casos em que o litigante não é propriamente entidade sindical, mas, antes, autarquia profissional: a ADC-AgR nº 34 (G007) proposta pelo Conselho Federal de Corretores de Imóveis; e, o ARE-AgR nº 821761 (S307), em que o Conselho Regional de Fisioterapia e Terapia Ocupacional da 10ª Região figura como agravado. Tendo em vista que a categoria entidade profissional, tomada enquanto espaço de entidades sindicais de trabalhadores, não parece comportar tais entidades singulares, decidi pela criação de uma categoria específica: "autarquia profissional".

### *2.8.1 Quem é que leva as demandas trabalhistas ao Supremo?*

Assim, a investigação que procedi quanto aos litigantes desdobrou-se em dois critérios: um em que preenchi o nome das partes e outro em que preenchi o tipo correspondente ao litigante, nos limites que defini no item acima.

Não me debruçarei quanto aos nomes das partes, propriamente ditos, já que estes poderão ser consultados no Anexo, no qual consta a tabela do universo 1 com os resultados que colhi na investigação.

Adentrando à tipologia construída, tenho no polo ativo, sob a denominação de "tipo ativo", os seguintes números:

| Tipo Ativo | | |
|---|---|---|
| "Tipo Ativo" | Ocorrências | % (total) |
| Empregador privado | 72 | 18,27% |
| Agente público | 71 | 18,02% |
| Entidade profissional | 51 | 12,94% |
| Empresa estatal | 44 | 11,17% |
| Trabalhador | 40 | 10,15% |
| APD estadual | 33 | 8,38% |
| Entidade patronal | 20 | 5,08% |
| APD municipal | 12 | 3,05% |
| MP | 8 | 2,03% |
| API estadual | 8 | 2,03% |
| APD federal | 7 | 1,78% |
| Fundo de previdência | 6 | 1,52% |
| OGMO | 5 | 1,27% |
| Partido | 4 | 1,02% |
| APD distrital | 4 | 1,02% |
| INSS | 4 | 1,02% |
| API municipal | 3 | 0,76% |
| Autarquia profissional | 1 | 0,25% |
| Cartório | 1 | 0,25% |

Tabela 31 – Qual o tipo de litigante que aparece no polo ativo?

Quanto àquilo que denomine "tipo passivo" para caracterizar quem aparece no polo passivo do litígio, colhi os seguintes dados:

| Tipo Passivo | | |
|---|---|---|
| "Tipo Passivo" | Ocorrências | % (total) |
| Agente público | 84 | 21,32% |
| Trabalhador | 72 | 18,27% |
| Empresa estatal | 59 | 14,97% |
| Empregador privado | 59 | 14,97% |
| APD federal | 24 | 6,09% |
| Entidade profissional | 22 | 5,58% |
| APD estadual | 21 | 5,33% |
| Entidade patronal | 11 | 2,79% |
| MP | 11 | 2,79% |
| APD municipal | 9 | 2,28% |
| APD distrital | 6 | 1,52% |
| API estadual | 5 | 1,27% |
| API federal | 4 | 1,02% |
| INSS | 2 | 0,51% |
| API municipal | 2 | 0,51% |
| Autarquia profissional | 1 | 0,25% |
| API distrital | 1 | 0,25% |
| OGMO | 1 | 0,25% |

Tabela 32 – Qual o tipo de litigante que aparece no polo passivo?

Interessante perceber que os que mais provocarão a decisão do colegiado serão, nesta ordem: o empregador privado, o agente público, a entidade profissional, a empresa estatal e, apenas em quinto lugar, o trabalhador empregado de pessoa não integrante da Administração Pública.

O resultado parece importante para as discussões sobre acesso à Justiça, bem como para desfazer uma má compreensão da litigiosidade trabalhista contemporânea. Reverbera no senso comum a ideia de que o volume de processos que chegam à Justiça do Trabalho seria astronômico, tendo como causa uma má-fé que estaria entranhada à condição de subordinação empregatícia.[47] Os dados colhidos podem ser importantes na investigação sobre a correspondência ou não com a realidade de tal senso comum.

## 2.9 Critério "Vencedor"

O último critério questiona qual o tipo de parte se beneficiou com a decisão do STF.

Concebi este critério para reproduzir de forma simplificada algumas das categorias em que classifiquei os tipos das partes.

Assim, as quatro categorias fundamentais deste critério são: "empresa", "trabalhador", "Estado" e "agente público". Ainda que o empregador privado não assuma necessariamente a forma societária empresarial, decidi por uniformizar assim a análise do típico conflito justrabalhista entre empregado e empregador.

Analogamente, quando a relação de trabalho tem em um ente ou órgão estatal seu centro de poder, decidi utilizar uma categorização que divide os sujeitos entre "Estado" e "agente público".

Segundo esta classificação que proponho, empregados públicos, ou seja, agentes públicos que trabalhando em empresas estatais – quer em empresas públicas, quer em sociedades de economia mista – estão submetidos ao regime celetista compõem a categoria "agentes públicos" e não "trabalhadores". Desnecessário dizer que, do ponto de vista fático e sociológico, servidores estatais – quer sejam estatutários, celetistas ou temporários – não deixam de compor a classe trabalhadora. Porém, insisto na classificação que elaborei tendo em vista as exigências do objeto.

Não obstante, há ainda conflitos em que duas entidades sindicais patronais disputam a representação de determinado ramo econômico. Ou, então, em que duas entidades sindicais profissionais disputam a representação de determinada categoria profissional. Em casos do primeiro tipo anotei no critério "vencedor" a categoria "interpatronal"; em casos do segundo tipo procedi o registro da categoria "intersindical".

[47] De maneira lateral, o tema é tratado no Capítulo 4.2, ao se analisar a fundo o posicionamento do ministro Luís Roberto Barroso.

Por fim, há casos em que a discussão não permite entrever algum beneficiado direto. Isso se dá, por exemplo, quando o colegiado delibera sobre a existência ou não de repercussão em determinado tema. É bem verdade que uma análise mais aprofundada, sobretudo a partir do histórico jurisprudencial, poderia concluir que o simples ato de deliberar que um tema que tradicionalmente não era debatido por não atingir matéria constitucional passe a ser alvo de uma nova revisão por parte do STF permite entrever uma vitória para a parte que até então tinha seus recursos rechaçados. Não obstante, preferi anotar casos assim como "n/a", deixando tais anotações, no entanto, para possíveis pesquisas no futuro.

### *2.9.1 O Supremo defende a parte mais fraca?*

Diante da questão "o STF julga os casos trabalhistas a favor dos trabalhadores ou das empresas?" procedi à investigação do universo da dinâmica jurisdicional, chegando aos seguintes dados:

| Vencedor | | |
|---|---|---|
| Vencedor | Ocorrências | % (total) |
| Empresa | 112 | 28,43% |
| Trabalhador | 109 | 27,66% |
| Agente público | 85 | 21,57% |
| Estado | 46 | 11,68% |
| n/a | 31 | 7,87% |
| Interpatronal | 7 | 1,78% |
| Intersindical | 4 | 1,02% |
| Total Geral | 394 | 100,00% |

Tabela 33 - O STF costuma decidir casos trabalhistas favorecendo a empresa ou o trabalhador?

Em seu capítulo sobre "Como encontrar um tema dentro de minha área de interesse?", no livro "Metodologia da pesquisa em Direito", Rafael Mafei Rabelo Queiroz conta o caso da pesquisa dos economistas ortodoxos Persio Arida, Edmar Lisboa Bacha e André Lara-Resende que, em 2005, publicaram o *paper* "*Credit, interest and jurisdictional uncertainty: conjectures on the Case of Brazil*" (*apud* QUEIROZ, 2019a, p. 56). Segundo relata o autor, os pensadores da Casa das Garças aventaram:

> a partir de entrevistas com magistrados brasileiros a hipótese de que o Judiciário teria a tendência de desrespeitar cláusulas contratuais e dispositivos legais para favorecer o litigante economicamente mais fraco e, assim, fazer "justiça social" ao arrepio de normas jurídicas cogentes. (QUEIROZ, 2019a, p. 56)

A partir dos resultados, muito convenientes ao discurso segundo o qual uma maior sensibilidade social dos operadores do Direito resultaria em maior insegurança jurídica, os pesquisadores Brisa Lopes de Mello Ferrão e Ivan César Ribeiro conduziram pesquisa empírica que termina por refutar a tese defendida por Arida, Bacha e Lara-Resende:

> O contrato é relativizado apenas quando eivado de ilegalidade, não se identificando nenhuma voluntariedade do Judiciário no sentido de defender as partes hipossuficientes, além do estabelecido em lei. Mais do que isso, nas áreas que seriam mais sensíveis à existência de um viés intervencionista da justiça, a do crédito e juros, comercial e do inquilinato, vigora a livre contratação e a pouca interferência tanto do legislador quanto dos magistrados. Nessas áreas, quem corre o risco de ver ignorados os termos da contratação é a parte mais fraca, ou seja, o inquilino, o devedor e o pequeno empresário. (FERRÃO; RIBEIRO, 2006, p. 10)

Segundo a "vulgata que se faz da Justiça do Trabalho" (QUEIROZ, 2019a, p. 56), as decisões judiciais em matéria trabalhista costumam beneficiar os trabalhadores em detrimento dos empresários.[48] O tema merece pesquisa mais aprofundada, porém nos termos em que delimitei a questão os dados mostram que há um equilíbrio entre decisões do STF que favoreçam empresas e decisões que favoreçam os

[48] Nas palavras explícitas de Jair Messias Bolsonaro: "É difícil ser patrão no Brasil" (ALEGRETTI; FERNANDES, 2018).

trabalhadores. Quando, de outro lado, o conflito se dá entre o Estado e seus agentes há uma tendência de favorecimento aos agentes públicos.

### *2.9.2 Separando a batata de cada vencedor*

A partir de tais informações suscito a pergunta mote de obra: é possível verificar a existência de alguma tendência em relação à forma de posicionamento de cada ministro?

Obtive o seguinte resultado:

| Relator x Vencedor | | | | |
|---|---|---|---|---|
| MIN/vencedor | Empresa | Trabalho | Agente | Estado |
| ROSA | 24 | 24 | 18 | 5 |
| TOFFOLI | 20 | 17 | 11 | 4 |
| BARROSO | 8 | 13 | 12 | 4 |
| JOAQUIM | 4 | 13 | 4 | 4 |
| FUX | 6 | 5 | 10 | 6 |
| AYRES | 8 | 10 | 3 | 5 |
| CÁRMEN | 9 | 5 | 7 | 3 |
| LEWANDOWSKI | 9 | 5 | 6 | 1 |
| GILMAR | 5 | 6 | 2 | 4 |
| ELLEN | 6 | 1 | 5 | 3 |
| TEORI | 4 | 1 | 2 | 0 |
| AURÉLIO | 1 | 3 | 0 | 1 |
| EROS | 1 | 2 | 1 | 2 |
| SEPÚLVEDA | 2 | 0 | 2 | 2 |
| PELUSO | 2 | 1 | 0 | 2 |
| FACHIN | 2 | 1 | 1 | 0 |
| CELSO | 0 | 2 | 1 | 0 |
| VELLOSO | 1 | 0 | 0 | 0 |
| MAURÍCIO | 0 | 0 | 0 | 0 |
| MENEZES | 0 | 0 | 0 | 0 |
| **Total Geral** | **112** | **109** | **85** | **46** |

| Relator x Vencedor | | | | |
|---|---|---|---|---|
| MIN/vencedor | Patronal | Sindical | n/a | Total Geral |
| ROSA | 3 | 1 | 4 | 79 |
| TOFFOLI | 0 | 0 | 2 | 54 |
| BARROSO | 1 | 0 | 0 | 38 |
| JOAQUIM | 0 | 1 | 4 | 30 |
| FUX | 0 | 0 | 3 | 30 |
| AYRES | 1 | 0 | 1 | 28 |
| CÁRMEN | 1 | 0 | 2 | 27 |
| LEWANDOWSKI | 0 | 0 | 1 | 22 |
| GILMAR | 0 | 0 | 0 | 17 |
| ELLEN | 0 | 0 | 0 | 15 |
| TEORI | 1 | 2 | 3 | 13 |
| AURÉLIO | 0 | 0 | 6 | 11 |
| EROS | 0 | 0 | 2 | 8 |
| SEPÚLVEDA | 0 | 0 | 0 | 6 |
| PELUSO | 0 | 0 | 1 | 6 |
| FACHIN | 0 | 0 | 0 | 4 |
| CELSO | 0 | 0 | 0 | 3 |
| VELLOSO | 0 | 0 | 0 | 1 |
| MAURÍCIO | 0 | 0 | 1 | 1 |
| MENEZES | 0 | 0 | 1 | 1 |
| **Total Geral** | **7** | **4** | **31** | **394** |

Tabela 34 - Relator x Vencedor.

O resultado possui algumas surpresas: coloca alguns famosos críticos dos direitos trabalhistas, como Gilmar Mendes, Marco Aurélio e Barroso, como ministros que relataram mais jugados a favor do que contra os trabalhadores. Tendo em vista o fato de que o critério é baseado na relatoria, bem como na conclusão de que a maioria das decisões é de manutenção da norma a partir de um juízo processual, em que apenas o relator vota e não há debate, pergunto-me se tal resultado se alteraria conforme as variáveis fossem delimitando o universo. Quando o universo se restringe apenas aos casos em que há mais de um voto registrado, o resultado é o seguinte:

| Relator x Vencedor [mais de um votante: 75/394] | | | | |
|---|---|---|---|---|
| MIN/vencedor | Empresa | Trabalho | Agente | Estado |
| JOAQUIM | 0 | 7 | 1 | 1 |
| GILMAR | 1 | 4 | 0 | 3 |
| BARROSO | 2 | 2 | 1 | 2 |
| TOFFOLI | 3 | 3 | 1 | 0 |
| FUX | 2 | 1 | 1 | 2 |
| AURÉLIO | 0 | 2 | 0 | 0 |
| EROS | 0 | 1 | 0 | 2 |
| PELUSO | 1 | 1 | 0 | 1 |
| TEORI | 1 | 1 | 0 | 0 |
| CÁRMEN | 0 | 3 | 0 | 0 |
| LEWANDOWSKI | 1 | 0 | 2 | 0 |
| AYRES | 2 | 1 | 0 | 0 |
| SEPÚLVEDA | 1 | 0 | 1 | 0 |
| ROSA | 1 | 0 | 0 | 0 |
| ELLEN | 0 | 0 | 1 | 0 |
| MENEZES | 0 | 0 | 0 | 0 |
| **Total Geral** | **15** | **26** | **8** | **11** |

| Relator x Vencedor [mais de um votante: 75/394] | | | |
|---|---|---|---|
| MIN/vencedor | Patronal | n/a | Total Geral |
| JOAQUIM | 0 | 1 | 10 |
| GILMAR | 0 | 0 | 8 |
| BARROSO | 0 | 0 | 7 |
| TOFFOLI | 0 | 0 | 7 |
| FUX | 0 | 1 | 7 |

| Relator x Vencedor [mais de um votante: 75/394] | | | |
|---|---|---|---|
| MIN/vencedor | Patronal | n/a | Total Geral |
| AURÉLIO | 0 | 5 | 7 |
| EROS | 0 | 2 | 5 |
| PELUSO | 0 | 1 | 4 |
| TEORI | 0 | 2 | 4 |
| CÁRMEN | 1 | 0 | 4 |
| LEWANDOWSKI | 0 | 1 | 4 |
| AYRES | 0 | 0 | 3 |
| SEPÚLVEDA | 0 | 0 | 2 |
| ROSA | 0 | 0 | 1 |
| ELLEN | 0 | 0 | 1 |
| MENEZES | 0 | 1 | 1 |
| **Total Geral** | **1** | **14** | **75** |

Tabela 35 - Relator x Vencedor quando há mais de um votante.

Quando, por outro lado, delimita-se no universo da dinâmica jurisdicional apenas os casos em que há reforma ou reforma parcial, o resultado é:

| Relator x Vencedor [reforma ou parcial: 49/394] | | | | | | |
|---|---|---|---|---|---|---|
| MIN/vencedor | Empresa | Trabalho | Agente | Estado | n/a | Total Geral |
| GILMAR | 2 | 3 | 1 | 2 | 8 | 10 |
| JOAQUIM | 0 | 6 | 0 | 1 | 8 | 8 |
| TOFFOLI | 5 | 2 | 0 | 0 | 7 | 7 |
| BARROSO | 2 | 0 | 1 | 1 | 4 | 7 |
| ELLEN | 1 | 0 | 2 | 1 | 4 | 7 |
| EROS | 0 | 1 | 0 | 2 | 4 | 7 |
| SEPÚLVEDA | 1 | 0 | 1 | 0 | 2 | 5 |
| AURÉLIO | 0 | 2 | 0 | 0 | 2 | 4 |
| AYRES | 1 | 1 | 0 | 0 | 2 | 4 |

| Relator x Vencedor [reforma ou parcial: 49/394] | | | | | | |
|---|---|---|---|---|---|---|
| MIN/vencedor | Empresa | Trabalho | Agente | Estado | n/a | Total Geral |
| LEWANDOWSKI | 1 | 0 | 1 | 0 | 2 | 4 |
| TEORI | 0 | 0 | 0 | 0 | 1 | 4 |
| VELLOSO | 1 | 0 | 0 | 0 | 1 | 3 |
| MENEZES | 0 | 0 | 0 | 0 | 1 | 2 |
| ROSA | 0 | 1 | 0 | 0 | 1 | 1 |
| PELUSO | 1 | 0 | 0 | 0 | 1 | 1 |
| FUX | 1 | 0 | 0 | 0 | 1 | 1 |
| **Total Geral** | **16** | **16** | **6** | **7** | **4** | **49** |

Tabela 36 – Relator x Vencedor quando há algum tipo de reforma.

A aplicação de tais filtros derruba alguns resultados contraintuitivos, porém não todos. De outro lado há uma perda de muito significativa de dados: dos 394 indivíduos do universo 1 apenas 75 serão computados quando a pesquisa se limita aos casos em que há mais de um votante; e quando há algum tipo de reforma o número de indivíduos cai para 49.

Explorarei, ainda, a variação dos vencedores no tempo. Porém, há muitas outras possibilidades combinatórias. Disponibilizo a tabela com tais dados nos Anexos, permitindo a verificação de outras variáveis.

Quanto à variação dos vencedores no tempo, anoto o seguinte resultado:

| Vencedor x Ano | | | | | | | | | | | | | | |
|---|---|---|---|---|---|---|---|---|---|---|---|---|---|---|
| Vencedor/ano | 03 | 04 | 05 | 06 | 07 | 08 | 09 | 10 | 11 | 12 | 13 | 14 | 15 | 16 | Total |
| Empresa | 1 | 1 | 3 | 1 | 3 | 0 | 5 | 8 | 18 | 23 | 16 | 12 | 12 | 9 | 112 |
| Trabalho | 2 | 1 | 3 | 9 | 5 | 1 | 3 | 4 | 14 | 14 | 10 | 12 | 21 | 10 | 109 |
| Agente | 0 | 1 | 1 | 2 | 3 | 2 | 1 | 3 | 7 | 19 | 6 | 11 | 16 | 13 | 85 |
| Estado | 0 | 0 | 2 | 3 | 1 | 1 | 1 | 4 | 4 | 8 | 0 | 8 | 9 | 5 | 46 |
| n/a | 1 | 1 | 1 | 2 | 0 | 1 | 2 | 2 | 3 | 7 | 2 | 5 | 1 | 3 | 31 |
| Patronal | 0 | 0 | 0 | 0 | 0 | 0 | 1 | 0 | 1 | 0 | 0 | 2 | 3 | 0 | 7 |

| Vencedor x Ano | | | | | | | | | | | | | | |
|---|---|---|---|---|---|---|---|---|---|---|---|---|---|---|
| Vencedor/ ano | 03 | 04 | 05 | 06 | 07 | 08 | 09 | 10 | 11 | 12 | 13 | 14 | 15 | 16 | Total |
| Sindical | 0 | 0 | 0 | 0 | 0 | 0 | 0 | 0 | 0 | 1 | 2 | 0 | 0 | 1 | 4 |
| Total | 4 | 4 | 10 | 17 | 12 | 5 | 13 | 21 | 47 | 72 | 36 | 50 | 62 | 41 | 394 |

Tabela 37 - Vencedor x Ano.

Para os trabalhadores destacam-se os anos de 2006, 2007 e 2015 (este último de forma contraintuitiva). Para as empresas destacam-se, também contraintuitivamente, os anos entre 2009 e 2013.

Com a já citada limitação reproduzo os números que obtive quando me limitei aos casos em que há mais de um votante e aos casos em que há algum tipo de reforma.

Quanto ao primeiro – evolução histórica dos vencedores, considerando casos em que há mais de um votante – obtive os seguintes dados:

| Vencedor x Ano [mais de um votante: 75/394] | | | | | | | | | | | | | | | |
|---|---|---|---|---|---|---|---|---|---|---|---|---|---|---|---|
| Venc/ano | 03 | 04 | 05 | 06 | 07 | 08 | 09 | 10 | 11 | 12 | 13 | 14 | 15 | 16 | Total |
| Trabalhador | 1 | 0 | 1 | 7 | 3 | 1 | 1 | 2 | 3 | 0 | 2 | 2 | 2 | 1 | 26 |
| Empresa | 1 | 0 | 0 | 0 | 2 | 0 | 1 | 0 | 3 | 2 | 2 | 2 | 2 | 0 | 15 |
| n/a | 0 | 0 | 1 | 1 | 0 | 1 | 0 | 2 | 2 | 4 | 0 | 2 | 1 | 0 | 14 |
| Estado | 0 | 0 | 0 | 2 | 1 | 0 | 0 | 2 | 0 | 0 | 0 | 2 | 4 | 0 | 11 |
| Agente | 0 | 1 | 1 | 1 | 0 | 0 | 0 | 1 | 0 | 1 | 1 | 0 | 0 | 2 | 8 |
| Interpatronal | 0 | 0 | 0 | 0 | 0 | 0 | 1 | 0 | 0 | 0 | 0 | 0 | 0 | 0 | 1 |
| Total | 2 | 1 | 3 | 11 | 6 | 2 | 3 | 7 | 8 | 7 | 5 | 8 | 9 | 3 | 75 |

Tabela 38 - Vencedor x Ano quando há mais de um votante.

Quanto ao segundo – evolução histórica dos vencedores, considerando casos em que há algum tipo de reforma – os dados são estes:

| Vencedor x Ano [mais de um votante: 49/394] | | | | | | | | | | | | | | | |
|---|---|---|---|---|---|---|---|---|---|---|---|---|---|---|---|
| Venc/ano | 03 | 04 | 05 | 06 | 07 | 08 | 09 | 10 | 11 | 12 | 13 | 14 | 15 | 16 | Total |
| Empresa | 0 | 1 | 1 | 0 | 3 | 0 | 0 | 0 | 3 | 0 | 1 | 4 | 3 | 0 | 16 |
| Trabalhador | 1 | 0 | 0 | 7 | 3 | 1 | 0 | 0 | 1 | 1 | 1 | 0 | 0 | 1 | 16 |

| Vencedor x Ano [mais de um votante: 49/394] | | | | | | | | | | | | | | | |
|---|---|---|---|---|---|---|---|---|---|---|---|---|---|---|---|
| Venc/ano | 03 | 04 | 05 | 06 | 07 | 08 | 09 | 10 | 11 | 12 | 13 | 14 | 15 | 16 | Total |
| Estado | 0 | 0 | 0 | 2 | 1 | 0 | 0 | 1 | 1 | 0 | 0 | 1 | 1 | 0 | 7 |
| Agente | 0 | 0 | 1 | 1 | 1 | 0 | 0 | 0 | 1 | 0 | 1 | 0 | 0 | 1 | 6 |
| n/a | 0 | 0 | 0 | 0 | 0 | 1 | 0 | 1 | 1 | 0 | 0 | 1 | 0 | 0 | 4 |
| Total | 1 | 1 | 2 | 10 | 8 | 2 | 0 | 2 | 7 | 1 | 3 | 6 | 4 | 2 | 49 |

Tabela 39 - Vencedor x Ano quando há algum tipo de reforma.

O filtro que restringe a pesquisa aos casos em que mais de um ministro se manifestou aponta para uma tendência de maior valorização dos trabalhadores desde o início da pesquisa. A tendência, no entanto, se reverterá a partir de 2011, consolidando-se a valorização empresarial nos anos de 2014 e 2015.

# Segundo Movimento

## O direito captado pelo microscópio

*Il fallait se mettre au travail de décryptage des jugements et des arrêts; il fallait prendre au sérieux les catégories juridiques, les raisonnements aberrants des juristes, les formules techniques des tribunaux, la fausse rigueur de la Doctrine.*
***Edelman – Le droit saisi par la photographie***

Em 1991 Jorge Luiz Souto Maior propôs, no âmbito do Programa de Pós-Graduação da Faculdade de Direito da USP, um projeto de pesquisa que ostentava o título de "O Direito do Trabalho como instrumento de justiça social". Seu orientador à época, o Professor Wagner Giglio, recusou tal pesquisa afirmando que "com aquele tema não haveria a mínima chance de uma dissertação ser aprovada por alguma banca na Faculdade" (SOUTO MAIOR, 2017, p. 569), aconselhando-o a escrever sobre Direito Processual do Trabalho, o que resultou na dissertação de Mestrado, "Requisitos da petição inicial nos dissídios individuais trabalhistas", de 1995, publicada, no ano seguinte, pela editora LTr, sob o título: "Petição inicial: no processo civil, no processo do trabalho" (SOUTO MAIOR, 1996).

Dando sequência a seus estudos o acadêmico tentou novamente desenvolver aquele projeto inicial, sendo aconselhado por seu orientador, desta vez o Professor Pedro Vidal Neto, a deixá-lo de lado por uma "estratégia de autodefesa diante da lógica neoliberal que dominava o cenário jurídico" (SOUTO MAIOR, 2017, p. 569). Como resultado, Souto Maior teve êxito ao defender, em 1997, sua tese de doutorado denominada "Procedimento oral, um pressuposto da efetividade do processo trabalhista".

Aquela ideia inicial, contudo, manteve-se em seu horizonte, finalmente concretizando-se em sua Livre-Docência obtida em 1999. Sobre a ocasião, Souto Maior ponderou, passadas mais de duas décadas, em seu "História do Direito do Trabalho no Brasil: Curso de Direito do Trabalho, Volume I: Parte II": "Apenas na livre-docência, jogado à própria sorte, foi possível apresentar a tese que, como previsto pelos dois orientadores, quase foi reprovada pela banca" (2017, p. 569).

Este pequeno exemplo da vida acadêmica nacional demonstra o quanto as pesquisas científicas – e não apenas os objetos de pesquisa – estão intransigentemente marcadas pelo momento histórico em que são exercidas.

Os estudos de direito do trabalho no Brasil dos anos 1990 foram produzidos em um contexto cultural de predomínio virtualmente total da ideologia neoliberal apologética da redução de direitos sociais por meio da chamada "flexibilização". Contrapondo-se a tal hegemonia, a Tese de Livre-Docência de Souto Maior foi publicada em 2000, e inegavelmente tornou-se um marco do pensamento justrabalhista nacional.

Ali o autor dá concretude ao fenômeno sobre o qual se debruça, refazendo o caminho histórico da construção do direito do trabalho no Brasil e no mundo. Formalmente a obra está dividida em quatro partes, quais sejam: Primeira Parte – Aspectos Históricos; Segunda Parte – Aspectos Interdisciplinares; Terceira Parte – Aspectos Jurídicos; Quarta Parte – Aspectos Práticos. Não obstante, percebo que o texto se constrói a partir de dois momentos distintos que refletem certa mudança no agir investigativo.

No primeiro momento – nos termos desta interpretação que proponho – o problema da pesquisa é saber o que é o direito do trabalho. Diante de um fenômeno tão rico e abrangente como este o autor procede à difícil tarefa de saturar seu objeto das múltiplas determinações que reconhece em sua composição: dados históricos, econômicos, sociais e jurídico-doutrinários. Verifico o desenvolvimento deste primeiro momento em aproximadamente três quartos da obra, o que equivale às três primeiras partes (segundo a divisão do próprio autor) do livro.

No que estou denominando segundo momento Jorge Luiz Souto Maior se dedica a aplicar aquilo que construiu enquanto Direito do Trabalho no momento anterior, em questões práticas do cotidiano. Nas suas palavras:

> Muitas das ideias defendidas neste estudo podem ser de difícil concretização enquanto estiverem voltadas para o aspecto verdadeiramente teórico e promocional, mas serão aplicáveis com facilidade quando destinadas a servir como instrumento de avaliação prática dos institutos jurídicos.
> A seguir examinam-se alguns institutos trabalhistas sem um propósito didático, e sim com o escopo de exemplificar a atuação prática da teoria apresentada no transcurso deste trabalho. (2000, p. 319)

Neste segundo momento Souto Maior analisa os seguintes temas: terceirização; cooperativas de trabalho; contrato provisório; bancos de horas; trabalho a tempo parcial e suspensão do contrato de trabalho (MP nº 1952-18/1999); e a Convenção nº 158 da Organização Internacional do Trabalho.

A partir desta postura investigativa do autor, organizada em dois momentos, passo à proposição de um trabalho se não semelhante pelo menos nele inspirado.

Na primeira parte desta pesquisa, a qual denominei "Primeiro Movimento", me propus a descrever a atuação do STF em relação ao direito do trabalho em um período limitado. Minha pretensão foi reproduzir o fenômeno teoricamente a partir da observação de sua dinâmica (jurisdicional) própria. De maneira mais gráfica lancei-me, no primeiro movimento, à produção de uma foto panorâmica: ampla, horizontal e que, paradoxalmente, ao mesmo tempo em que é capaz de mostrar tudo não permite conhecer nada a fundo.

Uma vez tirada e devidamente apresentada a "foto panorâmica" pretendo, neste segundo movimento, aproximar o "*zoom*" para focar a lente em cenas específicas: escolherei casos relevantes para analisar a atuação supremocrática neles. Se antes a proposta era ampla e horizontal, agora ela é restrita e vertical. Caso bem-sucedida, permitirá conhecer de maneira mais profunda a atuação do STF em momentos-chaves da recente construção jurisprudencial do Direito do Trabalho brasileiro.

Avançando na figura que sugeri proponho, a partir daqui deixar de lado a câmera e passar a usar o microscópio.

# Capítulo 3

## Ensaio progressista

*Porfírio Diaz: Olhe, imbecil, escute! A luta de classes existe. Qual é a sua classe? Vamos, diga!*
***Glauber Rocha – Terra em transe***

Em 1º de janeiro de 2003 o primeiro operário é eleito para exercer a Presidência da República no Brasil. Fenômeno eleitoral, Lula derrotará seu adversário, José Serra, no segundo turno, em todos os estados da Federação, à exceção de Alagoas, alcançando expressivos 61,27% dos votos válidos.

Junto com Lula foram eleitos, também, 91 deputados federais e dez senadores petistas – os quais se somariam aos três eleitos em 1998.

Logo em junho de seu primeiro mandato Lula nomeou três juristas para compor o Supremo Tribunal Federal: Cezar Peluso, Ayres Britto e Joaquim Barbosa. É neste contexto que o STF decidirá uma questão de grande relevância para os sindicatos: os limites da legitimidade extraordinária para atuar na defesa judicial dos trabalhadores integrantes da categoria.

### 3.1 Qual o limite dos sindicatos na defesa dos trabalhadores?

Possivelmente influenciada pela considerável quantidade de dirigentes sindicais que atuaram na Assembleia Constituinte, a Constituição da República Federativa do Brasil, de 5 de outubro de 1988, estabeleceu em seu art. 8º, III que: “ao sindicato cabe a defesa dos direitos e interesses coletivos ou individuais da categoria, inclusive em questões judiciais ou administrativas".[49]

Quando, no período histórico subsequente à promulgação, este dispositivo foi mobilizado na discussão sobre a legitimidade de atuação judicial dos sindicatos em defesa dos interesses dos trabalhadores por eles representados, o Tribunal Superior do Trabalho assumiu postura de restringir o conteúdo do dispositivo normativo. Tal posicionamento do TST foi consolidado na Súmula nº 310, cuja redação original data de 1993:

> Súmula nº 310 do TST: SUBSTITUIÇÃO PROCESSUAL. SINDICATO
> I - O art. 8º, inciso III, da Constituição da República não assegura a substituição processual pelo sindicato.
> II - A substituição processual autorizada ao sindicato pelas Leis nºs 6.708, de 30.10.1979, e 7.238, de 29.10.1984, limitada aos associados, restringe-se às demandas que visem aos reajustes salariais previstos em lei, ajuizadas até 03.07.1989, data em que entrou em vigor a Lei nº 7.788/1989.
> III - A Lei nº 7.788/1989, em seu art. 8º, assegurou, durante sua vigência, a legitimidade do sindicato como substituto processual da categoria.
> IV - A substituição processual autorizada pela Lei nº 8.073, de 30.07.1990, ao sindicato alcança todos os integrantes da categoria e é restrita às demandas que visem à satisfação de reajustes salariais específicos resultantes de disposição prevista em lei de política salarial.
> V - Em qualquer ação proposta pelo sindicato como substituto processual, todos os substituídos serão individualizados na petição inicial e, para o início da execução, devidamente identificados pelo número da Carteira de Trabalho e Previdência Social ou de qualquer documento de identidade.
> VI - É lícito aos substituídos integrar a lide como assistente litisconsorcial, acordar, transigir e renunciar, independentemente de autorização ou anuência do substituto.
> VII - Na liquidação da sentença exequenda, promovida pelo substituto, serão individualizados os valores devidos a cada substituído, cujos depósitos para quitação serão levantados

[49] Destaco que tal previsão figura topicamente inserida no Capítulo dos Direitos Sociais que, por sua vez, é parte constitutiva do Título Dos Direitos e Garantias Fundamentais.

> através de guias expedidas em seu nome ou de procurador com poderes especiais para esse fim, inclusive nas ações de cumprimento.
> VIII - Quando o sindicato for o autor da ação na condição de substituto processual, não serão devidos honorários advocatícios.

Digno de nota é o esforço empreendido pelo TST para, afrontando a norma constitucional, afastar a legitimação extraordinária dos sindicatos na defesa judicial dos interesses dos trabalhadores a eles vinculados.

Aliás, a mobilização hermenêutica para esvaziar o texto constitucional data antes mesmo da promulgação da Carta de 1988. Em sua Aula inaugural para a Turma de 1988 da Faculdade de Direito da USP,[50] o Professor de Direito do Trabalho e da Seguridade Social, Octávio Bueno Magano, após duras críticas aos debates constituintes, conclui conclamando seus alunos a atuarem apesar e não a partir da "Constituição Cidadã":

> Contudo, as constituições dependem muito menos dos que a elaboram do que dos que as aplicam. A fé que deposito na juventude me faz crer que a nova Constituição venha a ser aplicada de modo construtivo, equilibradamente, com engenho e arte, tendo em vista as exigências do país. (MAGANO, p. 22)

O desacordo da jurisprudência consolidada perante a Constituição, entretanto, não passou despercebido: cinco Recursos Extraordinários foram propostos perante o STF para contestar tal restrição à atuação sindical. São eles:

| Id | Processo | Recorrente | Recorrido | Matéria de Fundo |
|---|---|---|---|---|
| G359 | RE 193579-1 | Sind. Bancários de Guaratinguetá | Nossa Caixa | não consta |

[50] Durante o período desta pesquisa tive a oportunidade de acompanhar o Professor Souto Maior no âmbito do Programa de Aperfeiçoamento de Ensino, por meio do Estágio Supervisionado em Docência. Em uma de suas aulas da disciplina "História do Direito do Trabalho no Brasil", durante o segundo semestre de 2019, o docente fez referência a este surpreendente texto – cuja primeira citação é, sintomaticamente, de von Hayek. Registro, portanto, meus agradecimentos pela rica orientação que me foi confiada por todo o percurso da pesquisa.

| Id | Processo | Recorrente | Recorrido | Matéria de Fundo |
|---|---|---|---|---|
| G362 | RE 213111-3 | Sind. Bancários de Taubaté | Nossa Caixa | diferenças salariais |
| S487 | RE 210029 | Sind. Bancários de Passo Fundo | Banrisul | não consta |
| G363 | RE 214668-1 | Sind. Bancários do Espírito Santo | Banco Rural | reajuste salarial |
| S486 | RE 193503 | Sind. Metalúrgicos do ABC | Autometal | aplicação de NCT |

Tabela 40 - Legitimidade Extraordinária dos Sindicatos

Antes de seguir na análise do caso propriamente dita, proponho uma contextualização da discussão jurídico-processual que o tema suscita. Do ponto de vista teórico-dogmático a decisão se insere em um contexto bastante interessante. Em seu "Fundamentos do Processo do Trabalho", Francisco Gérson Marques de Lima constrói uma criativa parábola em que ele imagina uma corrida automobilística liderada pelo carro que representaria o Direito Processual do Trabalho. Este carro lidera a prova com tanta folga que já está dando uma volta de vantagem na frente de todos os outros, porém, concentrado apenas em dirigir o piloto não percebe que sua vantagem beira à volta adicional, e passa a perseguir incessantemente o caro que está ali na sua frente, que representa o Processo Civil:

> Assim, avista à sua frente um outro carro, que lhe parece estar em melhor posição, e tenta acompanhá-lo. Passa a se inspirar nos volteios e na técnica do suposto primeiro lugar. E este, por seu turno, vendo pelo retrovisor o sucesso daquele piloto, acelera mais ainda o automóvel. E, deste modo, seguem os dois, com o Processo comum tentando acompanhar o Processo do Trabalho, o qual, por não se dar conta de que já está a quase uma volta de vantagem sobre aquele, procura nele se inspirar. (LIMA, 2010, p. 190)

Apesar de sofrer de um mal típico das parábolas – qual seja: o exagero – a comparação não deixa de ser, historicamente, cabível. De fato, tendo em vista a característica juslaboral de regular uma relação fundante da sociabilidade capitalista, o processo do trabalho muito cedo se deparou com questões caras à modernização processual, a exemplo da coletivização do processo e da simplicidade das formas (o que se observa em fórmulas consagradas na Justiça do Trabalho, como a irrecorribilidade de decisões interlocutórias e a oralidade do processo[51]).

Dentro da produção processualista chamo a atenção para duas obras que à época causaram impacto: em 1987, Cândido Rangel Dinamarco publica o seu "A instrumentalidade do processo", em que advoga o combate aos "males do exagerado processualismo" (2009, p. 366). No ano seguinte, em 1988, a membra do Ministério Público Federal, Ellen Gracie Northfleet, publicou sua tradução da celebrada – e já referida no primeiro movimento – obra "*Access to Justice: the worldwide movement to make rights effective. A general report*",[52] dos juristas Mauro Cappelletti e Bryant Garth. Ambos os textos contribuem em um esforço teórico de dar maior efetividade ao processo civil, o que fomentará este processo de "aceleração" do processo comum em direção ao trabalhista.

Muito além das obras citadas, tal preocupação em fazer com que o direito processual respondesse satisfatoriamente à litigiosidade originada em uma sociedade cada vez mais complexa evidencia-se a partir da produção legislativa da época. Cria-se, nas palavras de Carlos Henrique Bezerra Leite, um "novo sistema de acesso metaindividual à justiça" (2017, p. 196), formado pela Constituição de 1988, pela Lei da Ação Civil Pública (Lei nº 7.347/1985), pelo Código de Defesa do Consumidor (Lei nº 8.072/1990) e pela Lei Orgânica do Ministério Público da União (Lei Complementar nº 75/1993).

Este é, portanto, o plano de fundo jurídico da decisão que analisarei: o sistema processual comum inspirando-se – ainda que de maneira

[51] Esta inspiração que o processo civil buscou no processo do trabalho é exemplificada por Homero Batista da Silva, que cita "o sincretismo processual que funde conhecimento e execução, a maior ênfase à oralidade e à conciliação, a simplificação das formas, o enxugamento recursal e o maior alcance da gratuidade dos atos para a facilitação do acesso à justiça" (2017, p. 140).

[52] "O recente despertar de interesse em torno do acesso efetivo à Justiça levou a três posições básicas, pelo menos nos países do mundo Ocidental (...). Podemos afirmar que a primeira solução para o acesso – a primeira "onda" desse movimento novo – foi a assistência judiciária; a segunda dizia respeito às reformas tendentes a proporcionar representação jurídica para os interesses "difusos", especialmente nas áreas da proteção ambiental e do consumidor; e a terceira – e mais recente – é o que nos propomos a chamar simplesmente "enfoque de acesso à justiça", porque inclui os posicionamentos anteriores mas vai muito além deles, representando, dessa forma, uma tentativa de atacar as barreiras ao acesso de modo mais articulado e compreensivo." (GARTH; CAPPELLETTI; 1988, p. 31)

inconfessa – no processo do trabalho para pacificar demandas de alta tensão política e social, enquanto a cúpula do Judiciário Trabalhista, o Tribunal Superior do Trabalho, renega a moderna sistemática processual que ele próprio ajudara a construir.

Da leitura dos acórdãos não é possível identificar qual era a matéria de fundo de dois casos (REs nº 193579-1 e 210029), porém nos outros três a atuação do sindicato pretendia defender, em nome próprio, distintos direitos titularizados pelos trabalhadores da categoria: diferenças salariais (G362), reajuste salarial (G363) e a aplicação de obrigações que constavam em Convenção Coletiva de Trabalho (S486).

Em todos os casos, a pretexto de aplicar o Código de Processo Civil da época a Justiça do Trabalho procedeu à extinção sem julgamento do mérito, sob a justificativa de que carecia à entidade sindical legitimidade para atuar como substituto processual dos trabalhadores da categoria.

Os cinco Recursos Extraordinários foram distribuídos para o ministro Carlos Mário da Silva Velloso, no âmbito da Segunda Turma que, em 16 de setembro de 1997, conforme se lê no extrato de ata, "deliberou afetar ao Plenário o julgamento do recurso". Diante da identidade da matéria, o processo deliberativo é reproduzido de maneira idêntica nos cincos casos. No mês seguinte, em 15 de outubro de 1997, o Min. Carlos Velloso apresenta seu voto de relator.

Circundando a questão a partir da perspectiva de que o que se discute seria se o art. 8º, III da CF/88 assegurou ou não a substituição processual pelo sindicato, Carlos Velloso basta-se no seguinte argumento: em casos em que a corte foi questionada sobre a legitimidade de sindicatos para impetrar mandado de segurança coletivo, nos termos do art. 5º, LXX da Constituição, o STF decidiu que se tratava de substituição processual; agora, diante de ações ordinárias na Justiça do Trabalho não haveria qualquer razão que motivasse conclusão diversa. Tanto mais, observa o relator a partir de julgados de lavra dos ministros Néri da Silveira, Octavio Gallotti e Ilmar Galvão, quando a própria Lei nº 8.073/1990 afirmou expressamente em seu artigo 3º que "As entidades sindicais poderão atuar como substitutos processuais dos integrantes da categoria".

Assim, o ministro Carlos Velloso conclui seu breve voto: "entendido que a norma inscrita no inc. III, do art. 8º, da C.F., consagra hipótese de substituição processual, conheço do recurso e dou-lhe provimento."

A sessão de julgamento é, então, interrompida pelo pedido de vista do ministro Nelson Azevedo Jobim, que, à data, completava seu sexto mês como juiz constitucional.

Só depois de mais seis anos há o registro de movimentação no acórdão. Em 19 de novembro de 2003 os processos são trazidos ao plenário, com uma nova composição de magistrados: Fernando Henrique Cardoso nomeara, em dezembro de 2000, Ellen Gracie Northfleet para ocupar a vaga de Octavio Gallotti e, em 20 de junho de 2002, foi a vez de seu até então Advogado Geral da União, Gilmar Ferreira Mendes, suceder ao ministro Néri da Silveira; Luiz Inácio Lula da Silva, por sua vez, nomeara em junho de 2003 os ministros Cezar Peluso, Ayres Britto e Joaquim Barbosa para ocuparem, respectivamente, as vagas deixadas pelos ministros Sydney Sanches, Ilmar Galvão e Moreira Alves.

Eis, então, os atores posicionados. Os únicos dois presidentes eleitos que até hoje completaram integralmente seus dois mandatos na Nova República tinham, cada um, nomeado três ministros, os quais deveriam manifestar-se sobre um sensível tema para o mundo do trabalho brasileiro. A sessão é retomada com o ministro Carlos Velloso fazendo um rápido aditamento a seu voto, no qual notícia que a "tendência do Supremo Tribunal Federal no sentido de acolher as legitimações coletivas" tinha prosperado, consolidando-se nas Súmulas nº 629 e 630 do tribunal. Conclui afirmando que:

> Essa tendência, parece-me clara, da jurisprudência da Corte Suprema, tendência que se amolda à observada em Direito Processual Comparado, de legitimar, como substituto processual, as entidades sindicais, porque hoje se percebe que o serviço que elas podem prestar aos seus associados, aos seus filiados, à sua categoria e também à Justiça, é realmente inestimável.

Diante da ausência do ministro Marco Aurélio – como já disse, egresso da Justiça do Trabalho – o presidente, ministro Maurício Corrêa, adia o julgamento para o dia seguinte, quando o ministro Nelson Jobim apresenta seu voto-vista.

O ex-deputado constituinte pelo Rio Grande do Sul (DIAP, p. 476), cuja atuação docente iniciou-se no ensino de Direito Processual Civil na Universidade Federal de Santa Maria, apresenta em 20 de novembro de 2003 um voto de 91 páginas.

A estrutura do voto-vista de Nelson Jobim, em linhas gerais, é a seguinte: reconstrução teórica da diferenciação entre substituição e representação processual; proposição da existência de dois tipos de substituições processuais, uma em que o substituto atuaria em nome próprio e no seu próprio interesse, defendendo direito do substituído, e outra na qual o substituto atuaria em nome próprio, mas no interesse do substituído, defendendo alegado direito do substituído; utilização dessa proposta para analisar a jurisprudência do STF quanto à legitimidade extraordinária em Mandado de Injunção, Mandado de Segurança Coletivo, Recursos Extraordinários, entre outros; diferenciação entre direitos individuais homogêneos e não homogêneos; por fim, fórmula proposta em que a legitimidade extraordinária dos sindicatos alcançaria o processo de conhecimento mas não a execução, em suas palavras:

> Esta me parece a interpretação para o art. 8º, III, da CF:
> (a) o SINDICATO é SUBSTITUTO PROCESSUAL nas ações coletivas de defesas de "direitos e interesses individuais", comuns ou homogêneos, dos integrantes da categoria, dispensada qualquer autorização;
> (b) o SINDICATO não tem legitimação, como SUBSTITUTO PROCESSUAL, para promover a liquidação e/ou a execução de sentença prolatada nessas ações.

Jobim sinaliza uma preocupação em "repelir interpretação que conduza à expropriação, pelo SINDICATO, dos direitos individuais dos trabalhadores". Acenando para a Justiça do Trabalho, conclui: "A magistratura trabalhista, com sua sabedoria fincada na experiência concreta, saberá enfrentar e solucionar os problemas infraconstitucionais que surgirão nos casos concretos".

A erudição e a assertividade do voto de Nelson Jobim impressionam. Agora o julgamento encontra-se empatado: o relator, Carlos Velloso, votou pelo provimento integral do Recurso; já Nelson Jobim apresentou divergência quanto a um ponto que pode parecer pequeno, mas é essencial à causa, já que impõe grande limitação à atuação judicial das entidades sindicais.

Seguindo a ordem de votação, coube ao ministro Joaquim Barbosa se manifestar. Tão logo inicia seu voto, Barbosa é interrompido por uma discussão processual protagonizada por Nelson Jobim, Carlos Velloso e Marco Aurélio. O primeiro-ministro negro da história do STF pede a palavra, mas é mais uma vez interrompido por Jobim:

> Min. Joaquim Barbosa: Senhor Presidente, posso concluir o meu voto?
> Prefiro enfrentar essa questão sob a ótica constitucional. Estamos diante de um direito fundamental; a solução do Ministro Jobim, data vênia, a meu ver, implica restrição desse direito.
> Min. Nelson Jobim: Eu pediria a Vossa Excelência que respondesse item por item as objeções levantadas. Eu disse, inclusive, que há objeções relevantes que têm de ser examinadas pela Corte Constitucional.
> Min. Joaquim Barbosa: Essas objeções são de ordem processual, e não me impressiono com objeções de ordem processual.
> Min. Nelson Jobim: De ordem material. Vossa Excelência estaria admitindo a substituição no direito material, não no processual. Onde está a expropriação que a Constituição tenha causado ao direito do trabalhador?
> Min. Marco Aurélio: A defesa que está agasalhada no inciso III do artigo 8º da Constituição Federal é do direito substancial. Aí, o instrumental é a substituição.

Adiante, Nelson Jobim e Marco Aurélio debatem sobre o significado do art. 8º, III, a partir da diferenciação entre direito material e processual. Finalmente, o ministro Joaquim Barbosa consegue retomar a palavra e avança em seu voto:

> Min. Joaquim Barbosa: Senhor Presidente, concebo o papel desta Corte, o papel de todas as outras Cortes da mesma natureza, cortes constitucionais, cortes supremas não só como o de guardiãs da Constituição, dos direitos fundamentais e guardiãs de certos equilíbrios: [...] também, o equilíbrio relativo a estabelecer esse balanceamento entre a força do capital e a do trabalho.
> Essa solução alvitrada no voto do Ministro Nelson Jobim pesa em demasia contra o interesse do trabalhador, porque retira, traz à tona aquela fragilidade intrínseca, a dependência eco-

> nômica do trabalhador em relação ao patrão, na medida em que se exige dele...

Nelson Jobim não se aguenta:

> Min. Nelson Jobim: O sindicato poderá representá-lo; não estou excluindo o sindicato. O que Vossa Excelência está permitindo é que o sindicato se considere titular do direito material; ele poderá representar, e o próprio empregado é que tem o direito de dizer ao sindicato se ele quer ou não executar. Se decide, o sindicato fará, não destruirá nada disso. Quem é que confessa? Confessará o sindicato em nome dele, em nome do empregado?

Destaco o seguinte trecho da intervenção de Jobim: "ele [o sindicato] poderá representar, e o próprio empregado é que tem o direito de dizer ao sindicato se ele quer ou não executar".

Do ponto de vista formal, o argumento de Nelson Jobim parece válido, o problema – como sói acontecer quando a lógica formal é executada sem levar em consideração seu próprio contexto – está no rechaço que a realidade insiste manifestar. O direito não opera no ar, mas em uma situação concreta, neste caso no Brasil de novembro de 2003, quando, além de não ter proteção contra a despedida sem justa causa (o "pecado original do direito do trabalho no Brasil", conforme sustentarei em capítulo posterior), o trabalhador brasileiro ainda enfrentava uma taxa de desemprego de 12,2% (IPEA, 2016). Neste cenário o argumento formalmente válido de Jobim perde sua capacidade de concretização e convencimento. Volto ao debate, com o ministro Joaquim Barbosa tentando concluir seu voto:

> Min. Joaquim Barbosa: Ministro Nelson Jobim, esse é um argumento de natureza processual que não infirma um argumento constitucional.
> Min. Nelson Jobim: Responda e enfrente o argumento; quem confessa? O sindicato? E a litispendência?
> Min. Joaquim Barbosa: Vossa Excelência quer anular...
> Min. Nelson Jobim: Não quero anular. Estou assegurando exatamente aquilo que Vossa Excelência está criando: um ambiente que deu origem ao Enunciado 310. Qual a causa do Enunciado 310?

> Min. Joaquim Barbosa: Para sintetizar, diria que argumentos processuais como os que foram expendidos aqui não me parecem aptos a nulificar o que está dito expressamente na Constituição. Se adotarmos essa tese, estaremos não só restringindo o acesso à justiça, claro, sob a ótica processual, e não constitucional; estaremos criando uma fragilidade adicional que a Constituição quis eliminar ao conceder ao sindicato a substituição processual.
> Min. Nelson Jobim: Cuidado, Ministro, quando falar em a "Constituição quis", porque foi demonstrado, e está claro, que foi suprimida a expressão "substituição processual" quando da votação na constituinte. Então, deixe o constituinte e a Constituição de lado e parta da sua interpretação.
> Min. Joaquim Barbosa: Por esses motivos, Sr. Presidente, pedindo vênia ao Ministro Nelson Jobim, acompanho o Ministro Carlos Velloso na integralidade do voto proferido, e dou provimento ao recurso na forma preconizada por Sua Excelência.

A temperatura da deliberação aumentou. Caberia, agora, ao costumeiramente polido ministro Ayres Britto apresentar seu voto. O jurista sergipano começa elogiando o voto de Nelson Jobim provocando, inclusive, a adesão de Barbosa que afirma "[voto] Bem construído e de uma lógica impecável". Superadas as cortesias, Britto inicia seu percurso argumentativo destacando o fomento constitucional à coletivização do processo, bem como o prestígio que a CF/88 reconheceu aos sindicatos. E tenta prosseguir:

> Min. Carlos Britto: [...] A Constituição jamais falou de interesse individual homogêneo, não existe essa categoria na Constituição. Ela evitou falar para não suscitar esse tipo de problema.

A proposta parece razoável: uma vez que a construção de Jobim parte da diferenciação entre direitos individuais homogêneos e não homogêneos, a interpretação do art. 8º, III deve partir do parâmetro constitucional, e não legal. Porém, este raciocínio é interrompido por uma inusitada observação do ex-parlamentar constituinte:

> Min. Nelson Jobim: Quando fala em direito do consumidor, não existe, também. Existe na Constituição?
> Min. Carlos Britto: O direito do consumidor existe na Constituição em duas passagens: a defesa do consumidor no art. 5º e no art. 170.

A partir de então há um grande debate em que além dos ministros Britto e Jobim, também tomam parte ativamente das discussões os ministros Peluso, Marco Aurélio, Joaquim Barbosa, Sepúlveda Pertence e Carlos Velloso. A confusão é tão grande que em determinado momento o Presidente, ministro Maurício Corrêa, intervém para chamar a atenção dos colegas: "Quando um fala e o outro fala ao mesmo tempo, não dá para ninguém entender".

Diferentemente do diálogo áspero que se deu quando do voto de Barbosa, as discussões que permearam o voto de Britto foram mais construtivas. Para não ter de reproduzir o voto inteiro, destaco os principais argumentos de Ayres Britto, não me furtando de transcrever alguns momentos dignos de nota.

Depois da interrupção de seu colega, Britto retoma o texto normativo do artigo 8º, III, destacando que o comando constitucional fala em "defesa", ou seja, reconhecendo, portanto, a amplitude da atuação sindical que abrangeria, inclusive, a substituição e a representação, mas não só: "a palavra 'defesa' significando tutela, proteção, salvaguarda, tem uma amplitude muito maior; abrange todas as categorias de legitimação processual".

A seguir, o ministro afirma que as categorias do processo civil explicitadas por Jobim não se sobrepõem ao processo do trabalho e muito menos à Constituição Federal: "Receio é que estejamos a definir categorias jurídicas como substituição processual a partir do direito civil e do direito processual civil; nem do direito do trabalho e, menos ainda, do direito constitucional".

Recolocando o texto constitucional no centro do debate, Ayres Britto lança, então, seu principal argumento, qual seja: o de que a CF/88 deu especial importância às entidades sindicais, impondo, portanto, que ao interpretá-la seria necessário respeitar tais "finalidades protetivas em relação aos sindicatos". O ministro aproveita este argumento para desdobrá-lo e afirmar a existência de interesse do próprio sindicato na atuação como substituto processual:

> os direitos materiais dos substituídos se interpenetram com os direitos materiais dos sindicatos [...]. Ganhar uma causa para o sindicato é uma afirmação política, ele justifica a sua própria existência. (...) Não se pode dissociar as coisas. Os sindicatos têm interesses materiais. A substituição processual idealizada pela Constituição é rigorosamente a seguinte: é a defesa em juízo, a defesa em nome próprio, de direitos e interesses próprios e alheios. Dialeticamente, o sindicato tem, sim, interesses materiais na propositura de uma ação, porque tais direitos são conexos com os dos substituídos.

Ato contínuo, Britto introduz outro argumento interessante: "A legitimação do substituído é concorrente. O que impede o substituído de assumir com exclusividade a titularidade da causa?". Este caminho argumentativo o leva a sustentar que a fragmentação da titularidade no processo resultaria em uma fragilização do hipossuficiente. Vale a pena conferir como se dá o debate a partir daqui:

> Min. Carlos Britto: O hipossuficiente fica extremamente fragilizado com esse seccionamento processual. É como construir a ponte e destruí-la.
> Min. Cezar Peluso: Por quê, Ministro?
> Min. Carlos Britto: (...) A coletivização do processo significa colocar, perante o empregador, uma instituição versada na condição de litígios, o sindicato; ele tem costas largas, ele impessoaliza a demanda, ele tira o trabalhador da linha de tiro.
> Min. Joaquim Barbosa: Ele despersonaliza.
> Min. Cezar Peluso: Perdão, Ministros. Execução é individualização. Tem de botar na linha de tiro? Porque é preciso saber quem é o credor, qual é a extensão do seu crédito. É o contrário. A execução é, exatamente, o processo de personalização dos direitos reconhecidos pela Sentença.
> Min. Carlos Britto: Não é, Excelência, necessariamente. Uma coisa é essa personalização se fazer por intermédio dos sindicatos, e, outra, por intermédio do servidor público ou do trabalhador, individualmente. A Constituição não quer essa exposição física, pessoal do hipossuficiente perante o hiperssuficiente. É por isso que digo ser preciso interpretar o instituto...

> Min. Cezar Peluso: Mas como é possível evitar essa personalização? Como Vossa Excelência é capaz de imaginar que, na execução, se omitam as condições individuais de cada credor?
> Min. Carlos Britto: Uma coisa é o trabalhador comparecer e colocar a sua assinatura...
> Min. Cezar Peluso: Ministro, que diferença há entre dizer do processo de execução o seguinte – perdão, vou pretender ser extremamente didático –: "vê-se da execução Fulano, Beltrano, bá, bá, bá tem o direito tal, tal, tal; Fulano tal, tal, tal". Qual é a diferença entre fazer isso, subscrito pelo patrono do sindicato, ou por advogado de cada um?
> Min. Carlos Britto: A diferença é o jamegão, a assinatura.
> Min. Cezar Peluso: Ah! O nome não tem importância? Quer dizer, o tornar-se conhecido não tem importância? O importante é quem assina? Então, é melhor não colocar isso nas mãos do sindicato, mas nas mãos da Procuradoria-Geral da República. Quem sabe se o Procurador-Geral da União subscrevesse tudo isso...
> Min. Joaquim Barbosa: A diferença é que, no dia seguinte, ele está despedido.
> Min. Carlos Britto: Vossa Excelência certamente nunca advogou na Justiça do Trabalho.
> Min. Cezar Peluso: É engano de Vossa Excelência. Fui, durante três anos, advogado da Companhia Siderúrgica Paulista na sua divisão trabalhista.
> Min. Carlos Britto: Fui durante trinta e três.

Até então, observando o debate, Marco Aurélio vê uma oportunidade de intervir dirigindo-se zombeteiramente a Peluso:

> Min. Marco Aurélio: Está explicada a feição patronal.
> Min. Carlos Britto: Exatamente. Sr. Presidente, para terminar, eu diria que a proposta do Ministro Jobim – muito bem-lavrada, escrita, fundamentada –, preocupa-me extremamente, porque pode significar, na prática, o seguinte: ganhou, mas não leva. O trabalhador vai ganhar, mas não vai levar, porque ele não vai assumir individualmente a paternidade da liquidação, menos ainda da execução, a não ser depois de desemprega-

do. Aliás, a luta de classes, agora, é entre desempregadores e desempregados.

Desta vez, é Nelson Jobim quem interrompe para contradizer Warren Buffett[53]:

> Min. Nelson Jobim: Luta de classes? Vossa Excelência entra com categorias do século XVIII?
> Min. Cezar Peluso: Ministro, por que o empregador não pode dispensar o empregado depois da sentença obtida pelo sindicato?
> Min. Carlos Britto: Ele pode, mas será diferente.
> Min. Joaquim Barbosa: Porque ele terá de dispensar milhares.
> Min. Carlos Britto: Exatamente.
> Min. Cezar Peluso: Mas ele não precisa dispensar milhares e, sim, alguns.
> Min. Nelson Jobim: Isso é retórica de terrorismo.
> Min. Carlos Britto: Não uso o argumento ad terrorem; jamais usarei.

A contenda entre Jobim e Britto ainda dura algumas frases quando é interrompida pelo questionamento do ministro Sepúlveda Pertence:

> Min. Sepúlveda Pertence: Ministro Britto, ajude-me um pouco nas perplexidades em que ainda estou envolto. Eu tenderia, por exemplo, a admitir a aplicação completa do processo das ações coletivas tratadas no Código de Defesa do Consumidor, em que a legitimação para a liquidação é concorrente; pode ser feita pelos legitimados para a propositura, Ministério Público, associações etc., ou pelas vítimas. Transposto este problema, indago – porque há esse argumento que impressiona no mundo da realidade –: a dificuldade do trabalhador

[53] Em entrevista à rede de televisão CNBC, o bilionário Warren Buffett afirma, quando perguntado sobre taxação de grandes fortunas: "*Actually, there's been class warfare going on for the last 20 years, and my class has won. We're the ones that have gotten our tax rates reduced dramatically.*
*If you look at the 400 highest taxpayers in the United States in 1992, the first year for figures, they averaged about $40 million of [income] per person. In the most recent year, they were $227 million per person — five for one. During that period, their taxes went down from 29 percent to 21 percent of income. So, if there's class warfare, the rich class has won*" (SARGENT, 2011).

> individualmente se expor perante o empregador, no processo de conhecimento e no processo de liquidação, como evitar que, vitorioso o sindicato, seja necessário provar – e isto é inevitável –, para o cálculo de determinada vantagem genericamente concedida o tempo de serviço. O sindicato terá esses elementos?
> Min. Carlos Britto: Sim, Excelência. Na prática tem, e o patrão também.

Segue-se um caloroso debate que resultará na citada intervenção do Presidente Maurício Corrêa. Diante disso, Ayres Britto concede aparte a Carlos Velloso que, por sua vez, contemporiza a divergência proposta por Nelson Jobim. O relator reafirma a necessidade de se interpretar o processo segundo a Constituição e não o contrário, como decorrência sustenta que "essas questões, por serem processuais, deverão ser decididas no processo", de maneira ainda mais explícita: "Se, na execução, no caso concreto, surgirem esses problemas, decidirá o juiz; decidirá o tribunal competente para julgar a reclamação, para determinar a instauração da execução". Tentando entender a proposta do colega, Sepúlveda Pertence diz "Adiaremos o problema até que surja o caso concreto", ao que Carlos Velloso, habilmente utilizando-se do aceno que Jobim fizera aos Judiciário Trabalhista, nega: "Não. Aliás, o eminente ministro Nelson Jobim deixou expresso, no final do seu voto, que confia na magistratura trabalhista e dá soluções aos inúmeros problemas que surgirão. É claro que vão surgir". Ao final do aparte, a palavra volta a Ayres Britto, que conclui:

> Min. Carlos Britto: Sr. Presidente, obrigado também pela atenção. Vou concluir dizendo que sinto dificuldade em entender como os substituídos poderão liquidar um julgado se não forem partes no processo de conhecimento. O título é expedido em favor de quem foi parte, e o sindicato foi a parte processual. Receio, enfim, que, quebrantando a força da substituição processual, cheguemos à própria ponte atravessada; os trabalhadores ficando sem condições de trilhar um caminho seguro para a preservação dos seus empregos. Voto com o Relator.

O voto de Carlos Augusto Ayres de Freitas Britto mostra-se, em linhas gerais, bastante sólido. Não obstante, seu último argumento parece destoar dos demais: depois de sustentar a necessidade de se dar solução ao caso a partir da Constituição e não da dogmática processual civil, Britto termina indicando um óbice processual à solução contrária, e mais: óbice que não convence, já que ele próprio afirmou o caráter concorrente da legitimidade durante a execução.

De toda sorte, eis o placar: a amplitude da substituição processual conta com três votos, sendo dois deles de ministros indicados por Lula, enquanto sua limitação conta, por enquanto, apenas com seu proponente, ministro Nelson Jobim. É chegada a hora do voto do ministro Cezar Peluso, o primeiro jurista indicado ao STF por um governo liderado pelo Partido dos Trabalhadores.

Peluso, como foi possível antever no diálogo com Britto, parece menos afeiçoado à interpretação proposta por Velloso. Seu voto começa tratando da coletivização do processo a partir de institutos processuais como litisconsórcio, quando é interrompido por Gilmar Mendes:

> Min. Gilmar Mendes: Ministro Peluso, um tema que ainda não foi roçado, que é extremamente sensível, e aparece no direito comparado, diz respeito ao problema da autodeterminação do cidadão. Supor essa autonomia dos sindicatos, sem limites, na verdade, é transformar isso numa república sindical; é mais do que isso: é desvalorizar a ideia de autodeterminação que está presente em toda a Constituição.

Talvez por polidez ou mesmo por concordar com Mendes, Peluso prossegue dizendo: "Sem dúvida. Mas, voltando ao meu raciocínio (...)". É preciso, entretanto, jogar luz nesta passagem. Esta ideia da existência de uma "república sindical" no contexto deste acórdão remete ao trecho que destaquei de Jobim em que ele manifesta sua preocupação em rechaçar uma "interpretação que conduza à expropriação pelo SINDICATO dos direitos individuais dos trabalhadores". Fora do contexto deste acórdão, entretanto, tal ideia remete aquilo que Leôncio Basbaum classificava de terror psicológico baseado no anticomunismo[54] (1977, p. 113; DELGADO, 1986, p. 174).

De volta ao voto de Peluso, o ministro repisa a necessária individualização da execução: "É impossível execução coletiva de direitos individuais". Continua afirmando não se tratar de mero problema processual, adiantando, portanto, sua divergência ao posicionamento do relator, delimitando a questão nos seguintes termos: "Trata-se de indagar se o sindicato tem legitimação e até que ponto poderia ser reconhecida". Após um breve diálogo entre Velloso, Jobim e Pertence, Peluso conclui pedindo vistas.

Peluso trará seu voto-vista em 16 de novembro de 2005, portanto às vésperas do aniversário de dois anos de seu pedido. A composição da corte, novamente, foi alterada: o Presidente Lula indicou Eros Roberto Grau[55] para assumir a vaga deixada pela aposentadoria do ministro Maurício Corrêa. A Presidência, outrossim, passou ao ministro Nelson

[54] "Uma das causas mais importantes para a queda 'tão rápida' do Presidente João Goulart foi o *terror psicológico*, pouco a pouco habilmente instilado na consciência social do País. Esse terror psicológico se baseava sobretudo no *anticomunismo*, campanha desencadeada pelos interessados na derrubada de Goulart. Ainda que de uma forma primária, com acusações que só teriam cabimento trinta anos atrás, esse terror consistia sobretudo em: 1) apresentar o comunismo como um regime de terror, em que os burgueses e anticomunistas seriam todos fuzilados e as mulheres socializadas; 2) o Brasil seria dominado por uma República Sindicalista em que operários brutos e analfabetos estariam mandando; 3) As Igrejas seriam fechadas; 4) todas as terras seriam desapropriadas. (...) O mesmo João Pinheiro Neto foi igualmente impedido de falar em uma conferência programada pelo Centro 11 de Agosto da Faculdade de Direito de S. Paulo por um grupo de estudantes ligados à UDN e policiais (...) Mas isso era ainda apenas o começo (...) a 'República Sindical estava chegando', 'a URSS invadia o Brasil'. Tais eram os *slogans* da imprensa". (BASBAUM, pp. 113-5)

[55] Na noite de 18 de fevereiro de 2019 Eros Grau ministrou palestra de "Saudação aos Calouros" no Salão Nobre do Largo São Francisco, no bojo das atividades da XXI Semana de Recepção aos Calouros. Após seu discurso – cujo conteúdo remetia ao que escrevera tanto no prefácio de seu "Por que tenho medo dos juízes" (2014, pp. 11-2), quanto no texto "A música e o Direito", que consta de seu "O direito posto e o direito pressuposto" (2014, pp. 374-7) – procurei o palestrante para pedir um autógrafo em meu exemplar de "A ordem econômica na Constituição de 1988", bem como para satisfazer uma curiosidade que meu pai e eu nutrimos por anos: saber se o Ministro do STF era parente do famoso enxadrista argentino Roberto Grau. Dirigi-me, então, à Sala dos Professores que fica entre o Salão Nobre e a Congregação da Faculdade e tomei coragem para, finalmente, questioná-lo. Simpático, mas algo distraído – preocupava-o saber se o barulho que vinha da rua era de um ônibus acelerado ou de chuva – o jurista me respondeu: "não, não... na verdade, talvez fosse meu parente, sim, mas isso lá atrás...". Agradeci e saí de lá sem saber o que fazer com tal informação: minha vontade era telefonar para meu pai e contar-lhe o ocorrido, mas, infelizmente, Claudio Yamamoto, o trabalhador que ostentava com orgulho sua biblioteca enxadrística, na qual se destacava a coleção em quatro volumes do "Tratado General de Ajedrez" de Roberto Grau, já tinha partido. Talvez como forma de aplacar um pouco a saudade que sinto dele, peço licença ao leitor para deixar o registro desta informação que nada tem a ver com o objeto desta pesquisa, mas que, talvez, possa interessar a outras pessoas: Eros Roberto Grau não é parente de Roberto Gabriel Grau (mas talvez tenham uma origem longínqua comum: "lá atrás...").

Jobim, coincidentemente também gaúcho de Santa Maria, tal qual Eros Grau.

Não deixo de achar curioso este pedido de vista do ministro Peluso já que, conforme ele adiantara durante a sessão de novembro de 2003, sua convicção já estava formulada para aderir à tese apresentada pelo agora Presidente do STF. De qualquer forma, passo à sua análise.

O voto-vista ofertado possui 12 páginas e nenhuma interrupção. Principia resumindo os principais argumentos lançados até então. A seguir, assume a seguinte estrutura: afirma que o art. 8°, III da CF/88 reconhece aos sindicatos legitimação extraordinária "para defender, em juízo, direitos e interesses coletivos e individuais dos integrantes da categoria"; coloca como controvérsia a delimitação da legitimação aduzida: ou seja, se a substituição processual pelo sindicato atingiria "a liquidação e a execução do crédito reconhecido a cada um dos trabalhadores"; avança no sentido de que a discussão, portanto, seria sobre os limites da legitimação, "E, como a legitimação para a causa é categoria própria da ciência e do ordenamento processuais, não é possível dar resposta à questão constitucional sem recorrer à racionalidade dogmática e normativa do processo".

Com este movimento, Peluso, Doutor em Processo Civil pela Faculdade de Direito da USP (cuja tese foi orientada pelo ministro da Justiça da ditadura militar, Alfredo Buzaid), tenta justificar a análise do caso sob a ótica das categorias processuais. Partindo de uma visão conservadora do próprio processo civil, Peluso se esforça para restringir a norma constitucional:

> Os direitos e interesses individuais a que alude o art. 8°, inc. III, da Constituição da República, só podem ser homogêneos. Apenas esta espécie de direitos subjetivos singulares conhece e comporta mecanismos de tutela jurisdicional por via da legitimação extraordinária.

Segundo ele, querer que a substituição processual alcançasse a execução resultaria em prejuízo aos trabalhadores, já que, enquanto substituídos, teriam suas posições processuais sacrificadas: "alegações e elementos de prova, adaptados, como não pode deixar de ser, a cada situação particular, se diluiriam e aniquilariam na massa caótica dos atos processuais!". Cezar Peluso, refletindo sobre a homogeneidade de direitos subjetivos individuais, conclui que tal verificação competiria ao juiz do caso concreto. Disso se extrai que para se reconhecer a legitimidade extraordinária sindical no processo de conhecimento primeiro o órgão jurisdicional deveria proceder à "verificação do caráter homogêneo, ou não, dos direitos individuais afirmados".

Peluso mostra-se preocupado em proteger uma curiosa dimensão da liberdade dos trabalhadores[56]: a liberdade individual de cada trabalhador de não receber os direitos que o Poder Judiciário reconheceu terem sido a ele sonegados[57]. Em suas palavras: "reconhecer o integral poder de disposição sobre o direito material, em particular o de crédito pecuniário, e sobre a condução do processo tendente a satisfazê-lo".

Apesar de aderir à limitação proposta por Jobim, Peluso é ainda mais restritivo já que propõe a relativização da legitimidade extraordinária sindical, mesmo na fase de conhecimento.

O próximo a votar é o ministro Eros Grau, que adere elogiosamente à argumentação de Peluso, chegando a afirmar que o voto do colega impressiona "não apenas por seu rigor, do ponto de vista da técnica processual, mas também porque o entendimento adotado por Sua Excelência, ele sim, torna efetiva a proteção do direito do trabalhador". Grau, portanto, concorda com Peluso quanto à importância de se proteger tal autonomia do indivíduo de executar seu empregador na vigência da relação de emprego, no cenário em que se faculta ao executado a dispensa arbitrária.

Para além do descolamento do argumento em relação à realidade há, como já ressaltei, outra questão que o invalida: o fato de que o reconhecimento da substituição processual na execução não impede que, em querendo exercer sua tão importante autonomia, o empregado

[56] Em 1845 o jovem Friedrich Engels descrevia em seu 'A situação da classe trabalhadora na Inglaterra': "O proletariado é desprovido de tudo – entregue a si mesmo, não sobreviveria um único dia, porque a burguesia se arrogou o monopólio de todos os meios de subsistência, no sentido mais amplo da expressão. Aquilo de que o proletariado necessita, só pode obtê-lo dessa burguesia, cujo monopólio é protegido pela força do Estado. Eis por que o proletariado, de direito e de fato, é escravo da burguesia, que dispõe sobre ele de um poder de vida e de morte. Ela lhe oferece os meios de subsistência, mas em troca de um 'equivalente' – seu trabalho; e chega ao ponto de lhe dar a aparência de agir segundo sua própria vontade, de estabelecer livremente com ela um contrato, sem constrangimentos, como se o proletariado fosse o autor de seu próprio destino. Bela liberdade, que deixa ao proletariado, como alternativa à aceitação das condições impostas pela burguesia, a chance de morrer de fome, de frio, de deitar-se nu e dormir como animal selvagem! Belo 'equivalente', cujo montante é inteiramente deixado ao arbítrio da burguesia!" (ENGELS, 2010, p. 118)

[57] Tratando da crise dos Direitos Sociais no Brasil a partir da Constituição de 1988, Paulo Bonavides afirma que: "A igualdade material faz livres aqueles que a liberdade do Estado de Direito da burguesia fizera paradoxalmente súditos" (BONAVIDES, 2011, p. 379).

possa, sozinho, ir até o processo e mover em nome próprio a execução. É exatamente isso que o ministro Ayres Britto tenta explicar a seus colegas:

> Min. Carlos Britto: Senhor Ministro Cezar Peluso, Vossa Excelência diz que a multiplicação das execuções processuais favorece ao trabalhador?
> Min. Cezar Peluso: Digo que reconhecer aos trabalhadores o poder de decidir e de escolher entre a execução individual e a coletiva, representados nesta pelo sindicato, faz parte da individualidade e da dignidade da pessoa do trabalhador. Não se lhe pode negar esse poder de, quanto à execução, decidir como a quer fazer. Se quiser a execução conduzida pelo sindicato, dará a este os poderes necessários para fazê-lo. Se entende que pode ele próprio fazê-la, promoverá execução singular e individualizada.
> Min. Carlos Britto: Mas o silêncio do trabalhador substituído já significa autorização para o substituto processual prosseguir na execução.
> Min. Cezar Peluso: Na execução, não. Aí deve haver representação, não substituição processual.

Com sua intervenção, Ayres Britto consegue mostrar à Corte o cerne da questão. Ao que parece, sua fala impressionou Sepúlveda Pertence:

> Min. Sepúlveda Pertence: Minha perplexidade é se essa cisão genérica não acaba matando a razão de ser da substituição processual, qual seja, evitar que o trabalhador tenha de se expor, durante a relação de trabalho, a uma demanda contra o patrão.
> Min. Carlos Britto: Perfeito, isso eu disse no meu voto.
> Min. Cezar Peluso: Mas isso já está resolvido. A atuação que se reconhece ao sindicato é a mais importante, porque é dada para obter o reconhecimento do direito no processo de cognição. Reconhecido o direito, já não há nada por temer em termos de risco ao trabalhador.

O argumento de Cezar Peluso não convence, provocando a intervenção de Marco Aurélio:

> Min. Marco Aurélio: Como, se há resistência ao cumprimento da decisão?
> Min. Cezar Peluso: A resistência grave é apenas ao reconhecimento do direito.
> Min. Carlos Britto: A parte mais importante é o cumprimento da decisão; é mais penosa.
> Min. Carlos Velloso (Relator): Nesse momento o empregado se expõe.
> Min. Carlos Britto: Exatamente, aí o empregado se expõe, principalmente aquele que não goza de estabilidade no emprego.
> Min. Carlos Velloso (Relator): É no fazer cumprir a decisão que o empregado mais se expõe.

Peluso ainda tentará explicar-se para Pertence:

> Min. Cezar Peluso: Senhor Presidente, a objeção inspira-se no cuidado com o âmbito, a eficácia e o sentido da norma constitucional. Mas parte do pressuposto de, pelo meu voto, estar proibida a atuação do sindicato na execução. Não há proibição nenhuma. O sindicato pode, na hipótese de risco ou não, promover as execuções, bastando que o faça com poderes de representação.
> Min. Sepúlveda Pertence: Vossa Excelência, em certa passagem do seu voto, chegou a afirmar concretamente que o problema haveria de ser verificado caso a caso, pelo juiz de mérito.
> Min. Cezar Peluso: Não, quanto às execuções. Deve verificar a distinção entre interesses individuais homogêneos e heterogêneos, para não permitir uma causa tumultuada no processo de conhecimento.

O presidente tenta intervir, mas é impedido por Sepúlveda Pertence:

> Min. Nelson Jobim (Presidente): Somente para os interesses heterogêneos ou individuais.
> Min. Sepúlveda Pertence: Senhor Presidente, estou indagando ao Ministro Cezar Peluso. Ministro Cezar Peluso, não foi Vossa Excelência que afirmou isso?
> Min. Cezar Peluso: Afirmei.

> Min. Sepúlveda Pertence: Estou pedindo a interpretação autêntica de Vossa Excelência, não da Presidência.
> Min. Cezar Peluso: Afirmei competir ao juiz do caso concreto dizer se é, ou não, caso de substituição processual, diante da natureza dos direitos, no processo de conhecimento.
> Min. Carlos Velloso (Relator): Caberia ao juiz dizer se se trata de direitos homogêneos?
> Min. Cezar Peluso: Sim, claro. Como o Supremo Tribunal poderia dizer aqui que uma causa futura será de direito homogêneo ou heterogêneo? Não pode; cabe a cada juiz examinar o caso. E isso consta do meu voto.
> Min. Sepúlveda Pertence: Claro, é quanto ao processo de conhecimento. Mas também o creio quanto à execução.

Tentando disfarçar, Cezar Peluso afirma:

> Em relação à execução, o meu voto garante a opção do trabalhador. Desde que haja sentença condenatória ao pagamento de dinheiro, a execução e a liquidação têm de ser individualizadas, ou podem ser coletivas, mediante representação. Ou seja, o meu voto não opõe nenhum obstáculo à atuação do sindicato. Ao contrário.

Ayres Britto, entretanto, não permite:

> Min. Carlos Britto: O voto de Vossa Excelência, então, é diferente do voto do Ministro Nelson Jobim.
> Min. Cezar Peluso: Não, absolutamente; é idêntico, é no mesmo sentido.

Ao final do debate, Sepúlveda Pertence antecipa seu voto, para acompanhar o relator, afirmando que "Poderei reconsiderá-lo, se tiver tempo de ser convencido".

A seguir, o ministro Gilmar Mendes pede vista do processo. O placar é o seguinte: pela limitação da substituição processual estão Jobim, Peluso e Eros; por outro lado, votaram pela abrangência da substituição processual na execução Velloso, Barbosa, Britto e Pertence.

Velloso e Jobim, respectivamente, relator e primeiro dissidente, não participarão da conclusão do caso.

Diante da aposentadoria compulsória, em janeiro de 2006, Carlos Mário da Silva Velloso será sucedido por Enrique Ricardo Lewandowski, que tomará posse em 16 de março daquele ano.

Vanguarda da dissidência no caso, o então presidente Nelson Jobim aposenta-se voluntariamente poucos dias depois de recepcionar Lewandowski, em 29 de março de 2006. Sua vaga de ministro será preenchida mais tarde, em 21 de junho de 2006, pela ministra Cármen Lúcia. A presidência da corte, por sua vez, passará a ser desempenhada pela ministra Ellen Gracie, que pautará o retorno do julgamento para o dia 12 de junho de 2006.

A corte, na data, é composta por: Ellen Gracie, Sepúlveda Pertence, Celso de Mello, Marco Aurélio, Gilmar Mendes, Cezar Peluso, Ayres Britto, Joaquim Barbosa, Eros Grau e Ricardo Lewandowski. Este último, impedido de votar, tendo em vista ter sucedido o relator. Faltam, portanto, os votos da presidenta, de Celso de Mello, de Marco Aurélio e de Mendes. Como não fazem parte do objeto da pesquisa, não me debruçarei sobre tais votos, bastando-me em registrar a adesão dos dois indicados de FHC, Mendes e Gracie, à divergência de Jobim, e, por outro lado, a adesão de Marco Aurélio à corrente inaugurada por Velloso.

Daí, o seguinte resultado: dando provimento ao recurso, e reconhecendo a substituição processual, tanto na fase de conhecimento, quanto na execução, perfilam-se Velloso, Barbosa, Britto, Pertence e Marco Aurélio, portanto, cinco ministros; não reconhecendo, por outro lado, a substituição processual na execução, unem-se Jobim, Peluso, Grau, Mendes e Gracie, portanto, também, cinco ministros. Tendo em vista que a cadeira vazia no plenário foi deixada por Jobim, que já se pronunciou no caso, não há motivo para o empate.

O problema está no voto de Celso de Mello,[58] que é computado como aderindo ao relator, porém não consta sua manifestação no acórdão.

[58] Apesar de não compor o objeto desta pesquisa, registro uma descoberta curiosa que fiz quanto ao ministro José Celso de Mello Filho. Segundo seu currículo no site do STF, o indicado de Sarney "Completou o curso colegial nos Estados Unidos da América, onde se graduou na Robert E. Lee Senior High School, em Jacksonville, Flórida (1963/1964)". Ao que parece, à época, naquela instituição, as aulas de educação física eram comandadas por um professor com fama de ser bastante rigoroso de nome Leonard Skinner. Contemporâneos de Celso de Mello na escola, os jovens Ronnie Van Zant, Bob Burns e Gary Rossington rebatizaram a banda que estavam iniciando a partir do nome do professor, trocando todas as vogais pela letra 'y', fundando, assim, o Lynyrd Skynyrd, grupo de rock estadunidense responsável pela famosa música "Sweet Home Alabama".

Tanto assim que, em 24 de agosto de 2007, o Banco do Estado do Rio Grande do Sul S/A (Banrisul) opõe embargos de declaração que serão julgados em 18 de dezembro de 2015, sob relatoria do ministro Edson Fachin:

> O embargante sustenta, em síntese, que houve inexatidão material na prolação do resultado do julgamento, tendo em vista que o extrato da ata registrou, como resultado da votação, o provimento do recurso por maioria, sendo que as notas taquigráficas apontam a existência de dez votos, cinco pelo provimento integral do recurso e cinco pelo provimento parcial. De acordo com o embargante, "não existem nas notas taquigráficas anexadas com o acórdão, voto do Ministro Celso de Mello". Assim, o resultado seria o empate, com a necessidade de acolhimento dos embargos para que se apurasse o voto do Ministro Celso de Mello e, consequentemente, para o afastamento do erro material apontado.

Curiosamente, naquele dia estavam ausentes justificadamente o ministro Gilmar Mendes e... Celso de Mello. De toda sorte, Fachin rejeita os embargos, argumentando que:

> O fato de o pronunciamento do Ministro Celso de Mello não constar das notas taquigráficas em nada macula o resultado do julgamento. De acordo com diversos precedentes do STF, o cancelamento de notas taquigráficas e a supressão de votos vogais ou apartes não representam vícios embargáveis, porquanto o artigo 133 do RISTF assim o permite.

Apesar do argumento ser válido, não fica explicitado o motivo da ausência do registro. Marco Aurélio, provocador – ainda que tenha razão – divergirá brevemente para fazer registrar:

> Presidente, estou a prover os embargos declaratórios. Entendo que as notas degravadas devem compor o acórdão.
> Por isso, provejo os embargos.

Assim, confirma-se a ementa do julgamento do Recurso Extraordinário com a seguinte redação:

> PROCESSO CIVIL. SINDICATO. ART. 8º, III, DA CONSTITUIÇÃO FEDERAL. LEGITIMIDADE. SUBSTITUIÇÃO PROCESSUAL. DEFESA DE DIREITOS E INTERESSES COLETIVOS OU INDIVIDUAIS. RECURSO CONHECIDO E PROVIDO.
> O artigo 8º, III da Constituição Federal estabelece a legitimidade extraordinária dos sindicatos para defender em juízo os direitos e interesses coletivos ou individuais dos integrantes da categoria que representam.
> Essa legitimidade extraordinária é ampla, abrangendo a liquidação e a execução dos créditos reconhecidos aos trabalhadores.
> Por se tratar de típica hipótese de substituição processual, é desnecessária qualquer autorização dos substituídos.
> Recurso conhecido e provido.

Ao olhar especificamente para os ministros indicados por Lula que atuaram no caso – Cezar Peluso, Ayres Britto, Joaquim Barbosa e Eros Grau – é possível identificar uma tendência mais favorável à proteção dos trabalhadores entre Ayres Britto e Joaquim Barbosa e, nas palavras de Marco Aurélio, uma "feição patronal" de Peluso e Eros Grau.

# Capítulo 4

## Caos em nome da segurança jurídica

*En el mundo al revés, la libertad oprime: la libertad del dinero exige trabajadores presos de la cárcel del miedo, que es la más cárcel de todas las cárceles. El dios del mercado amenaza y castiga; y bien lo sabe cualquier trabajador, en cualquier lugar. El miedo al desempleo, que sirve a los empleadores para reducir sus costes de mano de obra y multiplicar la productividad, es, hoy por hoy, la fuente de angustia más universal. ¿Quién está a salvo del pánico de ser arrojado a las largas colas de los que buscan trabajo? ¿Quién no teme convertirse en un 'obstáculo interno', para decirlo con las palabras del presidente de la Coca-Cola, que hace año y medio explicó el despido de miles de trabajadores diciendo que 'hemos eliminado los obstáculos internos'? Y en tren de preguntas, la última: ante la globalización del dinero, que divide al mundo en domadores y domados, ¿se podrá internacionalizar la lucha por la dignidad del trabajo? Menudo desafío.*

**Eduardo Galeano – Derechos del trabajador, ¿un tema para arqueólogos?**

Passada a euforia inicial, um novo momento se seguirá na atuação trabalhista do Pretório Excelso. Em nome da segurança jurídica o Supremo Tribunal Federal atuará firmemente para restringir, e mesmo extinguir, direitos trabalhistas consolidados em lei e na jurisprudência.

## 4.1 Prescrição da pretensão relativa aos recolhimentos do FGTS

*O pecado original.* Os debates quanto ao direito do trabalho brasileiro padecem de uma espécie de pecado original: uma questão não resolvida que, do ponto de vista lógico-jurídico, exige a interdição da discussão de quase todos os temas trabalhistas até que fosse solucionado de vez. Refiro-me à proteção contra a despedida arbitrária ou sem justa causa, tida como o primeiro direito dos trabalhadores urbanos e rurais, na Constituição de 1988.

A chamada Constituição Cidadã destinou aos Direitos Sociais capítulo específico integrante do título "Dos Direitos e Garantias Fundamentais". Apesar do artigo 6º, o primeiro do capítulo, afirmar que os Direitos sociais abrangem "a educação, a saúde, a alimentação, o trabalho, a moradia, o transporte, o lazer, a segurança, a previdência social, a proteção à maternidade e à infância, a assistência aos desamparados", os demais artigos do capítulo (7º a 11) tratam exclusivamente de questões trabalhistas.

Os direitos básicos que trabalhadores urbanos e rurais possuem estão listados – não taxativamente – no artigo 7º, cujo primeiro de seus trinta e quatro incisos prevê expressamente "relação de emprego protegida contra despedida arbitrária ou sem justa causa, nos termos de lei complementar, que preverá indenização compensatória, dentre outros direitos".

No Brasil a estabilidade foi instituída vinte anos antes da CLT, pela Lei Eloy Chaves, especificamente para os ferroviários. Em 1935 a estabilidade decenal foi estendida a todos os empregados, excetuados os rurais e domésticos (SÜSSEKIND et al., 1999, p. 687). A CLT, por sua vez, uniformizou a legislação sobre o tema nos seguintes termos:

> CLT, art. 492: O empregado que contar mais de 10 (dez) anos de serviço na mesma empresa não poderá ser despedido senão por motivo de falta grave ou circunstância de força maior, devidamente comprovadas.
> Parágrafo único: Considera-se como de serviço todo o tempo em que o empregado esteja à disposição do empregador.

Durante a ditadura militar a estabilidade decenal será suplantada pela criação do Fundo de Garantia do Tempo de Serviço. Quando da redemocratização, a Subcomissão dos Direitos dos Trabalhadores e Servidores Públicos "dispôs que todos os trabalhadores teriam direito à 'estabilidade desde a admissão em emprego' ou ao terminar o 'contrato de experiência de noventa dias'." (SÜSSEKIND, 2004, p. 126), porém, após diversas modificações, ficaram acordados os termos que vigem até hoje na Constituição.

Na falta de lei complementar o Brasil ratificou a Convenção nº 158 da Organização Internacional do Trabalho, que expressamente determina:

> Convenção nº 158 da OIT, art. 4º: Não se dará término à relação de trabalho de um trabalhador a menos que exista para isso uma causa justificada relacionada com sua capacidade ou seu comportamento ou baseada nas necessidades de funcionamento da empresa, estabelecimento ou serviço.
> Art. 7º: Não deverá ser terminada a relação de trabalho de um trabalhador por motivos relacionados com seu comportamento ou seu desempenho antes de se dar ao mesmo a possibilidade de se defender das acusações feitas contra ele, a menos que não seja possível pedir ao empregador, razoavelmente, que lhe conceda essa possibilidade.

Em 16 de setembro de 1992 o Congresso Nacional aprovou o texto da Convenção; em 5 de janeiro de 1995 o governo brasileiro deposita a Carta de Ratificação; e, finalmente, em 10 de abril de 1996 o Presidente Fernando Henrique Cardoso, junto com seu Ministro das Relações Exteriores, Luiz Felipe Lampreia, assina o Decreto nº 1.855, fazendo que a Convenção nº 158 da OIT sobre "término da relação de trabalho por iniciativa do empregador" passasse a ter eficácia em todo o território nacional.

Eis, portanto, a data do momento em que o Brasil superava o pecado original de seu direito do trabalho. Infelizmente, o uso do pretérito imperfeito se justifica na frase anterior. É que em 20 de novembro do mesmo ano o governo brasileiro emitiu para a OIT nota de denúncia da mesma Convenção – friso: já incorporadas e aplicadas no ordenamento jurídico nacional – o que foi formalizado pelo Decreto nº 2.100, de 20 de dezembro de 1996. A norma – flagrantemente inconstitucional – tornava público "que deixará de vigorar para o Brasil, a partir de 20 de novembro de 1997, a Convenção da OIT nº 158, relativa ao Término da Relação de Trabalho por Iniciativa do Empregador, adotada em Genebra, em 22 de junho de 1982", e era assinada pelos mesmos FHC e Lampreia.

Até hoje, junho de 2021, o Supremo Tribunal Federal não julgou a ADI nº 1625, proposta pela Confederação Nacional dos Trabalhadores na Agricultura, a CONTAG, ajuizada em 19 de junho de 1997.

A ressurreição inconstitucional de nosso pecado trabalhista original exige, como afirmei anteriormente, a interdição da maioria das disputas teóricas do direito do trabalho brasileiro. Os ideólogos da reforma trabalhista, por exemplo, foram buscar na Espanha – país em que vige a Convenção 158[59] – a inspiração para legalizar a redução de direitos trabalhistas via negociação coletiva. Porém, em um cenário em que o término da relação de trabalho depende exclusivamente do arbítrio do empregador, a liberdade negocial fica inviabilizada.

No caso da prescrição da pretensão relativa aos recolhimentos do FGTS a concretização do artigo 7º, inciso I da Constituição permitiria, pelo menos, que o trabalhador pleiteasse o recolhimento do FGTS sonegado por seu empregador sem que tivesse que colocar em risco a subsistência própria e de sua família. Infelizmente, como apresentarei a seguir, esta não foi – com a honrosa exceção da ministra Rosa Weber – a preocupação do STF que, reitero, segue ignorando a Convenção nº 158 da OIT.

*Prescrição e FGTS*. Diante de uma decisão do TST em que se reconhecia a prescrição trintenária, o Estado do Rio Grande do Norte recorre ao STF (RE nº 522.897). O caso é distribuído ao ministro Gilmar Mendes em dezembro de 2006. Em agosto de 2011, o relator traz seu voto ao plenário. Ao final de seu voto, o ministro Ayres Britto pede vistas. Ainda assim, a ministra Ellen Gracie antecipa seu voto para aderir ao voto de Mendes. O constitucionalista sergipano aposentou-se em novembro de 2012, sem nunca ter trazido seu voto-vista.

Neste interregno o Banco do Brasil também se volta contrário à pacífica aplicação da prescrição trintenária da pretensão relativa aos recolhimentos do FGTS pelo TST, recorrendo ao STF no bojo do Recurso Extraordinário com Agravo nº 709.212, em 28 de agosto de 2012. No caso em concreto a instituição financeira simplesmente decidiu que valia

[59] Os países que ratificaram a Convenção nº 158 da OIT podem ser consultados em: <https://www.ilo.org/dyn/normlex/en/f?p=1000:11300:0::NO:11300:P11300_INSTRUMENT_ID:312303>. Acesso em 28 mar. 2021.

a pena recolher o FGTS em valor menor do que o devido, conforme conta Rosa Weber:

> [...] na espécie, a autora postula diferenças de FGTS decorrentes do recolhimento a menor por parte do Banco do Brasil, que desconsiderou o salário efetivamente percebido pela reclamante, em período no qual estava a serviço no exterior. Não se trata de FGTS oriundo de parcelas pleiteadas em demanda trabalhista.

Em 11 de setembro daquele ano o caso é distribuído ao ministro Gilmar Mendes. Sob o registro de "Tema 608 – Prazo prescricional aplicável à cobrança de valores não depositados no Fundo de Garantia por Tempo de Serviço – FGTS", o plenário virtual decide, em 25 de outubro de 2012, a existência de questão constitucional e de repercussão geral, vencido o ministro Marco Aurélio. O ministro Joaquim Barbosa foi o único que não votou. Reconheceram, por outro lado, a repercussão geral, além do relator, Gilmar Mendes, também os ministros: Fux, Toffoli, Weber, Cármen Lúcia, Lewandowski, Ayres Britto e Celso de Mello. Assim, a repercussão geral foi reconhecida por oito votos a um.

O ministro Gilmar Mendes trouxe seu voto ao plenário em 13 de novembro de 2014, quando, além dele, integravam a corte, sob a presidência do ministro Ricardo Enrique Lewandowski, os ministros: Celso de Mello, Marco Aurélio, Cármen Lúcia, Dias Toffoli, Luiz Fux, Rosa Weber, Teori Zavascki e Roberto Barroso. Desde a aposentadoria de Joaquim Barbosa, em 31 de julho de 2014, o plenário encontrava-se desfalcado, situação que perdurou até a posse do ministro Edson Fachin, em 16 de junho de 2015.

Entre janeiro de 2000 e junho de 2002 o matogrossense Gilmar Mendes serviu como Advogado-Geral da União do governo FHC, presidente que, por sua vez, o indicou ao STF para que assumisse a vaga deixada por Néri da Silveira. Uma vez que Mendes não está entre os indicados por Lula e Dilma, permito-me a uma análise mais superficial do voto do relator.

O ministro não nega a estabilidade jurisprudencial da prescrição trintenária, porém seu argumento central é que tal entendimento decorria de uma compreensão do instituto a partir da ótica previdenciária:

> Em virtude do disposto no art. 20 da Lei 5.107/1966, segundo o qual a cobrança judicial e administrativa dos valores devidos ao FGTS deveria ocorrer de modo análogo à cobrança das contribuições previdenciárias e com os mesmos privilégios, o Tribunal Superior do Trabalho inclinou-se pela tese de que o FGTS teria natureza previdenciária e, portanto, a ele seria aplicável o disposto no art. 144 da Lei 3.807, de 26 de agosto de 1960 (Lei Orgânica da Previdência Social), que fixava o prazo de trinta anos para a cobrança das contribuições previdenciárias.

Porém, prossegue o argumento de Mendes: ao consagrar o FGTS no artigo 7º, III, a Constituição Cidadã estabeleceu o instituto como um direito trabalhista. Fato do qual decorreria a submissão do instituto aos prazos previstos no inciso XXIX do mesmo artigo: "prazo prescricional de cinco anos para os trabalhadores urbanos e rurais, até o limite de dois anos após a extinção do contrato de trabalho". Doutrinariamente, quanto à seara trabalhista Gilmar Mendes recorre, exclusivamente, a textos de Sérgio Pinto Martins para tentar justificar sua posição.

Este é o núcleo do argumento do relator. A partir daí, o ministro serve-se de longas citações de autores estrangeiros para defender "a necessidade de modulação dos efeitos da decisão". Da primeira parte do voto destaco a citação que Mendes faz da autobiografia de Roberto Campos:

> De modo a ilustrar a trajetória histórica do FGTS, cumpre transcrever as seguintes palavras de seu criador, o economista e ex-ministro Roberto Campos:
> "No projeto social [do governo de Humberto de Alencar Castello Branco] figurou o Fundo de Garantia do Tempo de Serviço (FGTS), libertando os trabalhadores da escravidão a uma empresa, na espera frustrada da estabilidade. Eu costumava chamar a indenização de despedida dos empregados de 'prêmio de desastre', enquanto que o FGTS seria a 'criação de um pecúlio permanente'. A criação do FGTS foi uma das reformas sociais mais importantes, e mais controvertidas, do governo Castello Branco. Havia o 'mito da estabilidade', tido como a grande 'conquista social' do governo Vargas. Mito, porque a estabilidade, após dez anos de serviço era em grande parte uma ficção. Os empregados eram

demitidos antes de completado o período de carência, pelo receio dos empresários de indisciplina e desídia funcional dos trabalhadores, quando alcançavam a estabilidade. Os trabalhadores, de seu lado, ficavam escravizados à empresa, sacrificando a oportunidade de emigrar para ocupações mais dinâmicas e melhor remuneradas. Os empresários perdiam o investimento no treinamento; as empresas mais antigas, que tinham grupos maiores de empregados estáveis, eram literalmente incompráveis ou invendáveis por causa do 'passivo trabalhista'. Muitas empresas não mantinham líquidos os fundos de indenização de despedida, ou sequer os formavam, criando-se intermináveis conflitos na despedida de empregados" (Roberto Campos, Lanterna na Popa, Rio de Janeiro: Topbooks, 1994, p. 713).

Trata-se, como se vê, de direito de natureza complexa e multifacetada, haja vista demandar a edição de normas de organização e procedimento que têm o escopo de viabilizar a sua fruição por intermédio, inclusive, da definição de órgãos e entidades competentes para a sua gestão e da imposição de deveres, obrigações e prerrogativas não apenas aos particulares, mas também ao Poder Público. Cuida-se de verdadeira garantia de caráter institucional, dotada de âmbito de proteção marcadamente normativo (PIEROTH/SCHLINK, Grundrechte: Staatsrecht II. Heidelberg: C.F. Müller, 1995, p. 53).

Diante da farta quantidade de razões chega a ser difícil a tarefa de refutar o discurso de Roberto Campos. De início causa repulsa, ao falarmos do último país das Américas a abolir a escravidão, compará-la com a estabilidade. De outro lado, não fosse a tragédia do terrorismo de Estado perpetrado pela ditadura militar brasileira, teria certa comicidade o irônico fato de alguém, servindo a um regime ditatorial, reivindicar a liberdade como justificativa de seu plano.

Porém, o que mais ofende a razão no trecho que Gilmar Mendes destaca de Roberto Campos é o cinismo. Victor Emanuel Bertoldo Teixeira, refletindo sobre este trecho de Roberto Campos em seu "Direito ao rompimento patronal imotivado: o ataque contra a classe trabalhadora" (TEIXEIRA, 2018, p. 93),[60] mobiliza vasto instrumental

[60]Registro meu agradecimento ao acadêmico e amigo Victor Teixeira, com quem pude discutir algumas das ideias que trago neste capítulo.

teórico para reconstruir o debate histórico que resultou na criação do FGTS. Ao final de sua investigação, o pesquisador conclui que:

> Sem desconsiderar as inúmeras e gigantescas transformações do capitalismo brasileiro e a consolidação da teoria do Direito Social, desnuda-se uma assustadora ligação entre o desmantelamento do sistema escravocrata e o modo pelo qual se trata o rompimento do vínculo pelo patrão, no que se refere à naturalização e escamoteamento de violências e desigualdades. [...] O FGTS propiciou instabilidade no emprego, alta rotatividade da força de trabalho e expulsão das camadas com mais de quarenta anos de idade, diante da eliminação de freios para o rompimento patronal imotivado, por conta dos depósitos periódicos, culminando em arrocho salarial e na complicação da atuação sindical, no contexto da abundância do fator trabalho e da manutenção da estrutura sindical corporativista. (pp. 147-52)

Gilmar Mendes, por sua vez, retira da citação que fez a Roberto Campos a seguinte conclusão: "Trata-se, como se vê, de direito de natureza complexa e multifacetada". Curiosamente, o reconhecimento de tal "natureza complexa e multifacetada" do FGTS mostra-se incompatível com o argumento do relator, segundo o qual o instituto teria inegavelmente natureza trabalhista.

Por fim, destaco outros dois momentos memoráveis do voto do ministro:

> Registre-se que a aplicabilidade do disposto no art. 7º, XXIX, da Constituição à cobrança judicial dos valores relativos ao FGTS foi reconhecida até mesmo pelo Tribunal Superior do Trabalho, embora apenas de forma parcial, restritiva e até mesmo contraditória.
>
> Refiro-me à edição, em 2003, do Enunciado 362, segundo o qual *"é trintenária a prescrição do direito de reclamar contra o não recolhimento da contribuição para o FGTS, **observado o prazo de 2 (dois) anos após o término do contrato de trabalho"*.**
>
> Em outras palavras, a Corte Trabalhista entendeu ser aplicável apenas a parte do dispositivo constitucional que prevê o prazo de dois anos após a extinção do contrato de trabalho,

> olvidando-se do disposto na primeira parte do dispositivo (o direito de reclamar o depósito do FGTS somente alcançaria os últimos cinco anos).
> Tal entendimento revela-se, a meu ver, além de contraditório, em dissonância com os postulados hermenêuticos da máxima eficácia das normas constitucionais e da força normativa da Constituição.
> [...]
> Ademais, o princípio da proteção do trabalhador não pode ser interpretado e aplicado de forma isolada, sem a devida atenção aos demais princípios que informam a ordem constitucional. De fato, a previsão de prazo tão dilatado para o ajuizamento de reclamação contra o não recolhimento do FGTS, além de se revelar em descompasso com a literalidade do Texto Constitucional, atenta contra a necessidade de certeza e estabilidade nas relações jurídicas, princípio basilar de nossa Constituição e razão de ser do próprio Direito. [grifos no original]

A perplexidade de Gilmar Ferreira Mendes permite entrever sua confusão entre os prazos prescricionais trabalhistas. A prescrição trintenária consagrada ao FGTS pelo legislador pós-constituinte recai quanto ao recolhimento – substituindo, assim, a prescrição quinquenal –, não quanto à ação[61] – mantendo-se, portanto, a prescrição bienal. Em outras palavras, simplesmente não existe a "previsão de prazo tão dilatado para o ajuizamento de reclamação contra o não recolhimento do FGTS" aduzida por Mendes.

O relator é o primeiro a demonstrar seu desconhecimento quanto à matéria em julgamento. Porém, como se verá, não será o último, nem tampouco o mais icônico.

A seguir, é a vez do ministro Barroso votar que, zombeteiramente, cede sua vez: "Presidente, a minha bola de cristal revelou que o ministro Teori Zavascki tem uma posição divergente. Portanto, com o assentimento de Sua Excelência gostaria de ouvir o voto que Sua Excelência irá manifestar". Zavascki, então, passa a votar.

O jurista catarinense inaugura a divergência, porém seu argumento segue por um caminho singular. Preocupado com as contas públicas, o

[61] Com razão, a ministra Rosa Weber critica a terminologia utilizada pelo constituinte. Não obstante, sendo esta a positivada decidi por mantê-la.

último ministro indicado por Dilma Rousseff defende a permanência do prazo trintenário para que a Procuradoria-Geral da Fazenda Nacional pudesse cobrar o empregador que não tivesse recolhido as parcelas do FGTS; diante da impossibilidade de se ter "prazos prescricionais diferentes para a mesma pretensão", mantém-se a prescrição trintenária, também, para o trabalhador. A partir disso Marco Aurélio e Luiz Fux unem-se para defender a tese de Mendes, em um excêntrico diálogo:

> Min. Teori Zavascki: O empregado nem sempre tem o direito de levantar. Aliás, há caso em que o empregado sequer levanta Fundo de Garantia. Ele pode perder o direito ao depósito. Ele pode nunca chegar a ter o crédito total.

Intervém Marco Aurélio Mendes de Farias Mello, ex-ministro do TST:

> Min. Marco Aurélio: Não, Ministro, perder, não. Estava conversando com a ministra Cármen Lúcia justamente sobre isso. Ela tem uma conta parada em decorrência de vínculo empregatício – professora – com a PUC de Minas Gerais. Essa perda nunca ocorre, porque há situações jurídicas que vinculam o levantamento, e se não se tem, fora daquelas situações jurídicas, como levantar o saldo, evidentemente não corre prescrição para esse levantamento no momento propício.

Zavascki se surpreende com a informação e questiona: "O que acontece se o empregado é despedido com justa causa? Ele não perde o direito?". Marco Aurélio, claudicante, ensaia:

> Min. Marco Aurélio: Teria que conferir, porque já estou fora da Justiça do Trabalho há vinte e quatro anos. Não tenho lidado com a matéria legal. Teria que conferir na lei o que ocorre em se tratando de despedimento com justa causa. Mas, a partir do momento em que se faz opção pelo FGTS, há abertura de conta vinculada, cujos depósitos são da titularidade do empregado. Atrevo-me a dizer que mesmo a justa causa não afasta o di-

> reito a esses depósitos, isso presumindo o que normalmente acontece, ou seja, o bom senso que norteia o Direito.
> Min. Teori Zavascki: Então, Vossa Excelência admite que o empregado pode, em qualquer situação, cobrar do empregador a falta do depósito, mesmo na constância da relação de emprego?
> Min. Marco Aurélio: Sim, porque essa obrigatoriedade ocorre mês a mês.
> Min. Gilmar Mendes (Relator): Isso está no meu voto.
> Min. Luiz Fux: Pois é. Essa é a observação que eu gostaria de fazer, se o Ministro Teori me permitir. Eu gostaria de destacar o seguinte: há Fundo de Garantia sem existência de relação de trabalho? Não há. E o que estabelece a Constituição?
> Min. Teori Zavascki: Também não há Contribuição Previdenciária dos empregados.

A resposta de Teori Zavascki a Luiz Fux faz sentido: decorrem da relação de emprego outras relações jurídicas que não necessariamente exigiriam a aplicação da prescrição quinquenal. Fux, entretanto, o ignora:

> Min. Luiz Fux: "As ações quanto aos créditos resultantes das relações de trabalho". Então, o crédito do Fundo de Garantia é resultante de relação de trabalho. Isso é uma coisa.
> O segundo aspecto que eu observaria, tal como se colocou a questão ontem: do que é que se trata *in casu* inicial? Ação trabalhista. Na ação trabalhista, a parte pede, dentre outras verbas, a parte relativa ao FGTS que foi descontado e não foi repassado. E aí a Justiça Trabalhista condena nessa verba. E há hoje um regramento maior que estabelece inclusive uma multa de 10% sobre o montante do Fundo de Garantia nas despedidas sem justa causa.

A fala de Fux revela uma grande confusão por parte do ministro, que parece não conseguir distinguir o Fundo de Garantia do Tempo de Serviço da multa decorrente da dispensa imotivada (que, destaco: desde a promulgação da Constituição passou de 10% para 40%, nos termos do art. 10, I, do ADCT), da contribuição social devida pelo empregador prevista na Lei Complementar nº 110/2001, ainda vigente à época. Quando de seu próprio voto, Fux declarará que acreditava que a multa decorrente da dispensa imotivada ainda era de 10%, conforme o quadro pré-88.

> Min. Marco Aurélio: E já tenho a resposta: a justa causa não implica a perda dos depósitos realizados; implica, sim, a perda do acréscimo de 40% a que se soma o percentual de 10% para efeito...

Na condição de Presidente, Lewandowski intervém para devolver a palavra a Barroso:

> Min. Lewandowski (Presidente): O Ministro Fux está trazendo uma ponderação semelhante à que foi feita ontem: nós estamos adstritos a um caso concreto, que é o caso de uma relação trabalhista, há uma ação que foi promovida na Justiça do Trabalho, e cinge-se aqui saber se o prazo prescricional nesta situação é de trinta anos ou de cinco anos. Ministro Teori, louvando a argumentação de Vossa Excelência, eu acho que aqui nós não estamos cogitando, neste momento, pelo menos, de uma ação da Fazenda, ou do Fundo de Garantia, ou de quem quer que o represente, contra o empregador que deveria ter depositado - e não o fez - os valores corretos do Fundo de Garantia. Então, a situação é essa. Acho que podemos devolver a palavra ao Ministro Barroso.

Diferentemente de seus pares, Lewandowski parece colocar a questão em termos juridicamente aceitáveis (ou, quiçá, inteligíveis). Porém, Zavascki insiste em terminar de votar:

> Min. Teori Zavascki: Presidente, eu quero terminar.
> Min. Lewandowski (Presidente): Perdão.
> Min. Teori Zavascki: O que nós temos no caso? Nós estamos no caso diante de uma cobrança de contribuição que devia ter sido feita pelo empregador, na época, ao Fundo de Garantia. O Fundo de Garantia continua legitimado a cobrar; o Fundo de Garantia continua tendo em seu favor o prazo de trinta anos para cobrar. O que o relator afirma, implicitamente pelo

> menos, é que, quando essa cobrança é feita por um substituto processual do Fundo de Garantia, que é o empregado, esse prazo não é trinta, mas de dois anos. É isso que se está dizendo.

Após deixar expresso ter aderido à confusão perpetrada pelo relator, Zavascki concluirá:

> No caso de Fundo de Garantia, há uma relação intermediária. Aliás, há duas relações jurídicas completamente distintas, no meu entender: a relação que se estabelece entre o Fundo e o empregador, cuja natureza não é de salário, nem é de verba trabalhista devida diretamente ao empregado. O Fundo de Garantia não pode ser credor trabalhista, ele não é empregado. E há a relação entre o empregado e o Fundo. Nessa relação, nessa ação entre o empregado e o Fundo poder-se-ia até cogitar do inciso XXIX, mas não na relação jurídica que se põe quanto à execução de uma contribuição ao Fundo. Se não for assim, teremos prazos prescricionais diferentes para a mesma pretensão.
>
> Por isso, pediria vênia para manter a jurisprudência tradicional do Supremo, que sempre referendou o prazo trintenário nessas circunstâncias. É o voto.

Assim, ainda que trilhando caminhos tortuosos, a solução de Teori Zavascki é a correta: manter a prescrição trintenária para que os trabalhadores e, principalmente, a Fazenda, possam cobrar as contribuições ao FGTS sonegadas pelos empregadores.

O próximo a votar é o ministro Luís Roberto Barroso. Seu voto é breve e possui estrutura simples. Inicia, tal qual o relator, reconhecendo a natureza trabalhista do FGTS, a partir do art. 7º, III da CF/88. A seguir, surpreendentemente, demonstra reconhecer a questão central do tema que, até então, sequer fora suscitada:

> Por outro lado, o caput do art. 7º da Constituição prevê um rol meramente exemplificativo, ao dispor que "*São direitos dos trabalhadores urbanos e rurais, além de outros que visem à melhoria de sua condição social*: (...)". Desta forma, a lei pode, em tese, ampliar o espectro de direitos previstos no art. 7º da

> Constituição, de forma a melhorar a situação jurídica do trabalhador. Nessa linha, não é fora de propósito imaginar que a lei poderia, em benefício do trabalhador, ampliar o prazo prescricional previsto no inciso XXIX do art. 7º da Constituição.

Barroso identificou o cerne do problema: o artigo 7º não é limitador dos Direitos Sociais, pelo contrário, ele estabelece o mínimo e exige, em respeito aos próprios "fundamentos da República Federativa do Brasil" (art. 1º, IV), que se vá além. Sabedor disso, o legislador infraconstitucional manteve a prescrição trintenária para que o trabalhador pudesse acessar aquele patrimônio que lhe fora imposto em troca de sua antiga estabilidade. Infelizmente, a concretização do artigo caput do artigo 7º dura apenas um parágrafo, Barroso prossegue:

> No entanto, o prazo de trinta anos parece excessivo e desarrazoado, o que compromete o princípio da segurança jurídica. Para demonstrá-lo, basta constatar que tal lapso corresponde ao dobro do maior prazo de usucapião (CC, art. 1.238) e ao triplo do maior prazo prescricional hoje previsto na lei civil (CC, art. 205), bem como na legislação previdenciária (Lei nº 8.213/1991, arts. 103 e 103-A). Ademais, o prazo prescricional trintenário para o FGTS equivale a seis vezes o prazo geral aplicável no direito administrativo (Decreto nº 20.910/1932, art. 1º; Lei nº 9.784/1999, art. 54) e no direito tributário (CTN, arts. 173 e 174). Por fim, trinta anos é o prazo máximo para privação de liberdade no direito penal brasileiro (CP, art. 75), em razão da vedação constitucional às sanções de caráter perpétuo (CF, art. 5º, XLVII, b). Nem mesmo crimes graves, com pena privativa de liberdade superior a 12 anos, têm um prazo prescricional tão exagerado: o maior lapso do Código Penal é de 20 anos (art. 109, I), podendo ser aumentado de um terço se o condenado for reincidente (art. 110).
>
> A previsão de um prazo tão dilatado eterniza pretensões no tempo e estimula a litigiosidade – problema que já se tornou crônico no Brasil – em prejuízo da necessária estabilização das relações jurídicas. Nenhuma dívida pecuniária deveria poder ser cobrada judicialmente trinta anos depois de seu inadimplemento.

Assim, com poucas palavras e, sobretudo, expressando poucas razões, Barroso concluirá pela inconstitucionalidade do art. 23, § 5º, da Lei nº 8.038/1990 e do art. 55 do Decreto nº 99.684/1990. Porém, reconhecendo a pacificidade da jurisprudência, adere à modulação dos efeitos.

Na sequência do acórdão aparece, em seguida, um aditamento ao voto proposto pelo próprio Barroso:

> Eu cheguei a cogitar, Presidente, só para compartilhar a reflexão, de, em lugar de aplicar diretamente o prazo quinquenal, aplicar o maior prazo, que seria o prazo de dez anos previsto no Código Civil. Mas, depois de uma nova reflexão, eu acho que é melhor aplicar o prazo de cinco anos previsto na Constituição, deixando expressa a minha posição de que se o legislador entender que esse prazo protege deficientemente o empregado, ele pode alargá-lo, porém, não para trinta anos, porque esse prazo nós estamos considerando um prazo que vulnera a segurança jurídica.
> É como voto, Presidente.

Constitucionalista afamado, Barroso é, talvez, o mais proeminente divulgador do pós-positivismo no mundo jurídico brasileiro. Em determinado momento de seu "Curso de Direito Constitucional Contemporâneo: os conceitos fundamentais e a construção do novo modelo" (2010, pp. 256 e ss.), o jurista disserta sobre o princípio da razoabilidade e da proporcionalidade. Mesmo identificando a diversidade da origem e reconhecendo não ser posicionamento doutrinário unânime, Barroso reivindicará que "razoabilidade e proporcionalidade são conceitos próximos o suficiente para serem intercambiáveis, não havendo maior proveito metodológico ou prático na distinção", e, prossegue, com a elegância que é comum a seus textos:

> Mais fácil de ser sentido que conceituado, o princípio habitualmente se dilui num conjunto de proposições que não o libertam de uma dimensão bastante subjetiva. É razoável o que seja conforme à razão, supondo equilíbrio, moderação e harmonia; o que não seja arbitrário ou caprichoso; o que corresponda ao senso comum, aos valores vigentes em dado momento ou lugar. (p. 259)

Ao olhar pelo ângulo da produção normativa o autor fala dos "fatores invariavelmente presentes em toda ação relevante para a criação de direitos": motivos, fins e meios. Quando, no entanto, trata a norma sob o ângulo de sua interpretação e aplicação o autor fala dos subprincípios da adequação, necessidade e proporcionalidade em sentido estrito. Ao final, concluirá:

> Em resumo, o princípio da razoabilidade ou da proporcionalidade permite ao Judiciário invalidar atos legislativos ou administrativos quando: (a) não haja adequação entre o fim perseguido e o instrumento empregado; (b) a medida não seja exigível ou necessária, havendo meio alternativo para chegar ao mesmo resultado com menor ônus a um direito individual (vedação do excesso); (c) não haja proporcionalidade em sentido estrito, ou seja, o que se perde com a medida é de maior relevo do que aquilo que se ganha.

É, sem dúvida, um exuberante instrumental hermenêutico pós-positivista. Porém, diante da oportunidade de colocá-lo em prática, neste caso que analiso, Barroso até afirma que a norma é desarrazoada, ou seja, fere a razoabilidade, porém falha em justificar sua afirmação. Não identifica os motivos, meios e fins da norma; não examina adequação, necessidade ou proporcionalidade em sentido estrito. Diz que a prescrição trintenária – prevista expressamente em lei – feriria a segurança jurídica e passa a cogitar arbitrariamente outros prazos. Enfim, ironicamente, suscitando a falta de razoabilidade Barroso deixa de apresentar as razões de seu voto.

Rechaçando o pós-positivismo, Eros Grau dirá em seu "Por que tenho medo dos juízes? (a interpretação do direito e os princípios)":

> Os juízes despedaçam a segurança jurídica quando abusam do uso de 'princípios' e praticam – fazem-no cotidianamente! – os controles da proporcionalidade e da razoabilidade das leis. Insisto neste ponto: juízes não podem decidir subjetivamente, de acordo com seu senso de justiça. Estão vinculados pelo dever de aplicar o direito (a Constituição e as leis). Enquanto a jurisprudência do STF estiver fundada na ponderação entre

> princípios – isto é, na arbitrária formulação de juízos de valor –, a segurança jurídica estará sendo despedaçada! (2014a, p. 22).

Frente à crítica, os pós-positivistas recusam a pecha de arbítrio em suas ponderações recorrendo aos seus sofisticados procedimentos argumentativos, tais quais os que Barroso menciona em seu livro. Porém, se tais procedimentos não são postos em prática – como no caso em tela –, resta, apenas e tão somente, a arbitrária vontade do aplicador.

A próxima a votar é a ministra Rosa Weber. A juíza constitucional traz seu voto escrito, porém diante do encaminhamento das discussões prefere se pronunciar oralmente, desfazendo algumas das confusões que basearam o voto de seus colegas. Passo à análise de sua "Antecipação ao Voto" e, em seguida, destacarei algumas passagens do voto que Weber junta.

Magistrada trabalhista desde 1976, Rosa Maria Pires Weber recolocará a questão debatida com precisão. Em primeiro lugar, adverte para a responsabilidade que implica o controle de constitucionalidade, vez que o resultado poderá fazer o ordenamento evoluir, ou mesmo involuir. Tal involução, por sua vez, rechaçada pelo "princípio que veda o retrocesso".

Adentrando ao tema, Weber retoma aquilo que Barroso deixou entrever, porém descartou sem maiores motivos: o artigo 7º da CF/88 não estabelece um rol taxativo de direitos, já que expressamente afirma que irá elencar "direitos dos trabalhadores urbanos e rurais", reconhecendo, entretanto ("além de") "outros que visem à melhoria de sua condição social". A ministra dá voz à compatibilização entre o caput do artigo 7º da Constituição e o "princípio básico" que informa o direito do trabalho da "proteção do trabalhador, que objetiva, pura e simplesmente, restabelecer o equilíbrio dos 'pratos da balança'".

O argumento de Rosa Weber é elegante: de um lado, o direito do trabalho está baseado no princípio protetivo que tem como uma de suas três expressões a regra da norma mais favorável que, conforme a clássica lição de Américo Plá Rodriguez:

> determina que, no caso de haver mais de uma norma aplicável, deve-se optar por aquela que seja mais favorável, ainda que

> não seja a que corresponda aos critérios clássicos de hierarquia das normas (1978, p. 42).

De outro lado, quando a Constituição reconhece aos trabalhadores outros direitos que, apesar de não expressos entre os incisos do artigo 7º, "visem à melhoria de sua condição social", ela está aderindo à lógica justrabalhista inscrita no princípio (ou regra, segundo Plá Rodriguez) da norma mais favorável.

Isso significa, portanto, que o legislador infraconstitucional de 1990, ao manter a prescrição trintenária ao FGTS, não agiu contra mas protegido pela Constituição. Nas palavras de Rosa Weber:

> O princípio da proteção – o grande informador do direito do trabalho – possui, como uma de suas derivações, o princípio da norma mais favorável. Isso implica que, com relação à hierarquia das fontes formais no direito do trabalho, se diga que há uma inversão automática de tal maneira que o vértice da pirâmide trabalhista seja sempre ocupado pela norma mais favorável ao trabalhador. Com todo o respeito a quem compreende de forma diversa, nada impede que a Constituição tenha fixado prazo prescricional determinado – e o fez no art. 7º, XXIX – e que, em função de normas coletivas ou de normas outras, uma legislação infraconstitucional – como a Lei nº 8.036/1990 – expressamente assegure a prescrição trintenária para o Fundo de Garantia, por aplicação analógica e subsidiária, autorizada expressamente pelo art. 8º, parágrafo único, da CLT:
> "Parágrafo único. O direito comum será fonte subsidiária do direito do trabalho, naquilo em que não for incompatível com os princípios fundamentais deste."
> Nada impede, enfatizo, que contratualmente ou por negociação coletiva, ou ainda por legislação infraconstitucional, outros direitos sejam acrescidos.

A seguir, a jurista gaúcha tentará explicar, em resposta a Barroso, os limites da prescrição trintenária. Com precisão, tenta ilustrar que o reconhecimento da prescrição trintenária (1) não implica a revogação da prescrição bienal e (2) não implica a revogação da prescrição quinquenal quanto a verbas remuneratórias reconhecidas em juízo. Didaticamente, Weber tentará explicitar a seus pares:

> [...] a preocupação do eminente Ministro Luís Roberto também não existe, porque só se pode reclamar até dois anos depois de extinto o contrato de trabalho. Extinto o contrato de trabalho, passados dois anos, as pretensões acaso exercidas esbarrarão na prescrição. E se no curso do contrato de trabalho, ou ainda no curso desses dois anos que se sucedem à extinção do contrato de trabalho, o trabalhador reclamar os depósitos do Fundo de Garantia, há uma distinção quanto ao limite prescricional. Segundo a jurisprudência sumulada da Corte trabalhista, necessário distinguir os depósitos postulados. Não aplica a prescrição trintenária para todo e qualquer depósito pedido, mas somente quanto aos depósitos incidentes sobre aquilo que foi pago com natureza remuneratória pelo empregador no curso do contrato de trabalho. Por isso é que se faz essa distinção. Não poderia o Tribunal Superior do Trabalho desconsiderar o limite de dois anos após a extinção do contrato de trabalho, mas entendeu possível sim, à luz de norma mais benéfica, reconhecer o prazo prescricional de trinta anos, exclusivamente – repito – quanto àqueles depósitos que deveriam ter sido efetuados sobre as verbas remuneratórias pagas.
>
> Com relação às verbas remuneratórias não pagas, objeto de disputa judicial e de controvérsia, pleiteadas em juízo pelo empregado, quinquenal o prazo, até dois anos após a extinção do contrato de trabalho. Assim, exemplifico, quanto aos depósitos incidentes sobre horas extras pleiteadas, a prescrição é de cinco anos, hipótese em que os depósitos do Fundo atuam como o acessório e nessa medida seguem a sorte do principal. Se pronunciada a prescrição quinquenal quanto às horas extras trabalhadas, com o deferimento do pagamento das horas extras relativas apenas aos últimos cinco anos, os depósitos do FGTS deferidos serão apenas também os dos últimos cinco anos.

Quanto à questão da natureza do FGTS, a ministra repisará seu caráter complexo a partir da diversidade de recursos que o compõem, conforme estabelecido no art. 59, parágrafo único do Decreto nº 99.684/90. Profunda conhecedora da produção doutrinária trabalhista Weber afasta o marco teórico de Mendes, afirmando:

> Sérgio Pinto Martins é magistrado do trabalho, paulista, e, a meu ver, uma voz quase isolada no ponto de vista aqui destacado. Não lembro de um doutrinador que afirme a condição exclusiva de direito trabalhista do Fundo de Garantia [...]

Ao final, a ministra Weber encerra reafirmando seu principal argumento: o da harmonia entre a norma constitucional que prevê a prescrição trabalhista quinquenal e a norma infraconstitucional que estabelece a prescrição trintenária, a partir da aplicação do princípio da norma mais favorável, legitimado pela parte final do artigo 7º da Constituição:

> Lembro, todavia, o magistério doutrinário do Ministro Maurício Godinho Delgado, hoje, a meu juízo, o maior doutrinador trabalhista vivo, no sentido, justamente, da harmonia do art. 23, § 5º, da Lei nº 8.036 com o art. 7º, XXIX, da Constituição, com amparo no art. 8º, parágrafo único, da CLT e em toda essa construção que acabo de lembrar.
> Nessa linha, respeitosamente, nego provimento ao recurso, Senhor Presidente.

Do voto escrito da ministra Rosa Weber destaco sua parte final, quando a jurista se esforça para explicar o que, de fato, estava em discussão:

> Em relação aos demais direitos constitucionalmente previstos, a prescrição – instituto idealizado para proteger o bom pagador, para apaziguar as relações jurídicas – surge para legitimar o inadimplemento por parte do empregador. À exceção dos empregados públicos, são raros (ou inexistentes) os trabalhadores que buscam o Judiciário no curso do contrato de trabalho para a reivindicação de seus direitos.

> Costumamos dizer que a Justiça do Trabalho é a Justiça dos desempregados, pois apenas após a extinção do vínculo, o trabalhador se sente desimpedido para reivindicar seus direitos. Lamentavelmente, com o término do vínculo laboral, o empregado somente poderá lutar pelas parcelas do último quinquênio – contado da propositura da demanda. Assim, se, após a extinção contratual o ajuizamento da demanda demorar a) um ano, em tese, no máximo, apenas os direitos dos últimos quatro anos de emprego lhe serão alcançados, b) mais de dois anos, nada mais conseguirá obter em relação ao contrato extinto.

Infelizmente, a ministra deixou de ler na sessão o poderoso parágrafo de conclusão de seu voto:

> O FGTS é direito importante para o trabalhador simples, que, após anos de labor árduo, sonha com o dia feliz de resgatá-lo para dar de entrada da casa própria. O FGTS é direito essencial para o trabalhador pobre, que, na tristeza de determinadas enfermidades, encontra no saque do fundo algum amparo para a dor daqueles que "não têm de onde tirar". O FGTS é direito sagrado para a maior parte da população deste País, que não recebeu e não recebe do Estado qualquer privilégio.

O próximo a votar é Luiz Fux que, após elogiar o voto daquela que o antecedeu, proclama retoricamente: "*altro tempo altro diritto*, nós estamos num novo tempo, tem que haver um novo Direito". A frase de efeito de Fux é correta, aplicando-se, sobremaneira, ao próprio ministro, que reconhece que acreditava que a multa imposta ao empregador em decorrência da dispensa imotivada mantinha-se em 10%, ao invés dos 40% prescritos pelo art. 10, I do ADCT:

> [...] para que serve o Fundo de Garantia? O Fundo de Garantia serve para fazer face à antiga estabilidade que impedia a despedida do empregado depois de um certo prazo. Então, o Fundo de Garantia, ele fazia esse contraponto. Então, o empregado é despedido e levanta o Fundo de Garantia, e que sai essa verba de 40% - que eu imaginei que fosse 10%.

Ao continuar seu voto, Fux deixa de lado os equívocos e parte para a excentricidade:

> Senhor Presidente, o Direito vive para o homem, não o homem para o Direito. Será que a gente pode imaginar que uma pessoa vai viver de Fundo de Garantia trinta anos? Não vai viver de Fundo de Garantia trinta anos. Vai mandado embora, levanta o Fundo e vai arranjar outro emprego. Mas suponhamos uma tragédia maior: não arranja um outro emprego. Aí, sim, poder-se-ia, *ad argumentandum*, falar em princípio da vedação ao retrocesso. Bom, o sujeito foi embora; o Fundo de Garantia, ele pode cobrar durante trinta anos. Ele vai se aguentando até que, no último ano desses trinta anos, ele quer levantar o Fundo. Mas não é isso que acontece. Só há vedação ao retrocesso quando não existem mecanismos de compensação. E hoje, Senhor Presidente, tem todos os mecanismos de compensação: tem seguro-desemprego, tem bolsa família, tem minha casa e minha vida, tem tudo o que uma pessoa desempregada não faz força para ter e tem.
>
> De sorte que não é retrocesso nenhum nós entendermos que o Fundo de Garantia e a ação que o veicula é uma ação decorrente de acidente de trabalho.

Esforçando-me para tentar extrair alguma razão de decidir de seu voto, ensaiaria que o ministro Luiz Fux faz uso de dois argumentos principais.

O primeiro é que a prescrição trintenária não poderia incidir sobre uma verba acessória, qual fosse o recolhimento do FGTS, sendo que incidiria sobre a verba principal, o pagamento de salário, a prescrição quinquenal. É o que proponho extrair a partir de uma generosa interpretação do seguinte trecho:

> À semelhança do que ontem nós estabelecemos, aqui a repercussão geral é saber se prevalece o prazo trintenário de prescrição para a cobrança de valores não recolhidos em reclamação trabalhista. Essa reclamação trabalhista, a petição inicial da reclamação trabalhista traz como verba acessória - então, veja logo a *contraditio* que encerraria isso, os salários

> prescrevem em cinco anos, agora aqui a verba acessória de Fundo de Garantia vai prescrever em trinta. Então, só isso já não se torna harmônico com a lógica jurídica. Então, na petição inicial pede-se o Fundo de Garantia, a diferença do Fundo de Garantia. Entendo como base de cálculo as remunerações que aqui também são reclamadas. Então, é uma verba acessória da contraprestação do trabalhador. Então, em primeiro lugar.

O segundo argumento, por sua vez, consistiria em uma difusa afirmação de que o prazo trintenário feriria a razoabilidade e a segurança jurídica porque não haveria outro prazo trintenário na legislação e porque um prazo trintenário representaria, do ponto de vista fático, uma imprescritibilidade. É o que, com muita boa vontade, talvez, poderia ser extraído quando Fux afirma que:

> Em segundo lugar, Senhor Presidente, todos os direitos arrolados no artigo 7º são direitos importantíssimos e não deixam de ser prescritíveis. No meu modo de ver, não há direito mais importante do trabalhador, até para não gerar o enriquecimento sem causa do empregador, de receber os seus salários. Esse direito, quase que um direito natural, porque a Constituição veda o trabalho escravo e o trabalho gratuito. E esse direito é prescritível. E por que o direito de cobrar o Fundo de Garantia seria quase que imprescritível, submetido a um prazo de trinta anos? Tributos não sofrem a incidência desse prazo. O próprio direito de receber o salário é de cinco anos. E nada justificaria que essa verba acessória prescrevesse muito depois da própria verba principal, porque o acessório é que segue o principal, e não o principal que fica dependendo do acessório.

O ministro sucessor de Eros Grau, por fim, concluirá seu voto acompanhando o relator, cujo voto perpassaria "pelo teste da razoabilidade legal e judicial, sem prejuízo de ser extremamente justo e conferidor de segurança jurídica com essa modulação que foi engendrada".

Diante do pronunciamento de Fux, Rosa Weber tentará, de maneira muito polida, ainda mais uma vez, explicar os equívocos dos argumentos de seu colega, porém o ministro Luiz Fux rejeita expressamente a tentativa de diálogo:

> Min. Rosa Weber: Senhor Presidente, permita-me uma pequena observação. Talvez eu não tenha deixado claro quando votei. Os depósitos do FGTS correspondem a direito acessório quando se está a postular em juízo verbas remuneratórias não pagas. Ministro Fux, talvez eu tenha compreendido mal, mas, ao fazer a leitura da inicial, de quais depósitos se trata neste caso? De depósitos incidentes sobre verbas que foram pagas quando a trabalhadora estava a prestar serviço no exterior. Ela recebeu determinadas verbas de caráter remuneratório e, com relação a essas utilidades, não houve o recolhimento do Fundo de Garantia. Por isso, nesse caso, seria aplicável a Súmula nº 362 do TST, e não a prescrição quinquenal. O prazo de cinco anos aplicar-se-ia no caso de depósitos atinentes a verbas não pagas.
> Min. Luiz Fux: Não, eu já manifestei respeito pela posição de Vossa Excelência.
> Min. Rosa Weber: Obrigada

A partir deste momento, até o final da sessão, só há o registro de uma única manifestação da ministra Rosa Weber, durante a discussão da modulação dos efeitos, em que, interrompida por Fux, ela não concluirá sua frase:

> Min. Teori Zavascki: Tem que saber o que está se modulando.
> Min. Rosa Weber: O inciso XXIII, que foi declarado inconstitucional, é das ações...
> Min. Luiz Fux: Presidente, aqui é questão trabalhista, eu não tenho a menor dúvida. Mas, *mutatis mutandis*, se os tributos se submetem ao prazo quinquenal, se os particulares promoveram ação contra a Fazenda Pública e submetem ao prazo quinquenal, qual o temor de estabelecer que o fundo tem cinco anos para cobrar isso? É até uma questão isonômica. O Fundo não é...

Ainda que não tenha a ver com o objeto desta obra, deixo registrada uma observação que talvez possa ser desenvolvida em outros esforços investigativos. A posição de Fux em recusar o debate e a automática resposta de Weber agradecendo me remeteram ao fato de que em sua antecipação de voto a única jurista que demonstrou compreender profundamente a questão em julgamento fez uso, por nove vezes, da expressão "com todo respeito".

Furto-me de retirar conclusões sobre o fato, mas, de alguma forma, intuo que as explicações perpassem a advertência feita por Cármen Lúcia na sessão de 10 de maio de 2017, em que, segundo se noticia (CARTA CAPITAL, 2017), a então Presidente da corte fez referência ao artigo acadêmico "*Justice, Interrupted: The Effect of Gender, Ideology and Seniority at Supreme Court Oral Arguments*", de Tonja Jacobi e Dylan Schweers:

> Foi feita agora uma pesquisa, já dei ciência à ministra Rosa, em todos os tribunais constitucionais onde há mulheres, o número de vezes em que as mulheres são aparteadas é 18 vezes maior do que entre os ministros... E a ministra Sotomayor me perguntou: como é lá? Lá, em geral, eu e a Ministra Rosa, não nos deixam falar, então nós não somos interrompidas. Mas agora é a vez de a Ministra, por direito constitucional, votar. Tem a palavra, Ministra.

De volta ao ARE nº 709.212, coube justamente à ministra Cármen Lúcia pronunciar-se após o voto de Luiz Fux. Seu voto é curto e genérico, aderindo à posição do relator por concordar quanto à natureza trabalhista do FGTS:

> Entretanto, Presidente, vou pedir vênia ao Ministro Teori Zavascki e à Ministra Rosa Weber e negar provimento com a modulação de efeitos proposta pelo Ministro Gilmar Mendes, por me parecer que efetivamente, como posto de maneira muito bem fundamentada, sendo de natureza trabalhista e sendo norma que na interpretação, digamos, atualizada na dinâmica do Direito com a atual interpretação dada até mesmo por este Supremo Tribunal Federal à matéria, mas se coaduna com as regras que estão a prevalecer com o sistema [...]
> Entretanto, o Direito é dinâmico, e essa proposta garante não apenas a razoabilidade, mas especialmente o princípio da segurança jurídica, que aqui não teria sido quebrado.

Desenhando-se o resultado, seguem os ministros Marco Aurélio e Celso de Mello que, sem adicionarem novos argumentos (a não ser quanto à modulação de efeitos, rejeitada por Marco Aurélio) aderem ao posicionamento do relator Gilmar Mendes.

Por fim, votará brevemente o presidente, ministro Ricardo Lewandowski, que, apaziguador, inicia dizendo-se sensibilizado pelos argumentos de Zavascki e Weber, que destacam a variedade de "verbas que compõem o Fundo de Garantia", o que, somada à destinação de "financiar o Sistema Financeiro de Habitação" o levaria a concluir que "é um fundo que transcende um simples direito do trabalhador".

Porém, sustentará Lewandowski, citando Fux, Mendes e Barroso, foram argumentos que o convenceram a seguir o relator: a predominância da "natureza trabalhista do Fundo de Garantia", a compreensão de ser "absolutamente irrazoável o prazo de trinta anos, comparando-se com outros prazos prescricionais" e, por fim, o fato de que:

> hoje a Fazenda Pública está devidamente aparelhada em todo o território nacional para agir rapidamente, cobrar os seus direitos, e, portanto, esse prazo de cinco anos, o prazo quinquenal, que corresponde à prescrição administrativa e à prescrição tributária, é mais do que suficiente para que eventuais recursos do Fundo sejam recuperados.

Foi, portanto, assim, que, por maioria, vencidos Teori Albino Zavascki e Rosa Maria Pires Weber, o STF extinguiu a prescrição trintenária do FGTS, declarando a inconstitucionalidade do art. 23, § 5º, da Lei nº 8.036/1990, e do art. 55 do Decreto nº 99.684/1990.

## 4.2 Programa de Demissão Voluntária

É comum no jargão jurídico a utilização da expressão "jurisprudência pacífica", bem como suas variações, como "jurisprudência mansa e pacífica", "jurisprudência consolidada", entre outras. No contexto da prática judicial a expressão é utilizada para legitimar determinada posição. Recorre-se a uma suposta tradição para daí se extrair que toda a comunidade jurídica reconheceria a legitimidade daquilo que se pleiteia. Falo em "suposta tradição" porque a utilização da expressão nem sempre condiz com a verdade. É comum que operadores do direito lancem mão de tal argumento mesmo quando tal mansidão, pacificidade ou consolidação simplesmente não existam.

Não obstante, no caso da natureza infraconstitucional do tema tratado no RE nº 590415/SC posso afirmar que até meados de abril de 2015 a jurisprudência do Supremo Tribunal Federal era mansa, pacífica e consolidada. Quase sem qualquer tipo de dissonância, de voz contrária ao entendimento de que questões acerca de programa de demissão voluntária não suscitariam a análise do guardião da Constituição. Digo, desta vez, "quase", porque há uma manifestação, quando da discussão sobre a existência ou não de repercussão geral no caso em que esta unanimidade fora perturbada. Logo retornarei ao tema.

Enquanto trabalhava com o universo da dinâmica jurisdicional do primeiro movimento esta tendência de não processamento do mérito dos Recursos Extraordinários que tratavam de PDV já se desenhava. Ali, anotei seis casos como sob a categoria "PDV", quais foram:

| Id | Processo | Relator | Data | Juízo |
|---|---|---|---|---|
| S536 | RE-AgR 568085 / SC | ELLEN | 02/12/2008 | processual |
| S114 | AI-AgR 803037 / SP | FUX | 23/03/2011 | processual |
| S216 | ARE-AgR 665710 / GO | GILMAR | 05/06/2012 | processual |
| S066 | AI-AgR 638225 / AM | TEORI | 16/12/2014 | processual |
| S504 | RE 590415 / SC | BARROSO | 30/04/2015 | mérito |
| S212 | ARE-AgR 661720 / PR | GILMAR | 08/03/2016 | processual |

Figura 3

No entanto, ao debruçar-me sob o primeiro indivíduo (S536) vi que a ministra relatora fundamentou sua decisão em muitos outros casos que não figuraram na pesquisa que levei a cabo e descrevi no primeiro movimento. Tentei buscar respostas para tal problema e percebi que muitos dos julgados citados não faziam qualquer referência à palavra "trabalho" ou "trabalhista" em suas ementas. Cito como exemplo o Agravo Regimental no Agravo de Instrumento nº 628.086-4, de relatoria do ministro Joaquim Barbosa, julgado em 18 de dezembro de 2007 no âmbito da Segunda Turma:

> EMENTA: AGRAVO REGIMENTAL. PLANO DE DEMISSÃO VOLUNTÁRIA. ALEGAÇÃO DE OFENSA AO ATO JURÍDICO PERFEITO. MATÉRIA INFRACONSTITUCIONAL. OFENSA REFLEXA.
> De acordo com a jurisprudência deste Tribunal, a controvérsia relativa a plano de demissão voluntária encontra-se no âmbito infraconstitucional. Por essa razão, incabível o recurso extraordinário, visto que não há ofensa direta à Constituição federal. Agravo regimental a que se nega provimento.

Do ponto de vista da integridade desta obra deixo anotado este desafio como um dos pontos de descoberta concreta do trabalho: a necessidade de incluir de maneira separada termos relativos a programas de demissão voluntária, bem como denominações similares. Não obstante, tendo em vista a uniformidade das decisões – o que irei explicitar a seguir – sustento que a não inclusão de tais julgados não compromete os resultados que construí no primeiro movimento.

De toda sorte, preocupado recorri novamente ao banco de dados do STF, porém, como afirmei no primeiro movimento deste trabalho, durante a confecção da pesquisa o tribunal alterou radicalmente as configurações do sistema de busca. Ainda que não tenha intimidade com o novo sistema encontrei até 28 de abril de 2015 um universo de 70 acórdãos[62] e 346 decisões monocráticas em que não há – à exceção da discussão da repercussão geral< à qual já me referi – qualquer posicionamento no sentido de reconhecer a constitucionalidade do tema.

Daí ser possível afirmar que independentemente de quem fosse o ministro,[63] de qual Presidente da República o tinha indicado, se só servira no regime pós-88 ou se tivesse ingressado durante a ditadura militar, todos aqueles que se depararam com a questão do PDV no STF reconheceram que o tema não era de índole constitucional.

[62] Utilizei a seguinte chave de busca: "demissão voluntária" ou "dispensa incentivada" ou "demissão incentivada" ou "desligamento voluntário" não "militar". A plataforma, por sua vez, disponibilizou o seguinte link para seu acesso: <https://jurisprudencia.stf.jus.br/pages/search?base=acordaos&pesquisa_inteiro_teor=false&sinonimo=true&plural=true&radicais=false&buscaExata=true&julgamento_data=-28042015&page=1&pageSize=10&queryString=%22demiss%C3%A3o%20volunt%C3%A1ria%22%20ou%20%22dispensa%20incentivada%22%20ou%20%22demiss%C3%A3o%20incentivada%22%20ou%20%22desligamento%20volunt%C3%A1rio%22%20n%C3%A3o%20%22militar%22&sort=_score&sortBy=desc>. Acesso em 28/03/2021.

[63] Neste período, aparecem julgados relatados pelos Ministros: Marco Aurélio, Gilmar Mendes, Ricardo Lewandowski, Cármen Lúcia, Dias Toffoli, Luiz Fux, Roberto Barroso, Ayres Britto, Celso de Mello, Cezar Peluso, Ellen Gracie, Eros Grau, Joaquim Barbosa, Menezes Direito, Mário Guimarães, Nelson Jobim, Sepúlveda Pertence e Teori Zavascki.

Essas afirmações são válidas quando relativas até o dia 30 de abril de 2015, quando o ministro Luís Roberto Barroso traz ao Plenário seu voto de relator do Recurso Extraordinário nº 590415, dando início a um novo momento da questão.

Identifico que o que está em jogo, neste caso, é a amplitude que se deveria dar à redação do artigo 477, §2º da CLT, que dizia[64]:

> CLT, art. 477 - É assegurado a todo empregado, não existindo prazo estipulado para a terminação do respectivo contrato, e quando não haja ele dado motivo para cessação das relações de trabalho, o direito de haver do empregador uma indenização, paga na base da maior remuneração que tenha percebido na mesma empresa.
> § 1º - O pedido de demissão ou recibo de quitação de rescisão, do contrato de trabalho, firmado por empregado com mais de 1 (um) ano de serviço, só será válido quando feito com a assistência do respectivo Sindicato ou perante a autoridade do Ministério do Trabalho e Previdência Social
> § 2º - O instrumento de rescisão ou recibo de quitação, qualquer que seja a causa ou forma de dissolução do contrato, deve ter especificada a natureza de cada parcela paga ao empregado e discriminado o seu valor, sendo válida a quitação, apenas, relativamente às mesmas parcelas.

Com isso, desde 1968, quando da Lei nº 5.562, vige no sistema trabalhista brasileiro a proposição de que diante do encerramento da relação de emprego o trabalhador deverá receber um instrumento de rescisão, o qual "deve ter especificada a natureza de cada parcela paga ao empregado e discriminado o seu valor". O objetivo do dispositivo é garantir que o empregado que tem seu vínculo encerrado possa, ao menos, conferir o valor e a composição daquilo que recebeu a título de verbas rescisórias. Daí, continua o art. 477, §2º, apenas os valores pagos que discriminam a sua razão de ser – por exemplo: R$ 1.000,00 de férias não gozadas – é que teriam a quitação validada pelo ordenamento jurídico: "sendo válida a quitação apenas relativamente às mesmas parcelas".

[64] Utilizarei a redação inscrita na CLT à época da discussão. A Lei nº 13.467, de 2017, alterou o artigo 477, porém não modificou seu parágrafo segundo.

A norma é quase banal: não tem sequer o caráter de proteção ao hipossuficiente; simplesmente, tal qual se opera no Direito Civil, nos termos do art. 320 do CC/02, fixa um direito do credor: a de poder identificar aquilo pelo qual está sendo pago.

No bojo da crise do neoliberalismo dos anos 1990, grandes empresas passaram a praticar a demissão em massa. Diante das dificuldades que enfrentavam a partir de mobilização de categorias organizadas, organizaram programas que tentavam tornar financeiramente atrativa a extinção da relação de emprego para os trabalhadores, ou seja, caso aderissem, receberiam, além daquilo que lhes seria devido pela demissão, também um "montante pecuniário significativo, de natureza indenizatória, reparando o prejuízo com a perda do emprego" (DELGADO, 2019, p. 1406).

Daí a questão: diante de tais programas, seria necessário seguir o comando do art. 477, §2º? Particularmente, não encontro no ordenamento jurídico pátrio qualquer motivo para excluir as grandes empresas da obrigação legal de discriminar o valor das verbas rescisórias pagas aos seus empregados. Sim, porque do ponto de vista fático apenas grandes empresas possuem capacidade financeira de propor um programa de demissão voluntária.

Independentemente da minha opinião, o TST consolidou a questão por meio da Orientação Jurisprudencial nº 270 da SDI-1 e da sua Súmula nº 330, cujos textos eu reproduzo a seguir:

> OJ nº 270 da SDI-1 do TST: PROGRAMA DE INCENTIVO À DEMISSÃO VOLUNTÁRIA. TRANSAÇÃO EXTRAJUDICIAL. PARCELAS ORIUNDAS DO EXTINTO CONTRATO DE TRABALHO. EFEITOS (inserida em 27/09/2002)
> A transação extrajudicial que importa rescisão do contrato de trabalho ante a adesão do empregado a plano de demissão voluntária implica quitação exclusivamente das parcelas e valores constantes do recibo.
> Súmula nº 330 do TST: QUITAÇÃO. VALIDADE (mantida) - Res. 121/2003, DJ 19, 20 e 21/11/2003.
> A quitação passada pelo empregado, com assistência de entidade sindical de sua categoria, ao empregador, com observância dos requisitos exigidos nos parágrafos do art. 477 da CLT, tem eficácia liberatória em relação às parcelas expressamente

> consignadas no recibo, salvo se oposta ressalva expressa e especificada ao valor dado à parcela ou parcelas impugnadas.
> I - A quitação não abrange parcelas não consignadas no recibo de quitação e, consequentemente, seus reflexos em outras parcelas, ainda que estas constem desse recibo.
> II - Quanto a direitos que deveriam ter sido satisfeitos durante a vigência do contrato de trabalho, a quitação é válida em relação ao período expressamente consignado no recibo de quitação.

Aliás, com relação a esta última aproveito para consignar as redações que constam no histórico da Súmula:

> Histórico:
> Súmula alterada - Res. 108/2001, DJ 18, 19 e 20/04/2001
> Súmula mantida e republicada com explicitação - RA nº 4/1994, DJ 18, 28/02/1994 e 02/03/1994
> Nº 330 Quitação. Validade. Revisão da Súmula nº 41
> A quitação passada pelo empregado, com assistência de entidade sindical de sua categoria, ao empregador, com observância dos requisitos exigidos nos parágrafos do artigo 477, da Consolidação das Leis do Trabalho, tem eficácia liberatória em relação às parcelas expressamente consignadas no recibo, salvo se oposta ressalva expressa e especificada ao valor dado à parcela ou parcelas impugnadas.
>
> Redação original (revisão da Súmula nº 41) - Res. 22/1993, DJ 21, 28/12/1993 e 04/01/1994
> Nº 330 Quitação. Validade. Revisão da Súmula nº 41
> A quitação passada pelo empregado, com assistência de Entidade Sindical de sua categoria, ao empregador, com observância dos requisitos exigidos nos parágrafos do art. 477 da Consolidação das Leis do Trabalho, tem eficácia liberatória em relação às parcelas expressamente consignadas no recibo.

Trocando em miúdos: desde 1993 o TST já consolidara a posição segundo a qual a quitação passada pelo empregado "tem eficácia liberatória em relação às parcelas expressamente consignadas no recibo". Em 1993 a posição ainda foi complementada: só há quitação em relação às parcelas consignadas no recibo, "salvo se oposta ressalva expressa e especificada ao valor dado à parcela ou parcelas impugnadas". Em 2002, a Seção de Dissídios Individuais nº 1 do TST explicitou que tal entendimento, como não poderia deixar de ser, também se aplica no caso do PDV: "A transação extrajudicial que importa rescisão do contrato de trabalho ante à adesão do empregado a plano de demissão voluntária implica quitação exclusivamente das parcelas e valores constantes do recibo".

Assim, pela reconstrução histórica de tais jurisprudências consolidadas é possível afirmar que pelo menos desde 1993 – para não dizer desde 1968 – se reconhece que a quitação geral só tinha eficácia liberatória quanto às parcelas discriminadas.

Mesmo diante deste quadro normativo-jurisprudencial, o Banco do Estado de Santa Catarina S/A (BESC) decidiu criar um Plano de Dispensa Incentivada, no qual o trabalhador deveria outorgar quitação ampla e irrestrita a qualquer verba trabalhista. Segundo anota o relator, constava do Regulamento do PDI/2001 a seguinte disposição:

> A adesão individual do empregado ao PDI/2001, com consequente recebimento dos valores pagos a título de rescisão contratual e indenização, implicará plena, geral e irrestrita quitação de todas as verbas decorrentes do extinto contrato de trabalho, não havendo sobre ele nada mais a reclamar, pleitear a qualquer título.
> 2.5.1. A quitação integral de todas as verbas do contrato de trabalho, a que se refere o disposto no item anterior, tem o condão de conferir eficácia liberatória geral.

Conforme demonstrei, muito antes de 2001 a legislação trabalhista, bem como a jurisprudência do TST, impunham a necessidade da especificação da verba. De forma mais nítida: não estava proibida a quitação de todas as dívidas, porém ela estava condicionada à explicitação do que estava sendo pago, bem como, por óbvio, ao seu pagamento. Ainda assim, a empresa estatal decidiu ignorar a expressa previsão do art. 477, § 2º da CLT.

Consta do voto do relator que o sindicato da categoria profissional resistiu à negociação do PDV:

> A quitação, em tais condições, foi objeto de acordo coletivo, cujos termos, em razão da resistência do sindicato a parte de suas cláusulas, foram aprovados, primeiramente, pelos próprios trabalhadores, por meio de assembleia dos trabalhadores convocada para esse fim. Posteriormente, o sindicato, cedendo às pressões da categoria, convocou assembleia sindical pela qual convalidou a decisão tomada pela assembleia dos trabalhadores.

Em outro momento, Barroso traz os seguintes dados:

> Especificamente sobre a vontade manifestada pela categoria em favor da celebração do acordo coletivo, o acórdão confirma que as negociações desenvolveram-se ao longo de vários meses, com ampla participação dos empregados; que as entidades sindicais foram pressionadas pelos trabalhadores a convocar assembleias para deliberar sobre a proposta de PDI; e que, quando convocadas as assembleias, compareceram 97,14% dos associados dos sindicatos réus – que correspondiam a 77,85% do quadro funcional do BESC lotado nas respectivas bases – tendo-se decidido por 97,69% dos presentes pela aprovação do acordo coletivo nas condições propostas pelo Banco.

E, ao final, afirma que:

> É importante notar, contudo, que, no caso em exame, a participação direta dos trabalhadores no processo de negociação do PDI e do acordo coletivo que o aprovou demonstra a efetiva mobilização de toda a categoria em torno do assunto. Lembre-se de que, diante das resistências do sindicato em convocar assembleia para deliberar sobre o assunto, os trabalhadores convocaram assembleia própria, pela qual decidiram aprová-lo. Na sequência, pressionaram o sindicato, foram às ruas, manifestaram-se às portas do TRT, até que a assembleia sindical fosse convocada. Uma vez convocada, compareceram a ela e convalidaram a aprovação já deliberada pelos trabalhadores.

Apesar da resistência do sindicato dos trabalhadores – que, diga-se de passagem, parece ter cumprido papel bastante digno em tal negociação, rechaçando-a e só participando quando obrigado pela categoria – a norma coletiva foi firmada. Vários trabalhadores aderiram ao Programa de Dispensa Incentivada do BESC, receberam valores não discriminados e, assim, deram "plena, geral e irrestrita quitação de todas as verbas decorrentes do extinto contrato de trabalho".

Uma das empregadas do BESC que aderiu ao PDI/2001 é a que figura como recorrida deste RE nº 590415 que estou analisando. Certo tempo depois de receber os valores de sua adesão ao PDI (R$133.636,24), ela ingressa com Reclamação Trabalhista contra seu antigo empregador reclamando verbas rescisórias que não estavam discriminadas no instrumento que ela assinou. *Quelle surprise!*

Em primeira e segunda instâncias a Reclamante não logrou êxito em seu pleito, quando, porém, perante o TST, a mais alta corte em matéria trabalhista no país decidiu o que já estava sumulado; segundo consta do relatório:

> Entretanto, o TST deu provimento ao recurso de revista da reclamante, argumentando que: i) a quitação somente libera o empregador das parcelas estritamente lançadas no termo de rescisão, a teor do art. 477, §2º, CLT; ii) todos os termos de rescisão de contratos de trabalho com o BESC mencionavam as mesmas parcelas como quitadas, nos mesmos percentuais indenizatórios, o que demonstraria que não foram precisadas as verbas rescisórias efetivamente devidas a cada trabalhador e seus valores, tendo-se elaborado mero documento *pro forma*, com a inclusão de todas as possíveis parcelas trabalhistas e percentuais hipotéticos; iii) a transação pressupõe concessões recíprocas a respeito de *res dubia*, elemento que inexistia no caso; iv) a transação interpreta-se restritivamente; v) os direitos trabalhistas são indisponíveis e, portanto, irrenunciáveis; vi) deve-se tratar "com naturais reservas" a transação extrajudicial no plano do Direito do Trabalho, "máxime se firmada na vigência do contrato de emprego".

O TST se pronunciou, era de se esperar que a questão acabasse por aí (*Roma locuta, causa finita*), afinal de contas, como demonstrei no início: o STF sempre reconheceu que recursos que discutem PDV não são capazes de provocar a jurisdição do guardião da Constituição. O Recurso Extraordinário é distribuído ao ministro Menezes Direito em 11 de julho de 2008, em 12 de fevereiro de 2009 o ministro vota pela ausência da repercussão geral, afirmando que:

> a jurisprudência das duas Turmas deste Supremo Tribunal Federal é pacífica no sentido de que a discussão acerca dos efeitos da adesão aos planos de demissão voluntária possui índole inconstitucional e, dessa forma, não abre a via do recurso extraordinário.

Complementando sua argumentação, Direito cita julgados de Ellen Gracie, Lewandowski, Celso de Mello, Peluso, além de um de sua própria lavra. No dia seguinte o Plenário Virtual é aberto para a discussão do Tema 152, intitulado "Renúncia genérica a direitos mediante adesão a plano de demissão voluntária". Marco Aurélio e Gilmar Mendes manifestam-se pela existência de Repercussão Geral, inclusive juntando votos. Ellen Gracie e Cezar Peluso, ambos citados no voto de Menezes Direito para fundamentar a inexistência de repercussão geral, se unem à divergência.

Em 5 de março de 2009 enfim o placar final. Afirmam não existir repercussão geral sete ministros: Menezes Direito, Ricardo Lewandowski, Celso de Mello, Ayres Britto, Joaquim Barbosa, Eros Grau e Cármen Lúcia. Afirmam existir repercussão os quatro ministros que citei: Marco Aurélio, Gilmar Mendes, Ellen Gracie e Cezar Peluso. Ou seja, placar de sete a quatro contrário à repercussão geral. O que significa, paradoxalmente, nos termos do artigo 102, § 3º da CF/88, o reconhecimento da repercussão geral suscitada:

> CF/88, art. 102. Compete ao Supremo Tribunal Federal, precipuamente, a guarda da Constituição, cabendo-lhe:
> § 3º No recurso extraordinário o recorrente deverá demonstrar a repercussão geral das questões constitucionais discutidas no caso, nos termos da lei, a fim de que o Tribunal examine a admissão do recurso, somente podendo recusá-lo pela manifestação de dois terços de seus membros.

O quórum para recusar a existência de repercussão geral é qualificado: dois terços dos membros, o que, no caso dos onze do STF, representa 7,3, ou seja, 8 ministros.[65] Mesmo assim a relatoria mantém-se com o ministro Carlos Alberto Menezes Direito, a qual só é alterada após seu falecimento em 1° de setembro de 2009. O ministro Joaquim Barbosa o sucede, portanto, nesta relatoria, porém consta nos andamentos do processo que em 26 de junho de 2013 Barbosa é substituído pelo ministro Roberto Barroso. Aliás, falando em sucessão, o próprio Recorrente foi sucedido: após longa negociação, o BESC foi incorporado pelo Banco do Brasil no final do segundo governo Lula.

Às vésperas do Dia do Trabalhador, em 30 de abril de 2015, Barroso apresenta seu voto.

Ao final do relatório o ministro delimita o tema nos seguintes termos:

> A questão que se coloca, portanto, pode ser assim formulada: a transação extrajudicial que importa rescisão do contrato de trabalho, em razão de adesão voluntária do empregado a plano de demissão incentivada, pode ensejar quitação ampla e irrestrita de todas as parcelas objeto do contrato de emprego, caso essa condição tenha constado expressamente do acordo coletivo que aprovou o plano? Ou, em outros termos: O acórdão do TST que recusa validade à transação com tal amplitude enseja violação ao ato jurídico perfeito (art. 5°, XXXVI, CF) ou ao direito dos trabalhadores ao reconhecimento dos acordos coletivos (art. 7°, XXVI, CF)?

O voto do relator, ministro Luis Roberto Barroso, é muito bem construído, dando voz a um discurso que foi expressamente e integralmente acolhido por todos os presentes – com a exceção da ministra Rosa Weber que, por ter participado do julgamento de origem, no TST, encontrava-se impedida e, diante de tal posição, apesar de presente, não se manifestou em qualquer momento.

O voto está dividido em nove pontos: I. A jurisprudência; II. Limitação da autonomia da vontade do empregado em razão da assime-

[65] Gostaria de registrar minha profunda gratidão à acadêmica e amiga Bruna de Bem Esteves que, com paciência aliada à competência técnica que lhe é peculiar, me fez entender que, infelizmente, não havia nenhum equívoco na contagem dos votos desta decisão em sede de repercussão geral.

tria de poder entre os sujeitos da relação individual de trabalho; III. Modelos justrabalhistas: o padrão corporativo-autoritário que predominou anteriormente à Constituição de 1988; IV. Constituição de 1988: transição para o modelo democrático; V. A autonomia coletiva da vontade e os princípios aplicáveis ao direito coletivo do trabalho; VI. A relação entre negociação coletiva e democracia: a maioridade cívica do trabalhador; VII. A relevância dos PDIs como mecanismo de mitigação dos danos gerados pelas demissões em massa; VIII. O caso concreto; IX. Esclarecimento final: os limites constitucionais da liberdade sindical. Ao final, há um último tópico denominado "Conclusão", no qual consta a proposta de dispositivo da decisão. Passo a análise de cada um dos argumentos trazidos.

No primeiro ponto, a pretexto de analisar a jurisprudência do tema Barroso divulga um cenário claudicante a partir do TST, no qual "julgados conflitantes sobre o assunto foram produzidos pelas turmas", até que em 2003 a Seção de Dissídios Coletivos do TST teria firmado o entendimento da "validade da quitação ampla do recibo passado em favor do BESC". Contando com esta decisão de novembro de 2003, de relatoria do Ministro Carlos Alberto Reis de Paula (TST-ROAA-471/2002-000-12-00.2), Roberto Barroso anota outros três julgados – todos do longínquo ano de 2001, relatados por Milton de Moura França (TST-RR-515.987/98.2), por, novamente, Reis de Paula (TST-RR-475.180-89.1998.5.12.5555) e por Ives Gandra Martins Filho (TST-RR-679586-20.2000.5.15.5555) – como argumento para sustentar a hesitação do TST.

Para reforçar esse estado de dúvida que rondaria o TST Barroso anota outros três acórdãos – um de 2012, relatado pelo ministro Guilherme Augusto Caputo Bastos (TST-RR-222400-80.2003.5.02.0020); outro, de 2011, relatado pelo ministro Horácio Raymundo de Senna Pires (TST-ED-RR-180500-21.2004.5.02.0461); e um último, também de 2011, relatado pelo ministro Fernando Eizo (TST-RR-115400-28.2001.5.02.0008).

Eis a construção – problemática – da premissa do voto de Luis Roberto Barroso: segundo decorre do quadro que ele apresentou, o Tribunal Superior do Trabalho não é capaz de consolidar uma solução uníssona ao problema, o que geraria insegurança jurídica, exigindo a atuação supremocrática. Não há qualquer menção à Súmula do TST nº 330, cuja última redação dará de 2003, nem tampouco à OJ nº 270 da SDI-1 do TST. Ambos os entendimentos consolidados são absolutamente ignorados (AMORIM, 2015, p. 145).

Se, portanto, a Justiça do Trabalho não consegue se decidir o caminho está aberto para que o Supremo Tribunal Federal solucione a questão à luz da Constituição Federal – pouco importando a redação cristalina do art. 477, §2º. O julgamento não é mais sobre se o dispositivo legal é aplicável também a grandes empresas; agora trata-se de se refletir sobre a autonomia da vontade do trabalhador:

> O enfrentamento da matéria impõe, portanto, a definição do alcance da autonomia da vontade no âmbito do Direito do Trabalho. Razões de ordens distintas são responsáveis por sua limitação, a saber: i) a condição de inferioridade em que se encontram os trabalhadores perante seu empregador; e ii) o modelo de normatização justrabalhista adotado pelo ordenamento positivo brasileiro.

O segundo ponto do voto de Barroso é curto. Nele, o ministro reconhece que, diante da "desigualdade econômica e de poder entre as partes, as normas que regem tais relações são voltadas à tutela do trabalhador". Ou seja, argumenta para reconhecer a lógica própria do direito do trabalho que pretende dar tratamento desigual (princípio protetivo) às partes desiguais (capital e trabalho) na medida de suas desigualdades (hipossuficiência), com vistas à superação da desigualdade. Porém, o faz sempre de forma limitada às relações individuais. Tudo isso para concluir que "tal assimetria entre empregador e empregados não se coloca – ao menos não com a mesma força – nas relações coletivas". Não deixa de ser curiosa a atenuação que Barroso insere em sua proposição, já que ela destoa do resto de seu argumento. Levando a sério esta primeira enunciação de Barroso, a expressão "ao menos não com a mesma força" indica que também nas relações coletivas há uma assimetria entre a entidade sindical profissional e o poder econômico. Esta assimetria não chega a ter "a mesma força" que a verificada entre o trabalhador tomado individualmente e a empresa, porém possui "ao menos" alguma força.

No terceiro ponto, intitulado "Modelos justrabalhistas: o padrão corporativo-autoritário que predominou anteriormente à Constituição de 1988", o constitucionalista pretende interpretar a limitação da autonomia da vontade no direito do trabalho a partir de uma disputa entre dois modelos: um no qual haveria predomínio de normas de origem autônoma e outro em que haveria o predomínio de normas de origem estatal.

De maneira maniqueísta, aduz basicamente que o modelo autônomo representaria a modernidade, a liberdade e a democracia, enquanto o modelo heterônomo representaria um "padrão corporativo-autoritário", de inspiração nazifascista que teria influenciado o Brasil e, citando Maurício Godinho Delgado, Amauri Mascaro Nascimento e Sérgio Pinto Martins, complementa:

> A institucionalização do Direito do Trabalho, no Brasil, teve por marco inicial o ano de 1930 e ocorreu até o final do governo de Getúlio Vargas, em 1945. Desenvolveu-se, portanto, durante um longo período político autoritário, marcado inclusive pela perseguição estatal às lideranças operárias, e manteve seus efeitos, mesmo durante os breves períodos democráticos, sem grandes inovações, até a Constituição de 1988. Criou-se, em tal período, o Ministério do Trabalho, Indústria e Comércio e o Departamento Nacional do Trabalho, e concebeu-se: i) a legislação profissional, minuciosa e protetiva, que foi reunida, em 1943, na Consolidação das Leis do Trabalho; ii) o sindicato único, reconhecido e controlado pelo Estado, que, por consequência, não respondia perante os trabalhadores que supostamente representava; iii) o imposto sindical, devido por todos que pertencessem à categoria profissional, independentemente de serem sócios; iv) a Justiça do Trabalho, prevista pela Constituição de 1937 e regulamentada em 1939.

Em 9 de junho de 2021, na condição de Presidente do Tribunal Superior Eleitoral, o ministro Luís Roberto Barroso foi até a Câmara dos Deputados para debater, entre outras questões, o enfrentamento às chamadas *fake news* no processo eleitoral. Na oportunidade, em resposta à indagação feita pela Deputada Federal Gleisi Hoffmann (PT-PR), Barroso afirmou categoricamente:

> Nós precisamos fazer uma frente (...) do bem de combate ao ódio, à mentira e às teorias conspiratórias. (...) Uma causa que precise de ódio, de mentira e de agressão não pode ser uma causa boa (...). É simplesmente não fazer aos outros o que

> você não quer que façam com você; e, portanto, não dá para repassar a notícia falsa que ataca o candidato que a gente não gosta e depois ficar indignado quando fazem o mesmo com o candidato que a gente apoia. Portanto, é preciso universalizar a correção: é não fazer e não querer que façam consigo mesmo. Mas eu acho que o enfrentamento às notícias falsas é a causa da humanidade nesse momento; e elevar o patamar ético e civilizatório das relações humanas.66

Compartilho com o ministro Barroso da opinião de que novas formas de disseminação eletrônica de informações falsas colocam em risco as democracias liberais de todo o planeta. Não é necessário atravessar o Oceano Atlântico e recorrer ao Brexit quando temos em nossa história recente o exemplo do papel decisivo que as *fake news* desempenharam nas eleições de 2018 (MELLO, 2020, p.47).[67]

De toda sorte, é curioso que justamente aquele que, quando em Londres, participando do "Brazil Forum UK 2017", espalhou notícias falsas sobre a Justiça do Trabalho brasileira. O ministro nomeado por Dilma Rousseff[68] afirmou em sua palestra que:

> [...] a gente, na vida, tem que trabalhar com fatos, e não com as escolhas ideológicas prévias. O Brasil, sozinho, tem 98% das reclamações trabalhistas do mundo. O Citibank saiu do Brasil na operação de varejo porque tinha 1% da sua receita no Brasil e 93% das reclamações trabalhistas. Eu quero dizer que sou a favor da Justiça do Trabalho, tenho amigos na Justiça do Trabalho, sou a favor dos Direitos dos Trabalhadores, núcleo fundamental... não é isso que está em questão. Mas há alguma

[66] https://youtu.be/lxb60sv5Kcg?t=7850

[67] Apesar de seus instrumentos serem constantemente atualizados, a desinformação não é um fenômeno novo: em 1989, utilizou-se das ondas de TV para operar vigorosamente no segundo turno das eleições presidenciais e, em 2018, utilizou-se dos aplicativos de mensagens para mudar os rumos das eleições e do país, conforme relata a jornalista Patrícia Campos Mello (2020, p. 47).

[68] Felipe Recondo e Luiz Weber afirmam que na edição do ano seguinte deste mesmo evento Barroso e Dilma foram sentados lado a lado no mesmo avião. Os jornalistas anotam que: "Dilma teve de viajar ao lado de Barroso por cerca de onze horas. A conversa entre os dois, contudo, não durou mais que alguns minutos. Quando a aeronave pousou, a presidente foi se queixar com Laura Carvalho (...). E relatou que logo no começo do voo ela e Barroso decidiram que era melhor não conversar, e permaneceram em silêncio absoluto por todo o Atlântico. "E fui eu que o indiquei", ela lamentou" (2019, p. 81).

> coisa errada num sistema em que o Brasil sozinho tem mais reclamação trabalhista do que o mundo inteiro. E, portanto, nós precisamos pensar também neste capítulo. (BARROSO, 2017)

Cássio Casagrande e Rodrigo Carelli dedicam-se em artigos do livro "Reforma Trabalhista: reflexões críticas" (2018) à desmistificação da *fake news* de Barroso. No preciso artigo "Brasil, 'Campeão de ações trabalhistas': como se constrói uma falácia" (p. 57 e ss), Casagrande pontuará:

> Bem, segundo minha calculadora, os "fatos" apresentados pelo Ministro Barroso indicariam o seguinte: se as quatro milhões de ações trabalhistas nacionais representam 98% do total mundial, e se todos os demais países do mundo reunidos têm somente 2% delas, restam apenas ... 81 mil ações trabalhistas anuais! Em todo o planeta! Não existe nenhum estudo nacional ou internacional que respalde tamanha bizarria. Com o devido respeito que merece o Ministro e Professor Barroso, a afirmação é surreal. Observe-se que o Ministro não estava usando uma figura de linguagem, pois disse expressamente que estava "trabalhando com fatos". Ele deveria, portanto, apresentar as suas fontes científicas. Não precisa conhecer direito comparado para perceber que o número é o mais absoluto disparate. Já vimos acima que nos EUA as ações trabalhistas são contadas na casa do milhão – numa estimativa conservadora e desconsiderado o efeito multiplicador das *class actions*. E que, segundo o Professor da Universidade de Bremen Wolfgang Däubler, há 600 mil ações trabalhistas anuais somente na Alemanha. A Itália teria cerca de 300 mil ações laborais anuais, de acordo com os próprios defensores da reforma. E onde estão os dados dos países que tem órgãos judiciais semelhantes à nossa Justiça do Trabalho? [...]
>
> O grave é que esta assertiva do ministro Barroso, apesar de irreal e estapafúrdia a olho nu, proferida sem referência a base estatística ou factual alguma, foi reproduzida textualmente pelo Senador Ricardo Ferraço (PSDB-ES) nas páginas 58-59 do relatório da reforma trabalhista, que indicou como

> fonte a autoridade do Ministro Barroso. Então veja-se a que ponto chegamos: o relatório que propõe restringir a jurisdição da Justiça do Trabalho por suposto excesso de litigância foi aprovado na Comissão de Assuntos Econômicos do Senado, com base em dados manifestamente falsos. (2018, p. 57 e ss)

Carelli, por sua vez, dedicando-se a derrubar os palpites impressionistas sobre direito e Justiça do Trabalho, escreverá em seu, infelizmente, necessário "Barroso, negros de primeira linha e a reforma trabalhista":

> [...] Causa espanto um dado tão agressivo a qualquer razoabilidade e tão distante dos fatos tenha saído da fala do ministro Barroso, membro da cúpula do Poder Judiciário, que supostamente deveria conhecer seus ramos. Em 2015 o Brasil teve 2.619.867 casos novos na Justiça do Trabalho. No mesmo ano, a França teve 184.196 novos casos trabalhistas, [...] e, somente a Espanha, 1.669.083 casos. Não precisamos fazer cálculos profundos de matemática para só com essa pequena amostra verificar quão afastados da realidade estão os dados apresentados pelo ministro. [...]
>
> Barroso creditou ao presidente da Riachuelo, Flavio Rocha, os dados inverossímeis sobre o percentual de ações trabalhistas brasileiras em relação ao mundo e as causas da saída do Citibank do mercado brasileiro. Flavio Rocha tem sido, representando o "Mercado", um dos articuladores mais engajados e entusiastas na reforma trabalhista, tendo inclusive participado de reunião com a Presidente do Supremo Tribunal Federal para tratar do tema. Cabe lembrar que, em uma dessas ações trabalhistas que compõem o mais que exagerado percentual que o empresário e o ministro difundem, a empresa de Flavio Rocha foi condenada por condições degradantes de trabalho, nas quais a trabalhadora teria que colocar elástico em 500 calças por hora. Esse não foi um caso isolado, pois condições generalizadas de trabalho igualmente degradantes foram denunciadas na sua cadeia produtiva no sertão nordestino.
>
> Barroso, talvez animado pelos dados duvidosos fornecidos pelo representante do Mercado, continuou no ataque ao Direito do

> Trabalho em palestra no Tribunal Superior do Trabalho, falando a jovens juízes trabalhistas, afirmando que o excesso de proteção trabalhista acaba desprotegendo, "o que é ruim para o cidadão". O modelo excessivamente paternalista, segundo afirmou, "infantiliza, isso quando não estimula as pessoas a serem incorretas". E teria acrescentado que um dos papeis dos juízes é contribuir para a emancipação das pessoas. O mercado de trabalho "ultraprotegido" com trabalhadores "infantilizados" no Brasil é aquele em que, mesmo antes da Reforma precarizante, está em quarto lugar no mundo em acidentes de trabalho, com mais de mil trabalhadores escravos resgatados no ano de 2015 (a maior parte na zona urbana) e que, do grande número de ações trabalhistas que ajuíza, metade se refere a falta de pagamentos das verbas devidas pelo empregador na rescisão, sendo que as matérias mais demandadas são pagamento de salários, férias e décimo terceiro salário. Ou seja, a existência de um número assustador de ações trabalhistas decorre do descumprimento de direitos e obrigações básicas dos empregadores. (2018, pp. 49 e ss.)

De volta ao acórdão, é nítido o esforço de Barroso de tentar imputar aos direitos trabalhistas e à Justiça especializada o epíteto autoritário. O constitucionalista admite neste caso seu ânimo de obstruir o acesso à Justiça, ao arrepio da lei e da jurisprudência consolidada. Defendi em certa oportunidade (YAMAMOTO, 2017) que o ministro confunde a doença com seus sintomas: a causa do volume de processos trabalhistas no Brasil – que, se não chega nem perto do que os ideólogos da retirada de direitos trabalhistas anunciam, não deixa de ser um volume considerável – não é o excesso de direitos, mas antes o contrário: a falta de efetividade dos que foram consagrados.

Quatro décadas depois de publicar seu texto Galanter faz um balanço crítico das principais questões analisadas, destacando as reações que suas ideias provocaram no debate público-acadêmico bem como na prática jurídico-política. Assim, por exemplo, se os setores progressistas da sociedade almejavam ampliar o acesso à justiça, a elite político-jurídica se empenhava em diminuir os Direitos materiais, num "recuo contra o direito". Com isso, nos últimos trinta anos, afirma Galanter, "temos assistido a uma enxurrada de ataques às regras e dispositivos que dariam algum poder a 'quem não tem', enquanto a capacidade das grandes corporações para utilizar o sistema jurídico permaneceu inabalada".

Destaco a popularidade entre a elite político-jurídica da tese empresarial – desvinculada da realidade – segundo a qual há uma explosão de litigiosidade, decorrente do excesso de direitos que beneficiariam os "*have-nots*". Por outro lado, Galanter propõe a hipótese de que, fora do encastelado mundo jurídico, a sociedade cada vez mais se sente desconfiada do Poder Judiciário, desacreditando-o justamente como instituição que sempre beneficia o lado mais forte. Conclui perguntando-se: "Não é segredo [para a sociedade] que 'quem tem' sai na frente. Será que fomos nós, estudiosos do sistema jurídico, os últimos a descobrir isso?" (2018, p. 31)

Prosseguindo ao quarto ponto de seu voto, Barroso defende que a Constituição de 1988 representou um marco de transição daquilo que ele qualificou como "modelo corporativo-autoritário, essencialmente heterônomo", para um "modelo justrabalhista mais democrático e autônomo". Isso porque a CF/88, entre outras disposições, tornou explícita a possibilidade de utilização de normas coletivas de trabalho, "inclusive para a redução de direitos trabalhistas", o que o leva a concluir que "a Constituição prestigiou a negociação coletiva, bem como a autocomposição dos conflitos trabalhistas, através dos sindicatos". Para comprovar sua tese destaca trechos de incisos dos artigos 7º e 8º, sendo o primeiro texto normativo citado, por óbvio, o da "irredutibilidade do salário, **salvo o disposto em convenção ou acordo coletivo**" (grifos no original). Não merece atenção do ministro, entretanto, a cabeça do próprio artigo 7º, que impõe que: "São direitos dos trabalhadores urbanos e rurais, **além de outros que visem à melhoria de sua condição social**:" (grifamos).

No campo normativo, Barroso também traz em seu voto dispositivos de Convenções e Recomendações da OIT em fomento à liberdade sindical e à negociação coletiva. De fato, reconheço ser louvável o esforço de Barroso em valer-se de normas de Direito Internacional do Trabalho. Infelizmente, entretanto, o ministro deixou de tratar de pressuposto fundamental ao debate: os direitos inscritos na Convenção 158 da OIT sobre "Término da Relação de Trabalho por Iniciativa do Empregador", norma ratificada pelo Brasil, cuja posterior denúncia teve sua constitucionalidade questionada em 1997 por meio da ADI nº 1.625, não merecendo uma resposta final do Supremo Tribunal Federal até o momento em que escrevo estas linhas.

Como demonstrei, no segundo ponto Roberto Barroso reconhece indiretamente a existência de alguma assimetria entre capital e trabalho mesmo na relação coletiva. Adentrando no quinto ponto de seu voto o ministro remodela seu entendimento, enunciando, valendo-se de excerto do Curso de Direito do Trabalho de Maurício Godinho Delgado, que no direito coletivo do trabalho vige o "princípio da equivalência dos contratantes coletivos, que impõe o tratamento semelhante a ambos os sujeitos coletivos – empregador e categoria de empregados". Estabelecida a igualdade entre a instituição financeira e a entidade sindical, Barroso utiliza trecho da obra de Amauri Mascaro Nascimento para afirmar a "inaplicabilidade do princípio da irrenunciabilidade dos direitos trabalhistas ao direito coletivo do trabalho". E, por fim, o relator traz à cena o "princípio da adequação setorial negociada", o qual, segundo suas palavras, imporia que:

> as regras autônomas juscoletivas podem prevalecer sobre o padrão geral heterônomo, mesmo que sejam restritivas dos direitos dos trabalhadores, desde que não transacionem setorialmente parcelas justrabalhistas de indisponibilidade absoluta.

E diante da questão de saber o que constituiriam as "parcelas justrabalhistas de indisponibilidade absoluta", Barroso, citando Delgado, afirma que:

> Embora o critério definidor de quais sejam as parcelas de indisponibilidade absoluta seja vago, afirma-se que estão protegidos contra a negociação *in pejus* os direitos que correspondam a um "patamar civilizatório mínimo", como a anotação da CTPS, o pagamento do salário-mínimo, o repouso semanal remunerado, as normas de saúde e segurança do trabalho, dispositivos antidiscriminatórios, a liberdade de trabalho etc. Enquanto tal patamar civilizatório mínimo deveria ser preservado pela legislação heterônoma, os direitos que o excedem sujeitar-se-iam à negociação coletiva que, justamente por isso, constituiria um valioso mecanismo de adequação

> das normas trabalhistas aos diferentes setores da economia e a diferenciadas conjunturas econômicas.

A resposta proposta não resolve o problema, apenas altera o enunciado da questão que passa a ser: quais são, então, os direitos trabalhistas que excedem o "patamar civilizatório mínimo"? Em nota de rodapé, o ministro ensaia:

> É importante ressalvar, contudo, que os limites da autonomia coletiva constituem questão das mais difíceis, ensejando entendimentos díspares. No âmbito da doutrina trabalhista, consideráveis vozes defendem que só é possível reduzir direitos mediante negociação coletiva no caso de autorização normativa explícita (como ocorre em alguns incisos do artigo 7º da Constituição) ou desde que não tenham sido deferidos por lei, a qual deve prevalecer sobre eventual acordo coletivo conflitante. Trata-se, contudo, de concepção que reduz o âmbito da negociação coletiva a um campo limitadíssimo.

O ministro parece ter razão quando afirma que a interpretação segundo a qual apenas e tão somente os direitos que decorrem de negociação coletiva estão aptos a serem negociados consiste em uma "concepção que reduz o âmbito da negociação coletiva a um campo limitadíssimo". Mas, o fato de reduzir o campo da negociação não impede a validade do argumento.

A palavra "mínimo" na expressão "patamar civilizatório mínimo" indica exatamente o caráter irredutível de tais direitos. Diante do comando do art. 7º, *caput*, segundo o qual os trabalhadores, urbanos e rurais, possuem um rol de Direitos Fundamentais Sociais que não se basta nos incisos do artigo, é preciso reconhecer que a negociação coletiva para a redução dos direitos dos trabalhadores deve mesmo encontrar um campo limitadíssimo de atuação.

Não obstante, o argumento de Barroso não se sustenta, ademais, por uma questão lógica-jurídica. Se a autonomia negocial encontra limite no patamar civilizatório mínimo, o qual, por sua vez, é constituído de um rol de direitos irredutíveis, a validade da norma coletiva que reduz direitos está condicionada à verificação da incolumidade de tais direitos. Se o art. 477, § 2º da CLT não for respeitado, ou seja, se o instrumento de rescisão não tiver "especificada a natureza de cada parcela paga ao empregado e discriminado o seu valor", não haverá como conferir se os direitos que compõem o patamar civilizatório mínimo foram ou não respeitados. Como consequência, o que se tem é que, sob o pretexto de se desfazer do "mínimo", o ministro Luís Roberto Barroso operou a destruição do "patamar" e o esvaziamento do caráter "civilizatório" do Direito do Trabalho.

No sexto ponto, Barroso constrói um argumento de baixa densidade jurídica: elogia a negociação coletiva, alçando-a a instrumento de realização democrática, ataca uma "visão paternalista" que levaria a "permanente atrofia" das capacidades cívicas dos trabalhadores e conclui que a "sistemática invalidação dos acordos coletivos de trabalho com base em uma lógica da limitação da autonomia da vontade", de certa forma, comprometeria o direito dos trabalhadores de "serem tratados como cidadãos livres e iguais", fazendo com que:

> a perspectiva do descumprimento seja incluída na avaliação dos custos e dos benefícios de se optar por essa forma de solução de conflito, podendo conduzir à sua não utilização ou à sua oneração, em prejuízo dos próprios trabalhadores.

Chama a atenção a maneira como Barroso faz desaparecer o fato que originou toda a contenda: a decisão de um banco de deliberadamente desafiar e descumprir a regra inscrita no art. 477, § 2º da CLT, a qual, por sua vez, estava duplamente (OJ nº 270 da SDI-1 e Súmula nº 330) consolidada na jurisprudência do Tribunal Superior do Trabalho.

Tampouco o conteúdo do sétimo ponto possui relevante densidade jurídica. Em uma ode ao PDI o ministro afirma que o instituto surge "na década de oitenta, como recurso pelo qual as empresas procuraram sobreviver aos efeitos da globalização, optando pela redução de custos com pessoal como alternativa emergencial para se tornarem mais competitivas".

Finalmente, no oitavo ponto Barroso adentra ao caso concreto, afirmando contundentemente que:

> ao aderir ao PDI, a reclamante não abriu mão de parcelas indisponíveis, que constituíssem "patamar civilizatório mínimo" do trabalhador. Não se sujeitou a condições aviltantes

> de trabalho (ao contrário, encerrou a relação de trabalho). Não atentou contra a saúde ou a segurança no trabalho. Não abriu mão de ter a sua CNTP [sic] assinada. Apenas transacionou eventuais direitos de caráter patrimonial ainda pendentes, que justamente por serem "eventuais" eram incertos, configurando *res dubia*, e optou por receber, em seu lugar, de forma certa e imediata, a importância correspondente a 78 (setenta e oito) vezes o valor da maior remuneração que percebeu no Banco. Teve garantida, ainda, a manutenção do plano de saúde pelo prazo de 1 (um) ano, a contar do seu desligamento. Não há que se falar, portanto, em renúncia a direito indisponível.

A redação assertiva dada pelo ministro não consegue esconder as fragilidades que já apontei de seu argumento. Em primeiro lugar, afirma que "a reclamante não abriu mão de parcelas indisponíveis, que constituíssem "patamar civilizatório mínimo" do trabalhador", porém não fixou o parâmetro daquilo que constituiria tal patamar. Em segundo lugar, e ainda mais grave, sua afirmação segundo a qual a reclamante teria apenas transacionado "eventuais direitos de caráter patrimonial ainda pendentes, que justamente por serem "eventuais" eram incertos, configurando *res dubia*", não é passível de validação já que a natureza das verbas não fora discriminada pela empresa – apesar, repiso, da exigência imposta pela lei.

Este, portanto, foi o argumento para que Barroso concluísse que a decisão do TST violou o art. 7º, XXVI da Constituição. O ministro, ainda, fez questão de destacar que

> o respeito a tais acordos preserva o interesse da classe trabalhadora de dispor desse instrumento essencial à adequação das normas trabalhistas aos momentos de crise e à minimização dos danos ensejados por dispensas em massa.

No último ponto Barroso reconhece que a CF/88 não estabeleceu um modelo de liberdade sindical plena, porém tal fato, no caso concreto, não seria suficiente para limitar a autonomia negocial dos sindicatos, dada a verificação fática de intensa participação dos trabalhadores na negociação do PDI. Ao final, o constitucionalista repisou seu discurso segundo o qual:

> As normas paternalistas, que podem ter seu valor no âmbito do direito individual, são as mesmas que atrofiam a capacidade participativa do trabalhador no âmbito coletivo e que amesquinham a sua contribuição para a solução dos problemas que o afligem. É através do respeito aos acordos negociados coletivamente que os trabalhadores poderão compreender e aperfeiçoar a sua capacidade de mobilização e de conquista, inclusive de forma a defender a plena liberdade sindical. Para isso é preciso, antes de tudo, respeitar a sua voz.

Como conclusão de seu voto, o relator propôs a fixação da seguinte tese, em sede de repercussão geral:

> A transação extrajudicial que importa rescisão do contrato de trabalho, em razão de adesão voluntária do empregado a plano de demissão incentivada, enseja quitação ampla e irrestrita de todas as parcelas objeto do contrato de emprego, caso essa condição tenha constado expressamente do acordo coletivo que aprovou o plano, bem como dos demais instrumentos celebrados com o empregado.

Chamo a atenção para o fato de apesar de ter figurado como tema central de sua razão de decidir, o respeito ao patamar mínimo civilizatório desapareceu do texto da proposta de tese.

O primeiro a se manifestar quanto ao voto do relator é o ministro Teori Albino Zavascki, que, curiosamente, é natural do Estado de Santa Catarina. Zavascki adere integralmente ao voto de Barroso, suscitando, ainda, a aplicação do princípio do *pacta sunt servanda* para defender a validade da quitação geral indiscriminada. O ministro é interrompido brevemente pelo Presidente Ricardo Lewandowski que, adiantando seu voto, recorre a outros dois princípios que crê aplicável ao caso: a boa-fé objetiva e a proibição de "*venire contra factum proprium*". Retomando a palavra, Teori Zavascki conclui a partir de uma reflexão tipicamente civilista:

> considerando a natureza eminentemente sinalagmática do acordo coletivo, a anulação de uma cláusula tão sensível como essa demandaria certamente a ineficácia do acordo em sua integralidade, inclusive em relação às cláusulas que beneficiam o empregado. Aparentemente, o que se pretende é anular uma cláusula, que poderia ser contrária ao interesse do empregado, mas manter as demais.

Depois de Zavascki acompanhar integralmente o relator, é a vez de Luiz Fux fazer o mesmo, a partir de considerações genéricas.

Em seguida, a ministra Cármen Lúcia, saudando o voto de Barroso, apenas propõe a alteração da expressão "plano de demissão incentivada" por "plano de dispensa incentivada", o que é aceito sem objeções pelo relator.

O próximo a votar é Gilmar Mendes que, ao acompanhar o Relator, encerra com a seguinte provocação:

> Então, eu concluía, Presidente, dizendo que talvez o TST tenha de fazer uma reflexão com base no próprio Evangelho: talvez querendo fazer o bem, está fazendo o mal.

A seguir, o ministro Marco Aurélio também acompanha integralmente o relator. Destaco do voto a versão que o ministro propõe do "mito da outorga":

> Conhecemos a origem do Direito do Trabalho. Veio a lume, em razão da insistência do Ministro do Trabalho, à época, Lindolfo Collor, perante o Presidente Getúlio Vargas, mediante o Decreto-Lei 5.452, de 1º de maio de 1943.

Último a proferir seu voto, o Presidente Ricardo Lewandowski igualmente saúda o voto de Luís Roberto Barroso, assinalando que na relação coletiva de trabalho se tem uma "situação de paridade de armas, *die waffengleichheit* (...). Ou seja, sindicato e empresa estão em igualdade de condições, têm as mesmas armas, portanto não há que se falar em hipossuficiência".

O tribunal, na época, contava com dez membros, já que o ministro Joaquim Barbosa se aposentou em julho de 2014 e seu sucessor, o ministro Edson Fachin, apenas tomou posse em 16 de junho de 2015.

Na sessão, por sua vez, estavam presentes oito membros, incluindo a ministra Rosa Weber que, por ter participado do processo quando integrava o TST, encontrava-se impedida. Ao final, os sete ministros, de maneira unânime, decidiram pela reversão da jurisprudência consolidada do TST. Sete membros da Suprema Corte brasileira: coincidentemente, o mesmo número de ministros que votaram, em março de 2009, contra a existência de repercussão geral neste tema.

# Capítulo 5

## Da tática do "ganhou, mas não levou"

*Il faut affronter d'abord ce spectacle inattendu: le strip-tease de notre humanisme. Le voici tout nu, pas beau: ce n'était qu'une idéologie menteuse, l'exquise justification du pillage; ses tendresses et sa préciosité cautionnaient nos agressions. Ils ont bonne mine, les non-violents: ni victimes ni bourreaux!*
***Jean-Paul Sartre***

No primeiro caso que analisei, o ministro Ayres Britto destaca que a interpretação de Jobim e Peluso de restringir a substituição processual dos sindicatos à fase de conhecimento, deixando o trabalhador desprotegido na execução, significaria "na prática, o seguinte: ganhou, mas não leva. O trabalhador vai ganhar, mas não vai levar".

A expressão utilizada por Ayres Britto adquire um grande poder explicativo da ação do Supremo Tribunal Federal, como demonstrarei nos dois casos que passo a analisar.

### 5.1 É preciso motivar a dispensa, mas, se não quiser, não precisa...

Mais uma vez o pecado original do direito do trabalho brasileiro cobrou a atenção do Supremo Tribunal Federal. Desta vez, a partir de um caso de dispensa imotivada de um trabalhador dos correios.

A Seção de Dissídios Individuais nº 1 do Tribunal Superior do Trabalho, em sua composição de junho de 2001, editou a Orientação Jurisprudencial nº 247 que tinha a seguinte redação: "Servidor público. Celetista concursado. Despedida imotivada. Empresa pública ou sociedade de economia mista. Possibilidade". Ou seja, segundo tal entendimento, não se exigiria da empresa estatal qualquer motivação para proceder à demissão do empregado público.

Em 2005 o TST consolida os entendimentos das OJs nº 229 e 265 da SDI-1 e a OJ nº 22 da SDI-2, em sua Súmula nº 390:

> Súmula nº 390 do TST: ESTABILIDADE. ART. 41 DA CF/1988. CELETISTA. ADMINISTRAÇÃO DIRETA, AUTÁRQUICA OU FUNDACIONAL. APLICABILIDADE. EMPREGADO DE EMPRESA PÚBLICA E SOCIEDADE DE ECONOMIA MISTA. INAPLICÁVEL (conversão das Orientações Jurisprudenciais nºs 229 e 265 da SBDI-1 e da Orientação Jurisprudencial nº 22 da SBDI-2) - Res. 129/2005, DJ 20, 22 e 25/04/2005.
> I - O servidor público celetista da administração direta, autárquica ou fundacional é beneficiário da estabilidade prevista no art. 41 da CF/1988. (ex-OJs nºs 265 da SBDI-1 - inserida em 27/09/2002 - e 22 da SBDI-2 - inserida em 20/09/2000).
> II - Ao empregado de empresa pública ou de sociedade de economia mista, ainda que admitido mediante aprovação em concurso público, não é garantida a estabilidade prevista no art. 41 da CF/1988. (ex-OJ nº 229 da SBDI-1 - inserida em 20/06/2001.)

Ou seja, o TST passa a entender, expressamente, que o empregado público da Administração Direta goza da estabilidade do art. 41 da CF/88, à diferença do empregado público de empresas estatais.

Em 2007 o TST revê o seu posicionamento para reconhecer a necessidade de se motivar a despedida do empregado da Empresa Brasileira de Correios e Telégrafos. Assim, a OJ nº 247 da SDI-1 do TST passa a ter a seguinte redação:

> 247. SERVIDOR PÚBLICO. CELETISTA CONCURSADO. DESPEDIDA IMOTIVADA. EMPRESA PÚBLICA OU SOCIEDADE DE ECONOMIA MISTA. POSSIBILIDADE (alterada – Res. nº 143/2007) - DJ 13/11/2007
> I - A despedida de empregados de empresa pública e de sociedade de economia mista, mesmo admitidos por concurso público, independe de ato motivado para sua validade;
> II - A validade do ato de despedida do empregado da Empresa Brasileira de Correios e Telégrafos (ECT) está condicionada à

> motivação, por gozar a empresa do mesmo tratamento destinado à Fazenda Pública em relação à imunidade tributária e à execução por precatório, além das prerrogativas de foro, prazos e custas processuais.

Diante deste entendimento, o presente caso trata de um empregado dos Correios que teve seu vínculo empregatício encerrado pela empresa sem qualquer motivação expressa. Recorrendo ao TST, a cúpula da Justiça do Trabalho aplica seu entendimento consolidado. Em seu voto-vista o ministro Joaquim Barbosa resumirá o histórico do processo:

> Na origem, Humberto Pereira Rodrigues ajuizou reclamação trabalhista contra a ECT, objetivando sua reintegração ao emprego pois havia sido dispensado imotivadamente. O reclamante alegou que somente foi dispensado porque havia se aposentado voluntariamente três anos antes. Afirmou que a dispensa imotivada é incompatível com o ordenamento constitucional e que a aposentadoria espontânea não extingue o vínculo de emprego.
>
> Na contestação, a ECT afirmou que a demissão do ora recorrido se deu em prol do princípio da legalidade, já que, por ter ele se aposentado, o recorrido não poderia ter continuado no serviço público sem a realização de concurso público. A ECT alegou, ainda, que não está obrigada a motivar o ato de dispensa.
>
> O juiz julgou procedente o pedido e determinou a reintegração do então reclamante ao seu emprego. O Tribunal Regional do Trabalho da 22ª Região confirmou a sentença pelos dois fundamentos: impossibilidade de dispensa imotivada e não extinção do contrato de trabalho pela aposentadoria voluntária.
>
> A ECT recorreu alegando apenas a desnecessidade de motivar o ato de dispensa de seus empregados públicos.
>
> O Tribunal Superior do Trabalho negou provimento ao recurso de revista sob o único fundamento de que a ECT é equiparada à Fazenda Pública, de modo que não pode dispensar os seus empregados sem a devida motivação. Todos os demais

recursos da ora recorrente foram desprovidos sob o mesmo fundamento.

Discordando da decisão do TST, os Correios recorrem ao STF, sustentando, segundo consta do relatório de Lewandowski, que "a deliberação acerca das demissões sem justa causa constitui direito potestativo da empresa" e que "o entendimento abrigado no acórdão recorrido interfere diretamente na liberdade que o direito trabalhista confere aos empregados e empregadores de pactuarem entre si".

Em 1º de julho de 2008 o caso é distribuído, como já adiantei, ao ministro Ricardo Lewandowski. Sob o registro de "Tema 131 – Despedida imotivada de empregados de Empresa Pública", o plenário virtual decide, em 6 de novembro de 2008, a existência de repercussão geral: votaram contra sua existência o relator, Lewandowski, e os ministros Ellen Gracie, Menezes Direito, Celso de Mello, Gilmar Mendes, Eros Grau e Cezar Peluso; reconheceram a existência os ministros Marco Aurélio e Ayres Britto. O ministro Joaquim Barbosa foi o único que não votou. Não alcançando os dois terços necessários para a recusa, o Tribunal "reputou existência a repercussão geral da questão constitucional suscitada".

O relator, Enrique Ricardo Lewandowski, trouxe seu voto ao plenário em 24 de fevereiro de 2010, quando integravam a corte, sob a presidência do ministro Gilmar Mendes, os ministros: Celso de Mello, Marco Aurélio, Ellen Gracie, Cezar Peluso, Ayres Britto, Joaquim Barbosa, Eros Grau, Cármen Lúcia e Dias Toffoli.

Passo à exposição da estrutura argumentativa do voto do relator.

O primeiro pressuposto explicitado por Lewandowski é a concepção do caráter da Empresa Brasileira de Correios e Telégrafos de "prestadora de serviços públicos", nos termos da ADPF nº 46. Daí, o ministro já adianta a tese de seu voto:

> (...) entendo que o dever de motivar o ato de despedida de empregados estatais, admitidos por concurso, aplica-se não apenas à ECT, mas a todas as empresas públicas e sociedades de economia mista que prestam serviços públicos (...)

Mais à frente ele ainda ampliará o escopo de sua afirmação, aplicando-a, também, às empresas estatais "quando sejam exclusiva ou preponderantemente prestadoras de serviços públicos".

É que apesar de as empresas estatais possuírem personalidade jurídica de direito privado, "elas se submetem a regime híbrido, ou seja, sujeitam-se a um conjunto de limitações que têm por escopo a realização do interesse público".

O ministro passa, então, a investigar as razões, consequências e limites deste regime híbrido. Ainda que não componham o quadro da Administração Direta, é inegável que empresas estatais integram a Administração Pública brasileira. Daí se concluir, portanto, que parte do capital que as constitui "– integral, majoritária ou mesmo parcialmente – pertence ao Estado, ou seja, a todos os cidadãos". Citando Marçal Justen Filho, o relator afirma que o caráter privado da personalidade jurídica de tais empresas "não significa ausência de natureza estatal". Esta natureza estatal que persiste nos entes públicos "exige instrumentos de controle e vinculação à realização dos valores da democracia republicana". Valendo-se de Vladimir da Rocha França, Lewandowski afirma que no Estado Democrático de Direito "é preciso demonstrar não apenas que a Administração, ao agir, visou ao interesse público, mas também que agiu legal e imparcialmente". Do ponto de vista concreto, a natureza estatal dessas pessoas jurídicas de direito privado aparecerá em relação a seus empregados quanto, exemplificativamente, "à submissão ao teto remuneratório, à proibição de acumulação de cargos, empregos e funções e, ainda, à exigência de concurso para ingresso em seus quadros".

A partir deste raciocínio o relator olha para a CLT e constata a inexistência de qualquer previsão celetista de procedimento que especificamente regule a contratação de empregado público. Retira da constatação de tal lacuna a abertura do sistema trabalhista à aplicação de "normas de direito público". Tais normas, por sua vez, estabelecem os concursos públicos como forma de ingresso nas mais diversas carreiras da Administração Pública. Quando as empresas estatais contratam seus empregados a partir de concursos públicos elas estão aplicando os "princípios da isonomia e da impessoalidade, privilegiando-se a meritocracia em detrimento de escolhas de índole pessoal ou de caráter puramente subjetivo no processo de contratação".

Se o regime híbrido ao qual as empresas que prestam exclusiva ou preponderantemente serviço público estão submetidas impõe uma determinada formalidade para a admissão, é de se concluir que também é exigida certa formalidade na demissão. A isso o ministro denomina "paralelismo entre os procedimentos para admissão e desligamento dos empregados públicos": uma prática necessária para a garantia da razoabilidade, justiça e racionalidade.

Por fim, Lewandowski identifica alguns padrões que a motivação da dispensa de empregado público deve observar. Em primeiro lugar, não basta a motivação, seria preciso também um procedimento formal com a participação do trabalhador de maneira que ele possa se defender:

> Ora, a motivação do ato de dispensa, na mesma linha de argumentação, visa a resguardar o empregado de uma possível quebra do postulado da impessoalidade por parte do agente estatal investido do poder de demitir, razão pela qual se impõe, na espécie, não apenas seja a despedida motivada como precedida de um procedimento formal, em que se garanta ao empregado o direito ao contraditório, quando lhe seja imputada conduta desabonadora, porquanto, além de conferir-se a necessária publicidade à demissão, ficará o ato devidamente documentado e arquivado na empresa, permitindo seja a sua fundamentação a qualquer momento contrastado às normas legais aplicáveis.

A seguir, valendo-se de Celso Antônio Bandeira de Mello, assente ser necessária uma "razão prestante" que fundamente a dispensa, além de "um processo regular, com direito à defesa, para apuração da falta cometida ou de sua inadequação às atividades que lhe concernem", não observados tais requisitos o desligamento é nulo. E ainda valendo-se dos ensinamentos do administrativista, Lewandowski encontra a possibilidade de, mesmo sem que o empregado público tenha cometido qualquer infração, ser dispensado:

> Nos casos em que a empresa deva adotar uma política de contenção de despesas na área de pessoal ou que, por qualquer razão, convenha promover uma redução do quadro, deverão ser previamente anunciados os critérios objetivos em função dos quais serão feitos os cortes, para que se possa aferir se o

> desligamento de tais ou quais empregados obedeceu a critérios impessoais, como tem de ser.

Antes de "frisar a equiparação da demissão a um ato administrativo", o ministro ressalta, valendo-se de José Carlos Vieira de Andrade, que a exigência de motivação não importa em uma fundamentação qualquer, mas adequada ao ordenamento jurídico:

> É importante frisar que, no caso da motivação dos atos demissórios das estatais, não se está a falar de uma justificativa qualquer, simplesmente *pro forma*. Ela precisa deixar clara não apenas a sua legalidade extrínseca como a sua validade material intrínseca, sempre à luz do ordenamento legal em vigor. Nas palavras de um ilustre doutrinador, "o dever formal tem de ser compreendido no contexto jurídico-constitucional em que se desenvolvem as funções da administração".

Último ponto a destacar do voto do relator é sua insistente diferenciação entre necessidade de motivação para a dispensa e estabilidade prevista no artigo 41 da CF/88. Didaticamente, aduz o ministro:

> Anoto, por oportuno, que não se está, aqui, a assegurar aos seus empregados a estabilidade prevista no art. 41 da Constituição Federal, como quer fazer crer a recorrente. (...)
> A estabilidade prevista no art. 41 da CF, ademais, gera vários efeitos, além da manutenção do emprego, tais como a possibilidade de reintegração e a disponibilidade remunerada, na hipótese de extinção do cargo.
> É dizer: o que se pretende com o entendimento perfilhado neste voto não é conferir aos empregados das empresas estatais a estabilidade a que se refere o citado art. 41, mas, como consignado acima, assegurar que os princípios da impessoalidade e da isonomia, observados no momento da admissão por concurso público, sejam também respeitados por ocasião da dispensa.

Resumidamente, o voto do relator sustenta, portanto, que empresas estatais preponderantemente prestadoras de serviços públicos precisam, para proceder à demissão de seus empregados, impor um procedimento formal com direito de defesa e, após, decidindo pela demissão, esta só teria validade quando a motivação estivesse expressa, apresentando "não apenas a sua legalidade extrínseca como a sua validade material intrínseca".

Após o voto há um debate que envolve, além do relator, também os ministros Cezar Peluso, Cármen Lúcia, Joaquim Barbosa, Ayres Britto, Gilmar Mendes e Dias Toffoli. Diante do diálogo, o ministro Eros Grau pede ao Presidente para que pudesse adiantar seu voto. Com a concordância do plenário, Eros inicia seu voto, porém o debate é retomado pelos mesmos atores, acrescentando-se o ministro Marco Aurélio. Apesar de intenso, o diálogo entre os ministros se mostra bastante produtivo. De início, em uma dobradinha confusa, Peluso e Cármen Lúcia se somam para afirmar que:

> Min. Cezar Peluso: O problema todo é que, no acórdão impugnado, dentre as suas razões de decidir, consta esta: o que estaria sendo aplicado é o entendimento da OJ-247, que diz que a ECT não poderá efetuar demissão de empregados sem justa causa e sem motivação explícita do ato, tal como fosse empresa privada. Ou seja, a decisão impugnada aplica o mesmo regime da justa causa do regime trabalhista.
> [...]
> Min. Cármen Lúcia: A autarquia, então, não teria os direitos trabalhistas; teria, porém, a Empresa Brasileira de Correios os direitos trabalhistas e mais a estabilidade do servidor. Então é o melhor dos mundos para uma empresa.

Peluso parte de um pressuposto equivocado: ele acredita que a OJ nº 247 da SDI-1 do TST cria um regime de estabilidade aos empregados públicos. Cármen Lúcia, por sua vez, embarca neste equívoco, acreditando que o voto de Lewandowski legitimaria tal estabilidade que gozariam os celetistas.

Joaquim Barbosa soma-se às duas indagações para destacar outra questão: "o que motivou todo esse litígio foi o fato de que a empresa o despediu por uma razão muito simples: ele se aposentou. Essa é a motivação". Ayres Britto assente: "é, o fundamento foi esse da despedida; está no acórdão".

Porém, Peluso, Cármen Lúcia e Gilmar Mendes destacam o caráter distintivo de uma decisão em sede de repercussão geral:

> Min. Ayres Britto: É, o fundamento foi esse da despedida; está no acórdão.
> Min. Cezar Peluso: Não, isso é motivação no caso concreto, mas agora estamos fixando uma tese. Esse é o nosso problema.
> Min. Cármen Lúcia: No caso concreto, mas aqui há repercussão geral. Este é o primeiro problema e o segundo é saber, como há repercussão geral, se vale só para essa empresa ou para outras estatais. Muda muita coisa.
> Min. Cezar Peluso: É, e mais. É que o acórdão impugnado...
> Min. Ricardo Lewandowski (Relator): Sim, nós podemos limitar. Estamos discutindo o caso da ECT aqui. E, na verdade permita-me um esclarecimento.
> Min. Ayres Britto: É, estamos julgando este processo.
> Min. Cármen Lúcia: Não, mas ele tem repercussão geral, Ministro.
> Min. Gilmar Mendes (Presidente): Terá repercussão sobre qualquer empresa estatal.
> Min. Cezar Peluso: Mas estamos decidindo a repercussão geral.
> Min. Ayres Britto: Não, mas a ECT é *sui generis* no contexto das empresas públicas federais, porque já reconhecemos à ECT uma situação jurídica equiparável à própria Fazenda Pública.
> Min. Cezar Peluso: Estamos decidindo a situação da Empresa de Correio e Telégrafos. É preciso que fique claro qual é o alcance da decisão.
> Min. Cármen Lúcia: Fica claro que não se estende a outras.
> Min. Cezar Peluso: Exatamente.

Há aqui um impasse: o voto do relator expressamente abrigava a necessidade de motivação aos trabalhadores de empresas estatais que prestassem preponderantemente serviço público. Gilmar Mendes se posiciona no sentido de que a decisão se aplica "sobre qualquer empresa estatal", Lewandowski aceita que sua decisão se limite à ECT, Ayres Britto, Cármen Lúcia e Peluso também.

O relator retoma a palavra para reler a OJ nº 247 da SDI-1 do TST e desfazer o equívoco de Peluso: no inciso primeiro afirma-se a desnecessidade "de motivação quando se trata de empresa pública e de sociedade de economia mista, mesmo admitidos por concurso público", enquanto no inciso segundo excetua-se do entendimento os Correios, "por gozar a empresa do mesmo tratamento destinado à Fazenda Pública". Recuando em seu próprio voto, Lewandowski propõe: "O que podemos fazer para evitar qualquer dúvida – penso – é limitar isso exatamente à ECT".

O debate segue, porém, anuviado por considerações diversas: Peluso e Cármen Lúcia discutem se a motivação poderia não corresponder às figuras da justa causa trabalhista; Mendes critica a decisão tomada na ADPF 46:

> Min. Gilmar Mendes (Presidente): Independentemente do resultado daquele julgamento, aquela decisão mostrou que, cada vez mais, os Correios estão num ambiente concorrencial, até mesmo por conta, hoje, da internet, e cada vez mais estão submetidos às condições típicas das empresas privadas. É estranha essa decisão que torna mais rígido um modelo quando a empresa necessita, exatamente para sobreviver, de maior flexibilidade.

Ao final, Lewandowski parece retomar o fundamento de seu voto, quando Toffoli vai concordar com o relator, Eros Grau pede permissão para adiantar seu voto:

> Min. Lewandowski (Relator): Mas, aqui, o que se quer evitar é o seguinte: admitidos por concurso público numa empresa que tem capital exclusivamente público e presta serviços exclusivamente públicos, como foi decidido na ADPF, que a demissão, a dispensa não seja imotivada. O que se quer evitar é que mude o governo e que se demitam os funcionários por razões políticas. Por isso trouxe à baila ...
> Min. Dias Toffoli: Já ocorreu isso na história do Brasil. Daí a Lei nº 8.878/1994.

Eros Grau afirma que na qualidade de "professor, na USP, de Direito Econômico", passou "a vida inteira" refletindo sobre a atuação do Estado na economia (o que ele denomina "atividade econômica em sentido amplo"), fosse diante de "atividade própria do setor privado" (denominada "atividade econômica em sentido estrito"), fosse diante do serviço público.

Grau reconhece ficar "extremamente sensibilizado" pelo argumento de Mendes segundo o qual os Correios necessitam de um modelo "de maior flexibilidade" para sobreviver. Porém, segundo o autor de "Por que eu tenho medo dos juízes", o artigo 173 da CF/88 o impediria de decidir de outra maneira:

> Por isso, Ministro Gilmar Mendes, fico extremamente sensibilizado pelos comentários a respeito da necessidade de nós considerarmos a evolução das circunstâncias e do tempo. Isso acontece não em relação a esta matéria, mas em inúmeras outras. Só que, por enquanto, o artigo 173 da Constituição está lá. E, enquanto ele não for alterado - perdoe-me, mas eu sou vinculado, não revejo legislação e muito menos revejo a Constituição, isso cabe ao Congresso Nacional, não ao Poder Judiciário -, tenho que entender que, enquanto estiver em vigência o artigo 173 da Constituição, atividade econômica em sentido amplo que na sua espécie é serviço público, quando desempenhada por empresa estatal, implica em que a empresa estatal fique sujeita não ao regime aplicável à empresa privada, mas a regime que é próprio do Estado.

O argumento do ministro, por sua vez, reacende em Lewandowski e em Ayres Britto a aplicabilidade da motivação para a demissão em todas as empresas estatais prestadoras de serviço público:

> Min. Lewandowski (Relator): A doutrina especializada, inclusive, na opinião abalizada do Professor Celso Antônio Bandeira de Mello, é no sentido de que o ato de demissão tem de ser motivado.
> Min. Ayres Britto: É categórica. Porque o ato de admissão também não é livre, não é potestativo.
> Min. Lewandowski (Relator): A admissão não é livre; a demissão não é livre. Essa que é a tese.

> Min. Ayres Britto: Então, quem não é livre para admitir não é livre para demitir. É o cerne do pensamento do Professor Celso Antônio Bandeira de Mello.

O ministro Marco Aurélio suscita a dúvida: se existir tal necessidade de motivação a partir da admissão do empregado público, isso significaria que este teria "situação superior ao do servidor público propriamente dito". Diante do espanto do relator, Peluso responde: "Sim, porque o servidor público tem o período de estágio", com o complemento de Marco Aurélio: "Porque o servidor público conta com certas prerrogativas quando estável", e o arremate de Cármen Lúcia: "E não terá todas as verbas trabalhistas que o empregado tem na saída". Dias Toffoli intervém e parece solucionar a questão do ponto de vista normativo: "A Lei nº 8.112, como está, exige, também, um procedimento para a não efetivação". O diálogo entre Ayres Britto e Marco Aurélio segue, porém, ao que parece, foi suficiente para que Cezar Peluso se convencesse da tese do relator, para entusiasmo de Ayres Britto:

> Min. Peluso: [...] acho que devemos encarar também o caso do ponto de vista da proteção dos interesses públicos encarnados pela empresa. Noutras palavras, o sentido em que a diligência prestada pelo TST deve ser compreendida é que se trata de garantia de defesa do interesse público contra atos abusivos da empresa, isto é, atos contrários ao interesse público. Isso corresponde ao princípio da impessoalidade. Em síntese, a empresa não pode demitir senão com base em algum interesse público.
> Min. Ayres Britto: Muito bem.
> Min. Peluso: Eu acho que essa é a compreensão que se deve ter. E por isso exige-se a motivação.
> Min. Ayres Britto: Perfeito.
> Min. Peluso: Ela tem que demonstrar que o fato que ocasionou a demissão corresponde à satisfação de algum interesse público,

> e, pois, que não é ato de vingança, não é ato de perseguição. Nesse sentido estou de acordo, acompanhando o Relator.
> Min. Lewandowski (Relator): Sim, exatamente. Nós queremos apenas, com a motivação, preservar a isonomia e a impessoalidade, dois valores apenas, só isso.
> Min. Ayres Britto: Pronto, chegamos a um ponto de convergência.

Gilmar Mendes até tenta quebrar a harmonia, porém, sem sucesso:

> Min. Gilmar Mendes (Presidente): Na verdade, é o contrário, só se faz um controle judicial mais intenso quando se supõe que houve abuso de poder, do contrário é uma atividade de rotina.
> Min. Lewandowski (Relator): Mas para isso é preciso haver motivação.
> Min. Peluso: Exatamente, para evitar o abuso, isto é, a não satisfação de interesse público.
> Min. Lewandowski (Relator): E um mínimo de formalidade, um prosseguimento formal. Eu não fui tão adiante de chamar isso de processo administrativo, o processo tem regras próprias, é mais um procedimento formal em que se motive o ato, permitindo, como eu disse aqui, não só que o empregado demitido, mas a coletividade em geral possa fazer o controle desse ato, quanto à impessoalidade, quanto à isonomia e quanto a uma eventual motivação política, se for o caso.
> Min. Ayres Britto: E aquele empregado foi exonerado e não outro?
> Min. Lewandowski (Relator): Exatamente.
> Min. Ayres Britto: É preciso revelar.

Ao final de seu voto Eros Grau adere, portanto, ao voto do relator, reafirmando a extensão da necessidade de motivação da dispensa para as empresas estatais prestadoras de serviço público.

Como já tinha adiantado, o ministro Joaquim Barbosa pede vistas, trazendo seu voto em 20 de março de 2013, quando ele mesmo exercia a Presidência do STF.[69] A composição do tribunal se modificara, com o ingresso dos magistrados constitucionais Luiz Fux (sucedendo a Eros

[69] Aqui, a afirmação genérica que às vezes utilizo de que determinado ministro trouxe seu voto vista em determinado dia é precisa, porque, neste caso concreto, concentra-se na mesma pessoa a figura do ministro que traz seu voto vista e o presidente da corte, responsável por incluir o caso na pauta de julgamento (ARGUELHES; RIBEIRO, 2018).

Grau), Rosa Weber (sucedendo a Ellen Gracie) e Teori Zavascki (sucedendo a Cezar Peluso). Em 18 de novembro de 2012 o ministro Ayres Britto se aposenta, porém seu substituto, ministro Luís Roberto Barroso, só será indicado pela Presidenta Dilma em 23 de maio de 2013 para a vaga de que tomará posse nos turbulentos dias de junho de 2013.

Após realizar dedicado retrospecto sobre a matéria, Joaquim Barbosa adere ao voto do relator. Porém, destaco que há em seu voto uma restrição e uma ampliação quando comparado com Lewandowski. Diferentemente do relator, Barbosa aponta uma maior flexibilidade no conteúdo da motivação:

> Não creio ser necessário qualquer procedimento assemelhado ao procedimento administrativo disciplinar, próprio dos servidores públicos ocupantes de cargos efetivos, nos moldes previstos na Constituição e na legislação específica. Exigência dessa natureza poderia colocar em risco a competitividade dessas empresas no mercado.
> A solução, portanto, tal como preconizada no voto do eminente relator, está na obrigatoriedade tão somente de <u>motivação</u> do ato de dispensa. Em outras palavras, a demissão do empregado das empresas estatais deve estar fundamentada e justificada, sejam quais forem as razões para o rompimento do vínculo trabalhista. [grifos no original]

A ampliação, contudo, vem quanto à abrangência da decisão: por se tratar de repercussão geral, a motivação da demissão seria exigida em todas as empresas estatais:

> Por fim, creio que, em se tratando de recurso extraordinário submetido ao regime da repercussão geral, a decisão adotada pela Corte deve afetar todas as empresas públicas e sociedades de economia mista, de todas as esferas, e não apenas a ECT.

De resto, Barbosa repisa a importância do concurso público como concretização de princípios que regem a Administração Pública, como impessoalidade, isonomia e moralidade; bem como renova a advertência do relator diferenciando estabilidade e exigência de motivação para a demissão de empregado publicado. Ao final do voto do Presidente o relator pede a palavra para manifestar que acompanhava “inteiramente o entendimento de Vossa Excelência” e para reiterar que a decisão não implicava no reconhecimento de qualquer estabilidade.

O próximo a votar é o ministro Teori Zavascki. Embaralhando as circunscrições do debate, Zavascki toma como pressuposto que a decisão do TST foi no sentido de reconhecer a garantia de estabilidade no emprego dos empregados públicos:

> É que a tese do acórdão recorrido, como Vossa Excelência explicitou no voto, é a de que, considerando estar a empregadora, empresa pública, prestadora de serviço público, equiparada à Fazenda, para certos fins, os seus empregados ficam revestidos, automaticamente, da garantia da estabilidade do emprego. Essa é a tese do acórdão.
> Essa tese - Vossa Excelência já demonstrou no voto de Vossa Excelência, acho que o Ministro Lewandowski também -, como está colocada, não pode ser mantida. Quer dizer, esse argumento prova demais. A se dar a acolhida a ele, ter-se-ia que concluir, pelas mesmas razões, que tais empregados ficam também automaticamente investidos de todos os demais direitos, prerrogativas, deveres e limitações dos servidores estatutários.

Apesar da singularidade do discurso de Teori, seu argumento central é: o TST teria reconhecido estabilidade aos empregados públicos; o STF teria o dever de afirmar a inexistência de tal estabilidade, porém, também, de reconhecer a necessária motivação da dispensa de empregados públicos.

A partir daí há um conturbado debate que gira em torno de três questões: a primeira, se seria necessário e, em caso positivo, qual seria o procedimento formal que antecederia a demissão (exemplificativamente, nas palavras de Mendes: “Eu acho que uma coisa é exigir motivação; outra, por motivação idônea, já é uma outra coisa”); a segunda, se a decisão se limitaria à ECT ou abrangeria todas as estatais (nas palavras de Cármen Lúcia: “É repercussão geral. Significa que uma decisão, aqui, com tantas empresas estatais, como temos, se causar algum embaraço, alguma dúvida, vai gerar mais problemas"); e, por fim, se não seria melhor para a reafirmação da tese do relator concluir pelo provimento parcial do recurso (conforme intervenção do relator: "como o recurso é da ECT, nós poderíamos dar provimento em parte, ao invés de negar provimento").

Ao final, Zavascki concluirá:

> no sentido de dar parcial provimento ao recurso, para, afastado o fundamento adotado pelo acórdão recorrido, determinar o retorno dos autos ao Tribunal recorrido para que prossiga no julgamento, com exame dos demais aspectos da causa, nos temos da fundamentação acima deduzida.

Identifico que Lewandowski recuou em duas conclusões fundamentais de seu voto: se, antes, defendia que (1) a dispensa deveria ser motivada em todas as empresas estatais que predominantemente prestassem serviço público; e, que (2) a dispensa deveria ser precedida de um procedimento administrativo que garantisse o contraditório e a ampla defesa do empregado; durante os debates o relator flexibilizou sua posição passando a (1) restringir sua decisão apenas aos Correios; e (2) retirar o conteúdo do procedimento administrativo, reconhecendo-o como simples formalidade.

O próximo a votar foi o ministro Dias Toffoli. Não aderindo à delimitação do caso proposta por Zavascki, Toffoli relembra sua atuação nos tempos em que "estava à frente da Advocacia-Geral da União". Na época, segundo o ministro, o "então Consultor-Geral da União, Dr. Ronaldo Jorge Araújo Vieira Júnior, abnegado servidor público, consultor de carreira do Senado da República" elaborou um parecer exatamente sobre este tema. Dias Toffoli informa que o parecer recebeu o "aprovo" do Presidente Lula, formalidade que garantiria ao documento "efeito normativo para a Administração Pública, o que inclui as empresas estatais da União".

Toffoli passa a citar longamente o referido parecer. Do voto, destaco os dois pontos: em primeiro lugar, o ministro defende que a necessidade de motivação abranja todas as empresas estatais:

> O mencionado parecer conclui exatamente na linha dos argumentos do voto do Ministro Relator, no sentido de ser necessária a motivação para a dispensa de funcionários celetistas

> das empresas públicas, de todas elas, e não só os da Empresa Brasileira de Correios e Telégrafos (ECT).

Quanto aos limites de um procedimento formal, há apenas uma referência no voto: trecho de Celso Antônio Bandeira de Mello, citado pelo parecer do CGU, citado, por sua vez, por Toffoli, permitindo concluir que o ministro adere à necessidade de um procedimento formal que garanta o contraditório.

> Na sequência, o referido parecer cita doutrina de Celso Antônio Bandeira de Mello, *in verbis*:
> "Celso Antônio Bandeira de Mello expõe de maneira clara a necessidade de o desligamento de empregados nas sociedades de economia mista e nas empresas públicas ser motivado:
> [...] Daí que a despedida de empregado demanda apuração regular de suas insuficiências ou faltas, com direito à defesa e, no caso de providências amplas de enxugamento de pessoal, prévia divulgação dos critérios que presidirão as dispensas, a fim de que se possa conferir a impessoalidade das medidas concretamente tomadas.

Unindo-se ao voto do relator, Toffoli conclui:

> Vejam senhores Ministros que tal parecer tem força vinculante junto às empresas públicas federais, razão pela qual já deveria a própria recorrente ter se conformado com a decisão proferida. Sequer deveria recorrer.
> Assim como assim, acompanho o voto do Relator.

A próxima a votar é a ministra Cármen Lúcia, que adere à amplitude da necessidade de motivação a todas as empresas estatais, porém não se debruça sobre a questão do procedimento que antecede a dispensa. A ministra mostra-se muito preocupada em repisar – algo unânime entre os magistrados – que tal decisão não significaria o reconhecimento de estabilidade aos empregados públicos. De seu curto voto, destaco a questão de gênero que a ministra suscita:

> Porque, se eu não souber qual é a finalidade nem o motivo, não tenho como fazer o controle para saber se houve a discriminação (...), ou não, porque eu posso mandar embora dizendo outra coisa, como se tem na empresa privada. Nós, mulheres, que fomos tantas vezes discriminadas, ninguém diz que prefere um homem advogado a uma mulher, mas diz que não precisa motivar, então nós fomos discriminadas por conta disso. A discriminação pode ser política, a discriminação pode ser de qualquer ordem, e aí não se tem a motivação para que se faça esse cotejo, esse confronto entre o que foi alegado e o que está sendo executado. Por isso é que a motivação, a meu ver, compõe o próprio regime administrativo constitucionalmente estabelecido para a administração pública direta e indireta. Portanto, no caso, quanto à Empresa Brasileira de Correios e Telégrafos, eu não faço nenhuma distinção, apesar das peculiaridades dela (...). Acho que a motivação é que é o dado essencial.

O próximo a votar é o ministro Gilmar Mendes, que vai pelo caminho de repúdio à postura do TST que estaria afirmando a estabilidade do empregado público. Há um certo debate, até que a ministra Rosa Weber, mesmo impedida, explica a posição do seu tribunal de origem:

> Senhor Presidente, Vossa Excelência me permite, embora eu esteja impedida porque participei do julgamento na SDI-I do TST? Quero apenas noticiar que o Tribunal Superior do Trabalho tem a Súmula nº 390 onde, expressamente, não reconhece a aplicabilidade do artigo 41 da Constituição Federal aos empregados de sociedade de economia mista e empresas públicas. É a Súmula nº 390, no seu item II. Essa questão do concurso público, ou não, da ECT, aí, sim, são objetos de uma orientação jurisprudencial da SDI-I, que é a OJ nº 247.

Neste momento, o decano, ministro Celso de Mello, concordando com a ministra Rosa Weber, interrompe Mendes para antecipar seu voto:

> Min. Celso de Mello: Tem plena razão a eminente Ministra ROSA WEBER.
> Min. Gilmar Mendes: Até por isso acho que se justifica o provimento, porque essa OJ nº 247, que está sendo aqui invocada...
> Min. Celso de Mello: **A Súmula 390** do E. Tribunal Superior do Trabalho **destaca**, com absoluta correção, **na linha** do que está sendo ora decidido neste julgamento, **que se revela inaplicável** aos empregados de empresas públicas ou de sociedades de economia mista, a **garantia** da estabilidade **prevista** no art. 41 da Constituição.
> **No caso** ora em exame, **entendo** que se impõe ***o parcial provimento*** do presente recurso extraordinário, **na linha** preconizada pelo eminente Ministro TEORI ZAVASCKI, **reconhecendo-se**, *de um lado*, **a inaplicabilidade** do art. 41 da Lei Fundamental **e proclamando-se**, *de outro*, **a necessidade de motivação** *para a prática legítima* do ato de rescisão unilateral do contrato de trabalho, **quando se tratar** de empregados de sociedade de economia mista **ou** de empresas públicas.
> Min. Joaquim Barbosa (Presidente): Ministro Gilmar, Vossa Excelência já concluiu?
> Min. Gilmar Mendes: Eu concluo apoiando a posição do Ministro Celso.
> Min. Cármen Lúcia: Também reajusto, Presidente. [grifos no original]

A partir da manifestação da impedida Rosa Weber, Celso de Mello constrói novo consenso: a demissão de empregado público, seja de sociedade de economia mista, seja de empresas públicas, depende de motivação. A tese tem adesão imediata de Gilmar Mendes e Cármen Lúcia. Percebendo a mudança do escopo da decisão, Lewandowski indaga sobre a necessidade de elaboração de súmula vinculante. Dias Toffoli responde brevemente "De qualquer sorte, já está na repercussão geral":

> Min. Lewandowski (Relator): Senhor Presidente, desde logo, na primeira manifestação, já acolhi essa proposta, sem alteração do meu voto. Simplesmente vou explicitar isso na ementa. (...) Se eventualmente nós caminharmos no sentido

> de estendermos esse entendimento a todas as empresas dessa natureza, nos três níveis político-administrativos da Federação, talvez conviesse até elaborarmos uma súmula vinculante para delimitarmos ainda mais, ou de forma mais explícita, os contornos dessa nossa decisão porque, certamente, surgirão inúmeros litígios em torno dessas demissões.
> Min. Dias Toffoli: De qualquer sorte, já está na repercussão geral.

Marco Aurélio, enfim, é o último a votar. Seu voto diverge daquilo que fica acordado entre seus colegas. O juiz constitucional dá provimento ao recurso por acreditar que exigir a motivação da demissão do empregado da ECT implicaria, de alguma forma, restabelecer uma estabilidade, ainda que mitigada:

> Presidente, se a Empresa de Correios e Telégrafos – pessoa jurídica de direito privado, que sabidamente explora a atividade comercial – está sujeita ao artigo 173, mais especificamente ao que se contém no inciso II, não posso dizer que, no caso, terá desvantagem quanto às demais empresas privadas, resultante do afastamento do direito potestativo de colocar fim à relação empregatícia. Em 1966, sabemos, por iniciativa do Doutor Roberto Campos, foi afastada a estabilidade. Mas como que, no que se diz que a cessação do contrato de trabalho por iniciativa do tomador dos serviços há de ser motivada, a restabelecemos, embora de forma mitigada, reconheço.

Sem que o voto vencido de Marco Aurélio altere a dinâmica do julgamento, o ministro Celso de Mello proporá solução que terá a adesão do relator e da corte:

> Min. Joaquim Barbosa (Presidente): Eu indago, Senhores Ministros, sobre a eventual necessidade de deixarmos claro que a decisão desautoriza a caracterização dada à ECT pelo acórdão do TST, pelo que parece...
> Min. Celso de Mello: Proponho, Senhor Presidente, **que se dê** ***parcial provimento*** ao presente apelo extremo, **reconhecendo-se** inaplicável, em primeiro lugar, aos empregados de empresas públicas ou de sociedade de economia mista, **a**

> **garantia** da estabilidade **fundada** no art. 41 da Constituição. **E** enfatizando, *em segundo lugar*, que se impõe **motivar**, quanto aos empregados dessas empresas governamentais, a ruptura unilateral de seus respectivos contratos individuais de trabalho.
> Min. Ricardo Lewandowski (Relator): Eu não me oponho que isso conste da proclamação do julgamento, acho que essa é a essência, realmente, do meu voto e da conclusão do Plenário.
> Min. Celso de Mello: **Parece-me** que essa proposta está em absoluta consonância e em plena harmonia com os fundamentos do douto voto de Vossa Excelência.
> Min. Ricardo Lewandowski (Relator): Sem dúvida.
> Min. Celso de Mello: **Entendo fundamental**, no entanto, que tais proclamações **constem *da parte dispositiva*** do acórdão, **considerado** o que dispõe o art. 469, **inciso** I, do CPC.
> Min. Joaquim Barbosa (Presidente): Então eu repito: provido parcialmente o recurso para explicitar a não aplicabilidade ao caso do artigo 41 da Constituição, para deixar firmada a necessidade da motivação para os atos de dispensa de empregados de empresas públicas e sociedades de economia mista. Vencido o Ministro Marco Aurélio. Mais alguém? Não? O Ministro Eros Grau.
> [...]
> Min. Celso de Mello: O Ministro EROS GRAU fica vencido em parte.
> Min. Dias Toffoli: É, só que ele não está aqui para poder remodelar.
> Min. Celso de Mello: É verdade. Vencido em menor extensão.
> Min. Joaquim Barbosa (Presidente): Vencido em menor extensão o Ministro Eros Grau. [grifos no original]

O advogado da Empresa Brasileira de Correios e Telégrafos pede a palavra para postular a modulação de efeitos já que no caso concreto, segundo ele, a demissão teria sido motivada e a questão que se discutia, na verdade, seria se "a motivação foi idônea ou não". Ao final os ministros decidirão que a questão deveria ser suscitada em sede de embargos. Com isso, a ementa ficou com a seguinte redação:

> EMPRESA BRASILEIRA DE CORREIOS E TELÉGRAFOS – ECT. DEMISSÃO IMOTIVADA DE SEUS EMPREGADOS. IMPOSSIBILIDADE. NECESSIDADE DE MOTIVAÇÃO DA DISPENSA. RE PARCIALMENTE PROVIDO.
> I - Os empregados públicos não fazem jus à estabilidade prevista no art. 41 da CF, salvo aqueles admitidos em período anterior ao advento da EC nº 19/1998. Precedentes.
> II - Em atenção, no entanto, aos princípios da impessoalidade e isonomia, que regem a admissão por concurso público, a dispensa do empregado de empresas públicas e sociedades de economia mista que prestam serviços públicos deve ser motivada, assegurando-se, assim, que tais princípios, observados no momento daquela admissão, sejam também respeitados por ocasião da dispensa.
> III – A motivação do ato de dispensa, assim, visa a resguardar o empregado de uma possível quebra do postulado da impessoalidade por parte do agente estatal investido do poder de demitir.
> IV - Recurso extraordinário parcialmente provido para afastar a aplicação, ao caso, do art. 41 da CF, exigindo-se, entretanto, a motivação para legitimar a rescisão unilateral do contrato de trabalho.

De fato, os embargos vieram, a PGR opinará pelo seu desprovimento, em 16 de outubro de 2014, ou seja, mais de um ano depois da decisão do pleno do STF (tomada em 21 de março de 2013) e, pouco mais de um mês depois do relator assumir a presidência da corte – o que ocorre em 10 de setembro de 2014. A relatoria é redistribuída ao ministro Roberto Barroso em 18 de março de 2015, que trará ao plenário o caso apenas em 10 de outubro de 2018.

Além dos Embargos de Declaração em Recurso Extraordinário, a ECT ajuizou, também, ação cautelar, conforme Barroso relatará:

> 11. Em paralelo, a ECT ajuizou ação cautelar, visando a conferir efeito suspensivo aos embargos de declaração ora relatados. Alegou, em síntese, que o TST teria determinado a retomada do julgamento dos casos que estavam sobrestados sobre a matéria e que, diante das omissões e contradições apontadas

na deliberação do RE 589998, haveria risco significativo de a empresa e outras estatais sofrerem condenações indevidas. O TST teria sinalizado, inclusive, que a modulação temporal pleiteada pela ECT seria extremamente improvável e, portanto, mesmo os casos referentes a demissões praticadas antes de 13/11/2007 poderiam e deveriam ser retomados.
12. O então relator da ação cautelar, Min. Ricardo Lewandowiski, determinou que a ECT emendasse a petição inicial, especificando o periculum in mora. A determinação foi atendida, com apresentação de estimativa de prejuízo de R$ 87.111.719,72 [...].
13. Em 17/03/2015, o Min. Ricardo Lewandowski, na condição de Presidente do Tribunal, determinou a redistribuição da ação cautelar, nos termos do art. 68, §1º, do Regimento Interno (RI-STF), e, por prevenção, do próprio RE 589998, para fins de julgamento dos embargos de declaração. Tornei-me, então, relator dos dois processos.
14. Em 29/04/2015, deferi a medida liminar requerida pela ECT, conferindo, assim, efeito suspensivo aos embargos de declaração opostos no RE 589998. Leia-se a ementa da decisão:
Ementa: DIREITO DO TRABALHO E DIREITO PROCESSUAL. AÇÃO CAUTELAR. CONCESSÃO DE EFEITO SUSPENSIVO A EMBARGOS DE DECLARAÇÃO. PLAUSIBILIDADE DO RECURSO E RISCO DE DANOS IRREPARÁVEIS OU DE DIFÍCIL REPARAÇÃO. DEFERIMENTO DO PEDIDO.
1. Trata-se de ação cautelar proposta pela ECT objetivando a concessão de efeito suspensivo aos embargos de declaração por ela opostos no recurso extraordinário (RE) nº 589998.
2. O acórdão embargado reconheceu a obrigatoriedade de motivação dos atos de dispensa de empregado da ECT.
3. Nos embargos, a ECT pleiteia a modulação dos efeitos do julgado e o esclarecimento de pontos que, em seu entender, não restaram claros no julgamento do recurso extraordinário.
4. Comprovação da plausibilidade dos embargos e da existência de risco de danos irreparáveis ou de difícil reparação pela produção imediata de efeitos do julgamento do RE.
5. Deferimento do pedido, determinando-se que os casos que tratem da matéria permaneçam sobrestados nas instâncias inferiores.

O dia do julgamento dos embargos fora marcado para a semana subsequente às eleições gerais de 2018, cujo primeiro turno tinha ocorrido no domingo, 7 de outubro, anterior. Ocupando a presidência do STF há menos de um mês, Dias Toffoli pautou a discussão do ED para que naquela quarta-feira o relator Barroso apresentasse seu voto.

Como, por um lado, a liminar deferida em ação cautelar é uma decisão monocrática e, por outro lado, a decisão dos embargos data de momento posterior ao marco temporal de minha pesquisa, decidi deixar de analisar sua construção dedicando atenção, apenas e tão somente, à ementa e, sobretudo, à tese de julgamento, em comparação com a decisão tomada pela corte no Recurso Extraordinário.

A ementa do ED tem a seguinte redação:

> DIREITO CONSTITUCIONAL E DIREITO DO TRABALHO. EMBARGOS DE DECLARAÇÃO EM RECURSO EXTRAORDINÁRIO. DISPENSA SEM JUSTA CAUSA DE EMPREGADOS DA ECT. ESCLARECIMENTOS ACERCA DO ALCANCE DA REPERCUSSÃO GERAL. ADERÊNCIA AOS ELEMENTOS DO CASO CONCRETO EXAMINADO.
> 1. No julgamento do RE 589998, realizado sob o regime da repercussão geral, esta Corte estabeleceu que a Empresa Brasileira de Correios e Telégrafos - ECT tem o dever de motivar os atos de dispensa sem justa causa de seus empregados. Não houve, todavia, a fixação expressa da tese jurídica extraída do caso, o que justifica o cabimento dos embargos.
> 2. O regime da repercussão geral, nos termos do art. 543-A, § 7º, do CPC/1973 (e do art. 1.035, § 11, do CPC/2015), exige a fixação de uma tese de julgamento. Na linha da orientação que foi firmada pelo Plenário, a tese referida deve guardar conexão direta com a hipótese objeto de julgamento.
> 3. A questão constitucional versada no presente recurso envolvia a ECT, empresa prestadora de serviço público em regime de exclusividade, que desfruta de imunidade tributária recíproca e paga suas dívidas mediante precatório. Logo, a tese de julgamento deve estar adstrita a esta hipótese.
> 4. A fim de conciliar a natureza privada dos vínculos trabalhistas com o regime essencialmente público reconhecido à ECT, não é possível impor-lhe nada além da exposição, por escrito, dos motivos ensejadores da dispensa sem justa causa. Não se

> pode exigir, em especial, instauração de processo administrativo ou a abertura de prévio contraditório.
> 5. Embargos de declaração providos em parte para fixar a seguinte tese de julgamento: *A Empresa Brasileira de Correios e Telégrafos - ECT tem o dever jurídico de motivar, em ato formal, a demissão de seus empregados.*

O texto da ementa parece incongruente em vários pontos em comparação com o que ficara decidido no Recurso Extraordinário.

Em primeiro lugar, tenho dúvidas quanto à exatidão da afirmação "Não houve, todavia, a fixação expressa da tese jurídica extraída do caso, o que justifica o cabimento dos embargos". À exceção de Marco Aurélio, o plenário aderiu por unanimidade à proposta de tese do decano, Celso de Mello, a qual reproduzo mais uma vez:

> Proponho, Senhor Presidente, **que se dê *parcial provimento*** ao presente apelo extremo, **reconhecendo-se** inaplicável, em primeiro lugar, aos empregados de empresas públicas ou de sociedade de economia mista, **a garantia** da estabilidade **fundada** no art. 41 da Constituição. **E** enfatizando, *em segundo lugar*, que se impõe **motivar**, quanto aos empregados dessas empresas governamentais, a ruptura unilateral de seus respectivos contratos individuais de trabalho. [grifos no original]

O que ficou decidido no julgamento de 2013 foi a necessidade de se motivar a dispensa de empregado público. Por diversas vezes a abrangência da discussão foi suscitada. Como demonstrei, Lewandowski e Ayres Britto até cogitaram que a decisão ficasse limitada à ECT, porém Gilmar Mendes e Cármen Lúcia expressamente rechaçaram tal delimitação sob o argumento de que se tratava de repercussão geral.

Em segundo lugar, também não estou absolutamente convencido de que o plenário teria assentado que não seria exigível dos Correios "nada além da exposição, por escrito, dos motivos ensejadores da dispensa sem justa causa", ou ainda que "Não se pode exigir, em especial, instauração de processo administrativo ou a abertura de prévio contraditório". Tais conclusões são diametralmente opostas àquela que o relator trouxe originalmente em seu voto. Ainda que Lewandowski tenha recuado em seu posicionamento, não é possível tirar do julgamento a afirmação que qualquer motivação *pro forma* atenderia à necessidade de fundamentação da dispensa. Entender tal coisa poderia resultar em esvaziar totalmente o conteúdo da exigência de motivação.

Quanto à fixação da tese, seu texto ficou bastante curto, a partir dele não se pode concluir os esvaziamentos da ementa.

Neste caso da dispensa imotivada o STF teve uma grande oportunidade de dar um passo importante no caminho da superação daquilo que chamei de pecado original do direito do trabalho no Brasil. O passo em frente foi tímido e efêmero: muito rapidamente, em sede de embargos de declaração, o tribunal quis retornar e aprofundar seus pecados contra os trabalhadores brasileiros.

## 5.2 Em público, todo mundo é a favor da igualdade...

Sendo uma produção social, as leis de um ordenamento jurídico estão marcadas por sua historicidade (HESSE, 1991, p. 24). Aquilo que chamamos de CLT[70] tampouco escapa do momento histórico de sua produção e reprodução.

Digo reprodução porque, apesar do texto original datar de 1º de maio de 1943 – na verdade nem isso, já que, por ser uma consolidação de leis, diversos dispositivos ali previstos já vigoravam no país há anos – seu texto nunca deixou de ser reformado por qualquer que fosse o político que estivesse governando o país.[71]

Enquanto produto de seu tempo, a CLT e suas reformas traduzem não só um projeto de país como também positivam os valores daquela sociedade. Daí porque o texto originário dispõe de um Título "Das Normas Especiais de Tutela do Trabalho", composto de um primeiro Capítulo, "Das Disposições Especiais sobre Duração e Condições de Trabalho" (o qual, em verdade, é a reunião das legislações preexistentes específicas de categorias profissionais como bancários, músicos, motoristas etc.), um segundo Capítulo, "Da Nacionalização do Trabalho" (os quais foram revogados por incompatibilidade com a Constituição Federal de 1988),

[70] Refiro-me ao Decreto-Lei nº 5.452, de 1º de maio de 1943. Com o cuidado na escrita que lhe é peculiar, Márcio Túlio Viana detalha aquilo que a CLT é, o que não é, o que "passou a ser", seus silêncios, pecados, virtudes, desafios, e outros temas envolventes em seu elegante "70 anos de CLT: uma história de trabalhadores" (VIANA, 2014).

[71] O argumento de "atualização da CLT" fora utilizado por quase todos os governos brasileiros, incluindo aí a ditadura civil-militar, excluindo-se, apenas e tão somente o governo do Presidente Jânio Quadros (SOUTO MAIOR, 2017).

um terceiro Capítulo, "Da Proteção do Trabalho da Mulher" e, por fim, um último capítulo, "Da Proteção do Trabalho do Menor".

Apesar de ter sofrido tantas alterações alguns artigos permaneceram incólumes desde 1943 até o marco final de minha pesquisa (agosto de 2016). Para o caso em análise destaco um instituto específico do Capítulo "Da Proteção do Trabalho da Mulher", qual seja, o artigo 384:

> CLT, art. 384: Em caso de prorrogação do horário normal, será obrigatório um descanso de 15 (quinze) minutos no mínimo, antes do início do período extraordinário do trabalho.

A doutrina trabalhista costuma reconhecer neste descanso intrajornada uma importante medida de saúde e segurança do trabalho, uma vez que ao extrapolar a jornada contratada aumenta-se o risco de acidentes de trabalho, dado que o trabalhador já está mais cansado após o dia inteiro de atividade laborativa. Segundo Homero Batista Mateus da Silva:

> Estima-se que a jornada de trabalho praticada na casa das oito horas já envolva cansaço físico e mental suficiente para exaurir as forças do trabalhador naquele expediente, de tal forma que eventual necessidade de elastecimento dos horários é feita a um custo muito elevado, atraindo o perigo do acidente de trabalho pela fadiga ou desatenção e, ao mesmo tempo, a queda nos índices de produtividade e de qualidade na operação. Isso é fato. (SILVA, 2015, p. 282)

Contudo, com a aparente superação de alguns valores patriarcais[72] a doutrina e a própria jurisprudência passaram a questionar a validade

[72] Neste sentido, Patrícia Maeda afirma que: "No tocante ao direito do trabalho positivado, parece-nos que o viés protetivo de outrora vem se modificando para uma perspectiva de promoção real de igualdade. Nesse sentido, a Lei n. 7.855/1989 revogou expressamente os artigos 374, 375, 378, 379, 380, 387 da CLT, que versavam sobre restrições para as trabalhadoras, hoje inconcebíveis, porque discriminatórias, tais como: proibição de trabalhar em jornada extraordinária além de duas horas; autorização por atestado médico oficial em CTPS para a prorrogação de horário de trabalho; proibição de trabalho noturno na indústria (com as convenientes exceções, como por exemplo, empregada em serviços de higiene) ou autorização para determinados ramos mediante atestado médico e uma série de requisitos de segurança e medicina do trabalho; proibição de trabalho no subsolo e subterrâneos e em atividades perigosas e insalubres; possibilidade do marido se opor à autorização presumida da mulher casada para o trabalho, podendo até mesmo pleitear a rescisão se o trabalho acarretar "ameaça aos vínculos da família, perigo manifesto às condições peculiares da mulher" (MAEDA, 2018). Registro meu agradecimento à autora Patrícia Maeda, com quem pude tratar do tema, resultando em diálogo extremamente enriquecedor para mim.

da restrição dos quinze minutos de intervalo intrajornada antes da prorrogação do horário normal de trabalho apenas para as mulheres.

Não são poucos os dispositivos da Constituição de 1988 que consagram as mais diversas facetas do princípio da igualdade (BANDEIRA DE MELLO, 2010), inclusive em relação ao gênero. Apenas a título exemplificativo tem-se a promoção do "bem de todos, sem preconceitos de origem, raça, sexo, cor, idade e quaisquer outras formas de discriminação" como um dos objetivos fundamentais da República Federativa do Brasil (CF/88, art. 3º, IV) ou, de forma ainda mais eloquente, o artigo 5º, inciso primeiro, que enuncia:

> CF/88, art. 5º: Todos são iguais perante a lei, sem distinção de qualquer natureza, garantindo-se aos brasileiros e aos estrangeiros residentes no País a inviolabilidade do direito à vida, à liberdade, à igualdade, à segurança e à propriedade, nos termos seguintes:
> I - Homens e mulheres são iguais em direitos e obrigações, nos termos desta Constituição.

Diante deste quadro normativo passou-se a questionar se o dispositivo que garante o repouso da trabalhadora ainda seria aplicável depois da entrada em vigor da "Constituição Cidadã", e, em caso afirmativo, de que forma ele deveria ser interpretado.

Três correntes se apresentaram.[73] A primeira delas, de caráter reacionário em relação à proteção social – aqui tomado não no seu sentido propriamente valorativo, mas antes no sentido de agir em defesa de momento anterior à norma –, defende que (1) a igualdade garantida pela Constituição não toleraria a permanência de dispositivo que nitidamente e, sem qualquer motivo que lhe justificasse, diferencia homens e mulheres; que (2) diante deste conflito normativo o disposto constitucional revogaria o art. 384 da CLT, enquanto norma hierarquicamente inferior; que, portanto, a CF/88 não teria recepcionado o intervalo da mulher antes do início da jornada extraordinária, resultando, concluiria a corrente reacionária, na extinção de tal direito.

[73] A Ministra Rosa Weber transcreve em seu voto excerto de texto de Luiz Eduardo Gunther – ao qual eu não tive acesso, senão pela citação da Ministra – em que o autor expõe exatamente as mesmas correntes que apresento, porém sob outras denominações (e, utilizando fundamentações diversas): ao invés de reacionária, conservadora e progressista, Gunther falaria em negativista, positivista e ampliativa.

A segunda corrente, de caráter conservador em relação à proteção social – referencio-me quanto à ação de se conservar o estado de coisas posto pela norma – defende que não há qualquer incompatibilidade entre o princípio da igualdade positivado em diversos momentos pela Constituição e o artigo 384 da CLT. Há, de fato, um tratamento diferenciado entre homens e mulheres, porém isso não estaria proibido pela Constituição desde que se justificasse pelas circunstâncias concretas. Sendo homens e mulheres naturalmente distintos, não afrontaria a Constituição o tratamento diferenciado que o artigo 384 da CLT oferece às trabalhadoras. Como consequência, portanto, o direito ao repouso anterior à jornada extraordinária foi recepcionado pela Constituição nos termos literais da CLT, qual seja: de forma restrita às empregadas mulheres.

A última das correntes que se apresentou diante da questão foi a de caráter progressista em relação à proteção social – porque defende o avanço da proteção que se coloca em xeque. Argumentam os progressistas: (1) é preciso reconhecer que aparentemente existe um conflito normativo entre o princípio da igualdade inscrito na Constituição e a interpretação literal do artigo 384 da CLT; porém (2) tal conflito se dá apenas no campo da aparência, porque, tendo em vista que o artigo 384 é um texto normativo, exigiria para sua concretização a ação do intérprete.[74] Com isso, para se harmonizar com a Constituição o artigo 384 da CLT necessariamente deveria ser aplicado de forma a abrigar todos os trabalhadores que seguissem laborando após a jornada de trabalho, independentemente do gênero. Como consequência de tal interpretação tem-se a expansão da proteção originariamente conferida apenas para as mulheres, o que, concretizando-se os estudos de saúde laboral, resultaria em um ambiente de trabalho mais hígido e menos propenso a acidentes do trabalho.[75]

---

[74] Neste sentido: "(...) os textos normativos carecem de interpretação não apenas por não serem unívocos ou evidentes – isto é, por serem destituídos de clareza –, mas também porque devem ser aplicados a casos concretos, reais ou fictícios (...) O texto normativo (...) não contém imediatamente a norma. A norma é construída, pelo intérprete, no decorrer do processo de concretização do direito; (...) O texto normativo é uma fração da norma – aquela absorvida pela linguagem jurídica –, mas não é, ainda, a norma. Pois não se reduz à linguagem jurídica. Abrange todos os elementos e situações do mundo da vida, tal como se manifesta no momento de sua aplicação" (GRAU, 2014, p. 33).

[75] O Enunciado nº 22 da 1ª Jornada de Direito Material e Processual do Trabalho é eloquente neste sentido: ART. 384 DA CLT. NORMA DE ORDEM PÚBLICA. RECEPÇÃO PELA CF DE 1988. Constitui norma de ordem pública que prestigia a prevenção de acidentes de trabalho (CF, 7º, XXII) e foi recepcionada pela Constituição Federal, em interpretação conforme (artigo 5º, I, e 7º, XXX) para os trabalhadores de ambos os sexos. BRASIL, Tribunal Superior do Trabalho et al. Jornada de Direito Material e Processual do Trabalho. Enunciado nº 22. Brasília, DF, 23/11/2007.

Não demorou para que a questão saísse do debate teórico e fosse discutida em sede jurisdicional. Em graus distintos as três correntes doutrinárias ressoaram em decisões contraditórias em todo o país,[76] resultando no Incidente de Inconstitucionalidade suscitado no bojo de Recurso de Revista (TST-IIN-RR-1.540/2005-046-12-00.5),[77] julgado pelo Pleno do Tribunal Superior do Trabalho em 17 de novembro de 2008, relatado pelo ministro Ives Gandra Martins da Silva Filho, consolidando a corrente que denominei conservadora.

*RE nº 658.312/SC.* Rode Keilla Silva tinha 24 anos quando, em 3 de dezembro de 2001, começou a trabalhar como operadora de caixa na loja de Jaraguá do Sul da rede de supermercados Angeloni. Em 1º de abril de 2003 foi demitida imotivadamente, quando recebia mensalmente R$435,60 de salário (à época o salário-mínimo vigente era de R$ 240,00). Submetida – segundo a sentença de primeira instância – a acordo de compensação de jornada "feito por escrito de forma individual" e sem a participação da entidade sindical, trabalhando, inclusive, aos domingos, a trabalhadora vai à Justiça do Trabalho reclamar os direitos que lhe foram sonegados. A sentença de 20 de março de 2006 indefere o pleito de horas extras, e afirma expressamente que:

> Com o advento da CF, nos termos do art.5°, 'caput', que consagrou o princípio da igualdade entre homens e mulheres, não há que se falar na aplicação do artigo 384 da CLT, já que não recepcionado por tratar-se de regra discriminatória em relação às mulheres. Improcede o pedido.

Reconhecida a jornada extraordinária e o intervalo intrajornada pelo TRT da 12ª Região, a empresa mobiliza seu corpo jurídico para recorrer ao TST que decidirá, em 6 de abril de 2011, por não dar provimento ao Recurso de Revista patronal (TRT-RR-345600-96.2005.5.12.0046).

Inconformada com a aplicação pelo TST da norma positivada em lei e reconhecida pela jurisprudência, a empresa A Angeloni & Cia Ltda. faz com que seu Recurso Extraordinário chegue, em 21 de setembro

---

[76] Lays Caceres Bento da Silva, em monografia de conclusão de curso, realiza o levantamento empírico-jurisprudencial do posicionamento dos Tribunais acerca do tema (SILVA, Lays, 2015).

[77] Foram diversos julgados até que se suscitasse este incidente de inconstitucionalidade. Cf. BRASIL. TST. IIN-RR-1.540/2005-046-12-00.5, rel. Ives Gandra Martins Filho, julgado em 17/11/2008, disponível em: <http://aplicacao4.tst.jus.br/consultaProcessual/resumoForm.do?consulta=1&numeroInt=133296&anoInt=2007>. Acesso em 30/06/2018.

de 2011, ao STF, questionando a constitucionalidade do artigo 384 no cenário pós-88.

Distribuído ao min. Dias Toffoli, o plenário virtual decidirá no Tema 528, intitulado "Recepção, pela CF/88, do art. 384 da CLT, que dispõe sobre o intervalo de 15 minutos para trabalhadora mulher antes do serviço extraordinário" pela existência de repercussão geral em 9 de março de 2012, a partir dos votos do próprio relator e, também, dos ministros Fux, Lewandowski, Marco Aurélio, Mendes, Britto, Celso de Mello e Rosa Weber. Vencido o ministro Peluso, não se manifestaram os ministros Joaquim Barbosa e Cármen Lúcia.

Foram admitidos como *amicus curiae* duas entidades patronais: a Associação Brasileira dos Supermercados (ABRAS) e a poderosa Federação Brasileira dos Bancos (FEBRABAN), cujo advogado registrado no acórdão do STF é o ex-ministro do STF Carlos Mário da Silva Velloso.

Pautado para ser julgado em 27 de novembro de 2014, a corte é presidida por Lewandowski, que não comparece à sessão porque, segundo consta do extrato de ata, "recebeu, em São Paulo, homenagem prestada pela Congregação da Velha e Sempre Nova Academia do Largo de São Francisco, Faculdade de Direito". Ausente, também, o ministro Teori Zavascki, a sessão é presidida por Cármen Lúcia e conta com a presença de Celso de Mello, Marco Aurélio, Gilmar Mendes, Luiz Fux, Rosa Weber e Roberto Barroso, o qual se declarou impedido.

O relator, José Antonio Dias Toffoli, inicia afirmando que a preocupação com a igualdade esteve presente em todas as Constituições brasileiras, sendo que a igualdade de gênero passou a figurar expressamente com a Constituição de 1934. Não obstante tal onipresença constitucional da forma igualdade, esta nunca foi alcançada "no mundo dos fatos".

Preocupando-se em alterar esta situação, a Constituição de 1988 previu expressamente "tratamento diferenciado" das mulheres com vistas à superação da desigualdade de gênero. Segundo Toffoli, o constituinte, ao reconhecer "a histórica exclusão da mulher do mercado regular de trabalho", decidiu impor "ao Estado a obrigação de implantar políticas públicas, administrativas ou meramente legislativas de natureza protetora no âmbito do direito do trabalho".[78] Afirma também que o constituinte "considerou existir um compo-

[78] Esta afirmação, em seu voto, é acompanhada da seguinte referência, à qual não tive acesso: PITANGUY, Jacqueline & BARSTED, Leila L. (orgs.). O Progresso das Mulheres no Brasil. Brasília: UNIFEM, Fundação Ford e CEPIA, 2006.

nente orgânico, biológico, a justificar o tratamento diferenciado, inclusive pela menor resistência física da mulher"; e que, por fim, o constituinte "considerou haver, também, um componente social, pelo fato de ser comum o acúmulo de atividades pela mulher no lar e no ambiente de trabalho".

Ou seja, segundo o relator a CF/88 reconhece três níveis de desigualdade que recaem sob as mulheres: uma histórica (não contratação de empregadas mulheres), outra biológica (a mulher teria menor resistência física) e uma terceira social (a dupla jornada das mulheres que, além de seus empregos, ainda precisariam "cuidar da casa"). Neste momento a ministra Rosa Weber pede a palavra para destacar que a amplitude da discriminação que as mulheres sofrem no mercado de trabalho:

> (...) li um artigo interessantíssimo publicado em um dos jornais aqui de Brasília, na semana passada ou retrasada, sobre a inserção da mulher no mercado de trabalho. Apontou-se que aqueles obstáculos normais que existiam para as mulheres mais jovens – filhos, casamento – estão voltando a aparecer na fase madura das mulheres. Naturalmente, mais na classe trabalhadora, porque a classe alta pode contratar cuidadoras. No caso dos pais, em função da longevidade e de todas essas doenças como *Alzheimer*, a mulher continua sobrecarregada, a atender a essas tarefas todas. O cuidado dos próprios genitores fica também a cargo da mulher. Então, a carga de trabalho da mulher não diminui com o passar do tempo, é até duplicada, apesar de toda a colaboração masculina.

Confesso que o argumento biológico me traz desconforto. De toda sorte, é seguramente uma premissa do voto do relator, que recorre à doutrina e à jurisprudência para sustentá-lo.

Dias Toffoli também argumenta que o legislador pós-constituinte reconheceu a recepção do artigo 384, porque em 1989 foi promulgada a Lei nº 7.855, que revogou sete dispositivos celetistas que pertenciam ao referido Capítulo "Da proteção do trabalho da mulher".

O advogado do escritório do ex-ministro Carlos Velloso, que sustentou oralmente pela FEBRABAN, afirma expressamente que:

> O artigo 384 da CLT, portanto, Senhores Ministros, encontra-se na contramão da história e na contramão da ordem constitucional, a norma certamente criada com o intuito de beneficiar as mulheres no ambiente de trabalho é perversa. E é perversa, Senhores Ministros, porque longe de beneficiar a quem deveria, acaba por criar obstáculos, ainda que involuntários, ao ingresso das mulheres no mercado de trabalho, aumentando, inclusive, consideravelmente os custos de sua contratação.

Enfrentando este argumento, segundo o qual conceder o intervalo de quinze minutos apenas para as mulheres resultaria em um desincentivo à contratação feminina, o ministro diz não haver evidências empíricas que suportem tal conclusão:

> Não parece existir fundamento sociológico ou mesmo comprovação por dados estatísticos a amparar a tese de que o dispositivo em questão dificultaria ainda mais a inserção da mulher no mercado de trabalho. Não há notícia da existência de levantamento técnico ou científico a demonstrar que o empregador prefira contratar homens, em vez de mulheres, em virtude da obrigação em comento.

Neste momento, Marco Aurélio interrompe Toffoli para defender o argumento recusado pelo relator, dando início a um breve e curioso diálogo:

> Min. Marco Aurélio: Observo a ordem natural das coisas: o mercado é impiedoso.
> Min. Cármen Lúcia: Em relação a nós mulheres não tem sido só o mercado, a sociedade inteira, historicamente, tem sido, Ministro.
> Min. Marco Aurélio: Haja vista a composição do Supremo.
> Min. Dias Toffoli: O nosso Parlamento tem menos mulheres do que o Parlamento do Irã.
> Min. Marco Aurélio: Países muçulmanos estão à frente, na representação política, do Brasil.
> Min. Dias Toffoli: O nosso Parlamento, proporcionalmente, tem menos mulheres do que o Parlamento do Irã. É só um registro.

Min. Cármen Lúcia: Mas nós, homens e mulheres, haveremos de andar juntos e iguais, porque, juntos, somos mais.



Ato contínuo, Toffoli, reafirmando a diferença entre homens e mulheres, rechaça também a aplicabilidade do intervalo para homens. Depois de citar dispositivos nacionais e internacionais em que se concebe "a igualdade não a partir de sua formal e irreal acepção, decorrente do liberalismo clássico, mas como um fim necessário em situações de desigualdade", o ministro sintetiza assertivamente:

> O dispositivo atacado não viola o art. 7º, inciso XXX, da Constituição Federal, na medida em que não diz respeito a tratamento diferenciado quanto ao salário a ser pago a homens e mulheres, a critérios diferenciados de admissão, ou mesmo a exercício de funções diversas entre diversos gêneros. Essa norma (...) não gera, no plano de sua eficácia, prejuízos ao mercado de trabalho feminino. Aliás, o intervalo previsto no art. 384 da CLT só tem cabimento quando a trabalhadora labora, ordinariamente, com jornada superior ao limite permitido pela lei e o empregador exige, diante de uma necessidade, que se extrapole esse período. Adotar-se a tese da prejudicialidade nos faria inferir, também, que o salário-maternidade, a licença-maternidade, o prazo reduzido para a aposentadoria, a norma do art. 391 da CLT, que proíbe a despedida da trabalhadora pelo fato de ter contraído matrimônio ou estar grávida, e outros benefícios assistenciais e previdenciários existentes em favor das mulheres acabariam por desvalorizar a mão de obra feminina.
> Portanto, há que se concluir que o art. 384 da CLT foi recepcionado pela atual Constituição, visto que são legítimos os argumentos jurídicos a garantir o direito ao intervalo. O trabalho contínuo impõe à mulher o necessário período de descanso, a fim de que ela possa se recuperar e se manter apta a prosseguir com suas atividades laborais em regulares condições de segurança, ficando protegida, inclusive, contra eventuais riscos de acidentes e de doenças profissionais. Além disso, o período de descanso contribui para a melhoria do meio ambiente de

> trabalho, conforme exigências dos arts. 7º, inciso XXII, e 200, incisos II e VIII, da Constituição Federal.

Destaco, do excerto que transcrevi, que apesar de não compor a razão de decidir o voto de Toffoli não ignora que se trata de uma questão de saúde e segurança do trabalho. Porém, a reflexão do relator parte para caminho totalmente diverso, Dias Toffoli conclui afirmando que o intervalo do art. 384 não constitui "um núcleo irreversível do direito fundamental ou que implique o mínimo existencial social do direito fundamental da trabalhadora mulher", ou seja, caso o legislador queira eliminá-lo o último indicado pelo Presidente Lula não se oporia. A ministra Rosa Weber, então, destaca que o legislador também poderia realizar a extensão do intervalo aos homens. Diante da concordância de Toffoli, Weber arremata:

> Nós aqui, depois de duas horas sentados, gostamos quando chega o intervalo e podemos levantar. Então, o intervalo de quinze minutos inicia-se antes de começar o quê? O trabalho extra depois de oito horas de serviço; no caso dos bancários, seis horas de trabalho.

De toda sorte, o ministro Dias Toffoli encerra seu voto propondo, então, a fixação da tese de que o artigo 384 da CLT foi recepcionado pela CF/88 e que seria aplicável a todas as mulheres trabalhadoras.

A seguir, foi a vez da ministra egressa do Tribunal Superior do Trabalho, Rosa Maria Pires Weber, de votar. Elogiando o voto do relator, a jurista inicia seu voto jogando luz nos sujeitos que serão afetados pela decisão:

> se o Regimento Interno do Supremo concedesse, Ministra Cármen, intervalo especial a Vossa Excelência e a mim, seria totalmente desarrazoado. Todavia tratamos aqui de comerciárias, industriárias, bancárias, quer dizer, das mulheres todas que estão ao abrigo da Consolidação das Leis do Trabalho nas suas relações de emprego.

A seguir, ao rechaçar a ideia de que o intervalo em discussão criaria maiores dificuldades à inserção da mulher no mercado de trabalho é interrompida pelos ministros Marco Aurélio e Luiz Fux:

> Min. Rosa Weber: (...) com todo respeito, parece-me que deixar de admitir uma mulher porque, em sendo mulher, terá quinze minutos de intervalo antes de começar a jornada de trabalho afrontará sim o direito fundamental. A não admissão irá afrontar.
> Min. Marco Aurélio: A razão não é revelada!
> Min. Luiz Fux: Mas, Ministra Rosa, Vossa Excelência acha que alguém vai dizer isso textualmente?
> Min. Rosa Weber: Não.
> Min. Luiz Fux: Vai fazer veladamente.
> Min. Rosa Weber: Mas é importante que se destaque, assim como, por exemplo, se consolidou toda uma jurisprudência no TST com relação às despedidas arbitrárias dos portadores de HIV – e então declaradas nulas – quando a aids estava realmente levando inúmeros trabalhadores a serem despedidos, mesmo que por meras suspeitas. Então claro que a imaginação humana e – às vezes – a maldade humana são muito maiores do que se pode até imaginar, Ministro Fux, não é?

A ministra segue em seu voto dando voz a distintos autores: primeiro, com Arnaldo Süssekind, comenta a legislação internacional de proteção ao trabalho da mulher; depois, reflete sobre a igualdade a partir de trechos de Boaventura de Sousa Santos ("Temos o direito de ser iguais quando a diferença nos inferioriza, temos o direito de ser diferentes quando a igualdade nos descaracteriza"), Rui Barbosa ("Tratar com desigualdade a iguais, ou a desiguais com igualdade, seria desigualdade flagrante, e não igualdade real"), da própria ministra Cármen Lúcia, de Celso Antônio Bandeira de Mello, de Roger Raupp Rios, de Eneida de Melo Correia de Araújo.

Adentrando ao tema específico do intervalo do artigo 384, a ministra cita o texto de Luiz Eduardo Gunther para caracterizar as três correntes interpretativas do dispositivo e, a seguir, realiza longa citação do voto do ministro Ives Gandra Martins Filho sobre o tema.

Aqui, abro um parêntese: ainda que o debate jurisdicional do TST não compusesse o objeto de minha obra, decidi anotar a argumentação de Gandra Filho por dois motivos: de um lado, porque compõe a razão de votar da ministra Weber; de outro lado, expressa uma argumentação tão excêntrica que achei injusto não registrar seus trechos mais memoráveis:

> Ora, a igualdade jurídica e intelectual entre homens e mulheres não afasta a natural diferenciação fisiológica e psicológica dos sexos, não escapando ao senso comum a patente diferença de compleição física de homens e mulheres.

Há, portanto, para Gandra Filho, uma "natural diferenciação fisiológica e psicológica dos sexos", a qual dá destaque para a "patente diferença de compleição física de homens e mulheres". Reconhecendo tratar o art. 384 de norma de medicina e segurança do trabalho, em seguida passa a citar a Doutrina Social Cristã por meio da Encíclica *Rerum Novarum*, em passagem que o Papa Leão XIII defende a importância dos repousos, a contrariedade ao trabalho infantil e a questão do trabalho feminino, segundo o qual:

> Trabalhos há também que se não adaptam tanto à mulher, a qual a natureza destina de preferência aos arranjos domésticos, que, por outro lado, salvaguardam admiravelmente a honestidade do sexo e correspondem melhor, pela sua natureza, ao que pede a boa educação dos filhos e a prosperidade da família.

A seguir, o autor passa a citar dispositivos normativos que tratam as mulheres de forma distinta para reconhecer aquilo que chama de "maior desgaste natural da mulher trabalhadora, em comparação com o homem, dada a diferente compleição física", como: a diferenciação da idade de aposentadoria, a menor exigência de testes físicos em concursos públicos para a carreira militar, e, inclusive, a previsão de licença-maternidade maior que a licença-paternidade, já que, em suas palavras: "o direito visa igualmente o bem da criança, que exige maior presença e cuidados da mãe em seus primeiros meses de vida".

Abordando a questão da dupla jornada, afirma que: "Por mais que se dividam as tarefas domésticas entre o casal na atualidade, o peso maior da administração da casa e da educação dos filhos acaba recaindo sobre a mulher".

E, adiante, retomando o argumento da diferenciação previdenciária entre homens e mulheres conclui que tal distinção "apenas se justifica diante da realidade do desgaste maior da mulher trabalhadora, quando se tem em conta a necessidade a que está sujeita, de compatibilização dos deveres domésticos com o trabalho profissional".

Com isso, tem-se, para o relator, que a justificativa da maior proteção da trabalhadora em relação aos homens se dá, fundamentalmente, pela questão materna; isso o leva a suscitar a hipótese de que "no caso de mulher solteira e sem filhos, em face da ausência do ônus suplementar dos filhos" não haveria motivos para a distinção que opera o legislador, porém Gandra Filho logo se desfaz de tal hipótese argumentando que "onde a Constituição deu tratamento equivalente a todas as mulheres, independentemente de suas circunstâncias pessoais, não cabe ao intérprete distinguir".

Por fim, passa a realizar considerações pretensamente filosóficas para investigar o caráter de tal distinção entre o masculino e o feminino. Vale a pena a reprodução do texto:

> Para Edith Stein (1891-1942), destaque feminino no campo filosófico (fenomenologista), três características se destacam na relação homem-mulher: igual dignidade, complementariedade e diferenciação (não só biológica, mas também anímica). Cada um dos sexos teria sua vocação primária e secundária, em que, nesta segunda, seria colaborador do outro: a vocação primária do homem seria o domínio sobre a terra, e a da mulher a geração e educação dos filhos ("A primeira vocação profissional da mulher é a construção da família"). Por isso, a mulher deve encontrar, na sociedade, a profissão adequada que não a impeça de cumprir a sua vocação primária, de ser "o coração da família e a alma da casa". O papel da mulher é próprio e insubstituível, não podendo limitar-se à imitação do modo de ser masculino (cfr. Kawa, E. Edith Stein. 1ª ed. São Paulo: Quadrante, 1999. P. 58-63).
>
> O princípio filosófico-antropológico da diferenciação e complementariedade entre homens e mulheres, tal como acima exposto, constante da tradição da Filosofia Ocidental, é retratado na Filosofia Oriental pelo binômio Yin-Yang, no qual o Yin é o princípio passivo, feminino, noturno, escuro e frio, e o Yang é o princípio ativo, masculino, diurno, luminoso e quente. Tais princípios não trazem em si juízos de valor, não

> se conjugam necessariamente na mesma ordem e nem estabelecem hierarquia principiológica, mas apenas mostram a complementariedade dos contrários, de modo que, na relação homem-mulher, à fragilidade física da mulher contrapõe-se sua fortaleza interior, maior até que a do homem. Nesse sentido as normas protetivas do trabalho da mulher dizem respeito, tão somente, ao aspecto exterior, não ao interior, no qual a igualdade é reconhecida e até superada.

Com base em tais fundamentos, conclui Gandra Filho:

> Nesse diapasão, levando-se em consideração a máxima albergada pelo princípio da isonomia, de tratar desigualmente os desiguais na medida das suas desigualdades, ao ônus da dupla missão, familiar e profissional, que desempenha a mulher trabalhadora, corresponde o bônus da jubilação antecipada e da concessão de vantagens específicas, em função de suas circunstâncias próprias, como é o caso do intervalo de 15 minutos antes de iniciar uma jornada extraordinária.
> Se o excesso de proteção à mulher pode gerar o efeito perverso de restrição no mercado de trabalho e discriminação no momento da contratação, por outro, a necessidade da proteção é inegável. No caso, até para desestimular a prestação de sobrejornada por parte da mulher que é mãe de família ou gestante, em detrimento do atendimento aos deveres familiares e do sadio desenvolvimento da criança em gestação.

De volta ao voto da ministra Weber, a jurista colaciona trechos de seus votos quando da análise de “tratamento particular dispensado às mulheres pela Lei Maria da Penha”, na ADC nº 19 e na ADI nº 4424; segue, no campo jurisprudencial, reproduzindo precedentes do STF em que a Corte reconheceu a constitucionalidade da adoção de critérios diferenciados para pessoas do sexo feminino. Adentrando ao tema do art. 384 Weber o reconhece no bojo dos intervalos intrajornadas (“Considerando o desgaste já sofrido durante a jornada normal, o legislador conferiu-lhe singelos 15 minutos para “respirar” antes do elastecimento da jornada”) – valendo-se da doutrina de Maurício

Godinho Delgado – o qual, por sua vez encontra-se inserido no tema da "higidez física e mental dos trabalhadores".

O argumento abre caminho para que a ministra proponha uma perspicaz inversão do debate: da afirmação de uma "igualdade absoluta" entre homens e mulheres, "a inconstitucionalidade na aplicação da norma não residiria exatamente na previsão para as mulheres do intervalo de 15 minutos, mas na exclusão dos homens". Em outras palavras: a premissa segundo a qual o trabalho em jornada extraordinária não enseja qualquer tratamento diferenciado entre homens e mulheres levaria a concluir que o intervalo deve abranger a trabalhadores de ambos os gêneros. A ministra aduz que tal "caráter exegético-ampliativo à norma" já era defendido desde 1990 por Mozart Victor Russomano.

Para demonstrar seu argumento Rosa Weber recorre à alteração que a Lei nº 9.799/1999 performou na CLT ao introduzir, no bojo do art. 373-A, "expressas proibições a práticas abusivas contra a mulher trabalhadora", dentre as quais destaca aquela prevista no inciso VI: "proceder o empregador ou preposto a revistas íntimas nas empregadas ou funcionárias". Recorrendo à analogia, a ministra reflete:

> No caso do inciso VI, que veda o procedimento abusivo de revistas íntimas nas empregadas por parte do empregador, a ausência de dispositivo semelhante para os homens não induz a se pensar em inconstitucionalidade por afronta ao princípio da igualdade. Ao contrário: por se tratar de norma que visa ao resguardo da intimidade – expressão da dignidade da pessoa humana-, jurisprudência e doutrina são conduzidas à extensão para os empregados do sexo masculino.

Se no final de seu voto Toffoli sinalizou no sentido de que mesmo julgando que o artigo 384 tenha sido recepcionado pela CF/88 reconheceria como constitucional a sua supressão, Weber, por sua vez, encerra seu voto aderindo ao dispositivo, porém sinalizando no sentido oposto:

> Assim, caso se quisesse realmente o estabelecimento de igualdade absoluta de tratamento, em interpretação conforme, se poderia, isso sim, incluir os homens como novos destinatários

> do dispositivo e não reduzir, ainda mais, os direitos laborais conquistados.
> Acompanhando o Relator, nego provimento ao recurso.
> É como voto.

Ao votar, portanto, Rosa Weber deixa a entender – o que ela explicitará mais adiante – que está pronta a aderir à corrente progressista, porém entrevendo que a tese não terá a adesão de seus pares defende a proposta conservadora, juntando-se integralmente ao posicionamento do relator.

O próximo a votar é o ministro Luiz Fux, que abre seu voto com a seguinte fala:

> Senhora Presidente, ilustre representante do Ministério Público, Senhores Advogados, em primeiro lugar, uma colocação interdisciplinar e comum. Eu tenho todo o apreço pelas mulheres, nós todos, enfim, mas tanto mais porque eu fui criado com várias irmãs, tenho um grande amor na minha vida, que são minha filha e minha mulher, de sorte que a interpretação que faço é racional e não passional, ou seja, não tenho nada contra as mulheres, tenho tudo a favor.
> Vem de encontro ao que vou falar, porque, na verdade, eu não faço mais do que uma obrigação em respeito ao princípio da isonomia. O que eu verifico? Eu verifico, Senhora Presidente, que os próprios doutrinadores do Direito do Trabalho divergem muito sobre esse tema.

Se no caso da prescrição da pretensão relativa aos recolhimentos do FGTS o ministro Fux demonstrou em seu voto uma grande falta de intimidade quanto ao tema, tornando difícil entender sua posição, neste caso específico o processualista defenderá uma posição juridicamente válida, porém o faz a partir de uma argumentação que contradiz sua própria conclusão.

Diante da classificação que propus das correntes interpretativas do artigo 384 da CLT, a posição de Fux estaria no meio do caminho entre a reacionária e a conservadora. Sinteticamente, Fux recepcionaria o dispositivo celetista apenas e tão somente para mulheres que desempenhassem atividades laborais que exigissem esforço físico.

Eis a proposta hermenêutica de Fux, a qual, apesar de discordar, reconheço sua validade lógica.

A argumentação, por outro lado, que sustenta a proposta é contraditória. De início Fux suscita Arnaldo Süssekind, Celso Antônio Bandeira de Mello e Mozart Victor Russomano para afirmar a existência da opinião de que tal intervalo fosse expandido, também, aos homens.

> Eu pude colacionar aqui algumas lições de eméritos professores que, na minha época de faculdade, lecionavam e indicavam as suas obras como guias inafastáveis, como, por exemplo, o Professor Arnaldo Süssekind, uma análise mais sob o ângulo da principiologia constitucional do professor Celso Antônio Bandeira de Mello. E alguns outros que nem chegam a discordar, eles sugerem, na verdade, que se conceda esse intervalo também aos homens; quer dizer, o princípio da isonomia está tão imanente a essa questão que vários doutrinadores, como o Professor Mozart Victor Russomano, ele indicava que isso deveria ser estendido aos homens, que era razoável, por exemplo, que se obedecesse a esse intervalo, claro, naquelas atividades em que houvesse um esforço físico, porque fisicamente é comprovável que o homem tem mais aptidão física do que a mulher, sob o aspecto biopsicológico.

Porém, tendo em vista que a economia brasileira estaria atrelada ao setor de serviços e que as mulheres teriam uma maior aptidão ao trabalho neste setor que os homens, a norma feriria o princípio da igualdade. Dirá o ministro:

> Mas, como hoje nós vivemos num mercado de serviços, onde o que prevalece é a capacidade intelectual, eu até me arriscaria a dizer que as mulheres têm uma aptidão até superior aos homens em determinadas atividades, pela própria sensibilidade que é imanente ao universo feminino.

Atrelando o dispositivo à suscitada menor aptidão física das mulheres, Fux continuará:

> Então, eu verifico aqui, na realidade, no meu modo de ver, essa proteção do artigo 384, com a devida vênia, a um só tempo ela viola o princípio da igualdade, porque ela peca por inconstitucionalidade e por omissão, porque deveria se deferir aos homens também, e assim a doutrina trabalhista sugere isso, e não a orientação jurisprudencial que acabou se firmando na SDI do Tribunal Superior do Trabalho de nº 342.
> Mas a doutrina tem três vetores bem claros: ou bem esse dispositivo viola o princípio da isonomia, ou bem, até por força da isonomia, concede-se esse período também para os homens, ou, então, aplica-se somente esse dispositivo naquelas atividades que demandam esforço físico, porque aí realmente devem ser tratados os homens de forma desigual em relação às mulheres, mas no mercado de trabalho intelectual, absolutamente não faria sentido.

Fux ensaiará o resgate do argumento rechaçado por Toffoli:

> Ora, uma proteção desta sorte cria um discrímen que, por via oblíqua, sem se dizer, acaba gerando um ônus para o mercado de trabalho em relação às mulheres. É claro que ninguém vai dizer explicitamente isso. Como, por exemplo, o Supremo Tribunal Federal entendeu que o imóvel do fiador não era passível de penhora, porque havia o direito social à moradia, ou entendeu o contrário, mas, de qualquer maneira, trouxe aqui um argumento nessa ordem sob a alegação de que, se isso não fosse permitido, levaria a uma majoração dos aluguéis. Isso foi dito aqui sem nenhum dado empírico, foi só uma questão de avaliação objetiva da situação jurídica que pode ser gerada por uma regra desse teor.

A primeira objeção que faço a este argumento está no uso equivocado da expressão "avaliação objetiva" para qualificar um palpite. Porém, levando a sério o raciocínio de Fux, qual seja, ao proteger o trabalho da mulher o artigo 384 estaria desprestigiando a inclusão feminina no mercado de trabalho, a solução defendida pelo ministro tampouco resolveria a questão. Ou seja: por que o artigo 384 obstruiria o ingresso de mulheres no mercado de trabalho feminino, à exceção das atividades que exigiriam esforço físico?

Caminhando para concluir a divergência, Weber pede um aparte e tenta explicar para seu colega a fragilidade do argumento do esforço físico:

> Min. Weber: V. Exa. me permite, Ministro Fux.
> Min. Fux: Claro, acho um perigo Vossa Excelência intervir, porque Vossa Excelência tem a experiência do Tribunal Superior do Trabalho, mas concedo a palavra.
> Min. Weber: Invoco a experiência de todos nós no dia a dia. Eu estava a pensar, em uma loja, o trabalho da comerciária exige grande esforço físico? Em princípio, parece que não, mas já observou que não há lugar para todos se sentarem? Às vezes, oito horas, não é?
> Min. Fux: Confesso que eu não tenho essa experiência.
> Min. Weber: Então, é difícil...
> Min. Fux: Distinguir.
> Min. Weber: É difícil definir qual seria a atividade que exige o esforço físico. A própria CLT distingue expressamente no caso de levantamento de peso, como o voto do Ministro Dias Toffoli destaca.
> Min. Cármen Lúcia (Presidente): O Ministro-Relator expressamente faz referência.
> Min. Weber: Inclusive há até projeto de lei em trâmite no Senado para diminuir o peso que os homens podem carregar. Pela CLT, a carga máxima corresponde a 60 kg. Cito no meu voto escrito o número do projeto de lei em que se busca diminuir o peso. Quanto às mulheres, realmente há limitação.
> Min. Fux: É, e eu entendo. O que o advogado sustentou aqui da tribuna foi interessante, porque, realmente, são frutos de ...
> Min. Weber: Bom, então, eu já não vou mais defender os homens.
> Min. Fux: ... de uma premissa equivocada de que as mulheres representavam o sexo frágil. Foi assim que os homens foram se iludindo a vida inteira. Então, por essa razão é que os doutrinadores hoje sugerem a extensão disso aos homens também.

> Min. Cármen Lúcia (Presidente): Então, Vossa Excelência vota no sentido de, divergindo, dar provimento?
> Min. Fux: Sim, com esses fundamentos da isonomia à proteção deficiente, que vai criar uma discriminação em relação às mulheres - nós não temos dúvida...
> Min. Cármen Lúcia (Presidente): Não foi recepcionada...
> Min. Fux: Isso.

O próximo a votar é o ministro Gilmar Mendes. O ministro inicia seu voto fazendo referência à imagem do "bom juiz Magnaud", dá voz à vulgata segundo a qual os magistrados trabalhistas atuariam de maneira ilegalmente generosa, causando, assim, "um encurtamento das vagas no modelo de mercado de trabalho". Desde o início Mendes afirma que irá acompanhar o relator, porém faz questão de marcar seu posicionamento partidário da extinção dos direitos trabalhistas. Rodrigo Carelli irá suscitar dois relatórios internacionais (um da OIT e outro da OCDE) para reconhecer o caráter de "mito, baseado em crenças ideológicas, sem qualquer vinculação rigorosa com fatos ou estudos empíricos" do argumento segundo o qual:

> [...] a proteção do direito do trabalho gera desemprego, sendo necessária a flexibilização da legislação trabalhista para a criação de postos de trabalho. Segundo os estudos empíricos realizados em diversos países (por todos, Relatório de Giuseppe Bertola para a OIT – Organização Internacional do Trabalho de 2009; e da OCDE – Organização para a Cooperação e Desenvolvimento Econômico de 2006 e 2013), não há qualquer relação determinante entre a proteção trabalhista e a geração de empregos, no sentido que a proteção trabalhista impediria a contratação de trabalhadores ou que a flexibilização incentivaria a criação de novos postos de trabalho. Outro ponto que os estudos abrangentes demonstram é que a proteção trabalhista assegura melhor distribuição da renda, além de demonstrar que longas horas de trabalho e alta rotatividade diminuem sensivelmente a produtividade (Deakin, Malmber e Sarkar, International Labour Review 195, 2014). O discurso de

> que o direito do trabalho se relaciona com o nível de emprego tem origem puramente ideológica. (CARELLI, 2017a, p. 9)[79]

No caso da legitimidade extraordinária dos sindicatos, quando Ayres Britto afirmou que se o empregado promovesse a execução por conta própria, o empregador o demitiria no dia seguinte. Diante desta alegação, Nelson Jobim imputou ao colega a acusação de estar se utilizando de uma "retórica de terrorismo". Anos depois, para defender ponto de vista que, apesar de lhe ser característico, depõe contra a conclusão que irá proferir, Mendes resgata despudoradamente a retórica terrorista:

> Eu gostaria de compartilhar da visão otimista da Ministra Rosa em relação como vai se comportar o mercado a partir desse tipo de regras. Mas eu até adivinho que as coisas não vão ocorrer dessa maneira. E muito provavelmente, a partir dessas definições, muitos setores vão optar ou por não fazer hora extra ou, quando fizerem hora extra, certamente vão dar preferência para o trabalho masculino. Hoje há programas de computador que fazem esse tipo de engenharia institucional em termos de custo

Se o palpite impressionista do ministro fosse válido, ele consagraria uma razão a mais para o reconhecimento do intervalo intrajornada para homens e mulheres, dado que os empregadores iriam "optar (...) por não fazer hora extra", o que seria, a partir do padrão constitucional, um avanço para o país.

A menção ao "bom juiz Magnaud" sensibilizou Fux, que reage explicitando a incompatibilidade entre seu argumento e sua conclusão e defendendo a validade de palpites impressionistas, o que, por sua vez, provocará a intervenção da ministra Weber:

> Min. Luiz Fux: Não, não, o que eu estava aduzindo é que a própria doutrina do trabalho - e, aí, até gostaria de fazer uma menção a Vossa Excelência de que eu não teria, digamos assim, a ousadia de afirmar que o professor Mozart Victor Russomano,

[79] Agradeço a minha querida amiga Clara Lis Coelho que me presenteou com o livro, tendo, inclusive, colhido o autógrafo de ambos os autores!

professor Arnaldo Süssekind, professor Celso Antônio Bandeira de Mello estariam a embasar um pronunciamento semelhante ao juiz Magnaud, que decidia segundo a sorte, as crenças e passou pela Europa como meteoro sem deixar vestígios. Eu não faria isso, não teria essa ousadia. Agora, no caso específico, a doutrina do trabalho, ela, na verdade, está hoje já repensando o tema no sentido de estender aos homens, por quê? Porque entende realmente que há uma violação à isonomia. Essa foi a fundamentação da qual eu me utilizei.

E, por outro lado - claro que os dados empíricos não estão aqui consignados, mas, quando também se afirmou aqui se não fosse possível a penhora do bem do fiador, os aluguéis aumentariam muito -, também não se tinha aqui dados estatísticos, apenas era uma percepção, porque o Direito não vive tão apartado assim da realidade. Então, acho bastante razoável nós imaginarmos que pode haver uma proteção deficiente no sentido de que o empregador possa ter preferência pelos homens, em razão de não ter que cumprir esse intervalo mínimo. Isso é uma percepção que vários doutrinadores têm, mas se vai ocorrer na prática, ou não, isso é uma questão que, talvez, a Ministra Rosa tenha mais experiência pela vida prática de todas as vezes que se incrementou um benefício em relação às mulheres, se houve ou não uma preferência pelos empregados homens. Mas, juridicamente, sob um foque estritamente jurídico, nessa observação que fiz, com base nesses doutrinadores, entendo que há essa violação constitucional.

Min. Rosa Weber: Mas eu não teria a menor dificuldade em acompanhar. Até já antecipei. Eu estava acompanhando o voto do Relator - um passo de cada vez - no sentido de entender recepcionado o preceito...

[...]

Min. Luiz Fux: Não, eu também não estou estendendo aos homens, porque há uma inconstitucionalidade por omissão, não.

Min. Rosa Weber: Sim, mas ele propõe que também se assegure aos homens em interpretação conforme.

Min. Luiz Fux: Não, Excelência, isso aqui é uma teoria argumentativa. Eu estou usando um argumento.

De toda sorte, Gilmar Mendes retorna a seu voto e expressa, finalmente, sua razão de decidir: a norma faz uma discriminação, porém, não arbitrária, ou seja, "há razões que justificam, tendo em vista este fenômeno biopsicossociológico", porém, fazendo dobradinha com o relator, deixa a sugestão no ar para o legislador: "pode ser que, daqui a pouco, nós vejamos que essa norma não faz mais sentido". A "panelinha" (OLIVEIRA, 2012) dos dois ex-AGU é declarada: "O próprio Ministro Dias Toffoli colocou esse juízo que ele desenvolveu como um *provisorium*, dizendo: pode ser que o próprio legislador venha a fazer uma outra avaliação". Em sintonia, Toffoli concordará, partindo de pressuposto equivocado:

> Min. Dias Toffoli (Relator): Há situações como, por exemplo, a da chamada hora *in itinere*, que, pela legislação trabalhista, tem que ser paga ao trabalhador. Isso é até compreensível numa situação em que se vai construir uma usina hidroelétrica, em que os trabalhadores estão fora da zona urbana; mas, por exemplo, em São Paulo, se a indústria automobilística for disponibilizar o transporte, ela tem que pagar aquela hora de transporte como hora de trabalho. E, aí, evidentemente, ela não fornece o transporte, e a pessoa - o trabalhador -, às vezes, tem que gastar muito mais tempo para chegar ao trabalho com condução própria ou transporte público. Não desconheço que há hipóteses em que a proteção acaba prejudicando o trabalhador. Mas, nessas situações, a questão deve ser discutida no Congresso Nacional, pelo legislador ordinário. E aqui, realmente, eu não vi arbitrariedade nessa discriminação.

A fala de Toffoli é equivocada porque contrária à literalidade do art. 58, § 2º da CLT (SILVA, 2015b, p. 31 e ss.),[80] vigente à época do julgamento. Ao ouvir o equívoco do colega, ao invés de corrigi-lo, Rosa Weber refletirá:

> Min. Rosa Weber: E, especificamente, se me permite, Ministro Toffoli, com relação aos postos de trabalho, há inúmeros

[80] CLT, art. 58, § 2º: O tempo despendido pelo empregado até o local de trabalho e para o seu retorno, por qualquer meio de transporte, não será computado na jornada de trabalho, salvo quando, tratando-se de local de difícil acesso ou não servido por transporte público, o empregador fornecer a condução.

> estudos e teses no sentido de que o aumento dos postos de trabalho estaria a exigir a restrição ou a redução das horas extras. Horas extras devem ser excepcionais. E esse intervalo de que nós estamos tratando se exige exclusivamente no caso de horas extras. No caso dos bancários, por exemplo, a CLT é expressa quando diz que só excepcionalmente pode haver prorrogação da jornada.
> Min. Luiz Fux: Mas, Ministra Rosa, também não há esse período de descanso intrajornada para as mulheres?
> Min. Rosa Weber: Para mulheres e homens.
> Min. Luiz Fux: Intrajornada?
> Min. Rosa Weber: Em jornada superior a quatro horas e inferior a seis horas há quinze minutos para homens e mulheres. Em jornada normal de oito horas, há intervalo de uma a duas horas para homens e mulheres. Apenas na prorrogação da jornada – que há de ser a exceção, até para que se criem novos postos de trabalhos, há inúmeros estudos nessa linha –, há descanso de quinze minutos antes de se iniciarem as horas extras. Considero que a preocupação do nobre patrono nos seis minutos – passou um minuto, passaram dois, porque cinco é a tolerância –, com todo o respeito, não justificaria outra compreensão. Mas, com todo o respeito, eu sei que o tema enseja interpretações diversas.
> Min. Cármen Lúcia (Presidente): Ministro Gilmar.
> Min. Gilmar Mendes: Eu concluí, Presidente, acompanhando o Relator.

Os próximos a votar são os ministros Marco Aurélio e Celso de Mello. Sem inovarem na argumentação, o primeiro irá aderir à corrente interpretativa reacionária, o segundo acompanhará o relator, Toffoli, alinhando-se à corrente interpretativa conservadora. Apenas registro a excentricidade do comentário de Marco Aurélio, segundo o qual:

> Presidente, vou reafirmar – e evidentemente não podemos ser ingênuos, não podemos desconhecer a realidade: artigo 384 da Consolidação das Leis do Trabalho não é norma de proteção, e, se pudesse apontar um sexo forte, apontaria que

> é o feminino, mesmo porque, no lar, tenho um matriarcado, a começar pela Sandra, que é juíza, e juíza na área criminal!

De toda forma, a última a votar é a ministra Cármen Lúcia que, na data, presidia a corte. O voto da ministra é bastante sintético e poderia ser reduzido, quanto à argumentação jurídica, à manifestação "o art. 384 apenas afirma a possibilidade de a mulher participar com as suas diferenças". O que chama a atenção, porém, na fala da presidente[81] é o argumento de cunho político. Cármen Lúcia diz estar retornando de uma reunião no Chile em que "pouco mais de trinta juízas de tribunais e órgãos constitucionais" debateram sobre o reconhecimento do "direito das mulheres à participação e à formulação de políticas públicas", tendo em vista a data de 25 de novembro ser o "o Dia da Não Discriminação Contra a Mulher". Segundo ela conta, a Presidenta Bachelet afirmara na abertura do encontro que:

> na verdade, todo mundo é a favor dos direitos iguais das mulheres em público; à boca pequena, e seguramente na prática, os deboches, as brincadeiras continuam sendo uma demonstração de que estamos muito longe a chegar a uma igualdade substancial.

Reproduzo os momentos que mais me chamaram a atenção:

> [...] não apenas porque considero que foi recepcionada a norma do artigo nº 384 da Consolidação das Leis do Trabalho, mas, de uma forma especial, porque acho que esta Constituição reforça a ideia - e essa é sua grande mudança – de que não estamos mais numa fase da igualdade estática - quem é igual é igual e continua igual. A grande transformação da Constituição talvez tenha sido, na minha compreensão, a de transformar o que era liberdade e igualdade em libertação e igualação, por um

[81] Ao ser questionada por Lewandowski se preferiria ser chamada de presidente ou presidenta, Cármen Lúcia afirmou que: "Eu fui estudante e eu sou amante da língua portuguesa, eu acho que o cargo é de presidente, não é não?" (MASCARENHAS, 2016). O famoso Professor Pasquale Cipro Neto comentou, na semana seguinte, que "'Data venia', Excelência, o cargo é de presidente ou presidenta (...). Na sua edição de 1913, o dicionário de Cândido de Figueiredo registra 'presidenta' como 'neologismo'. Um século depois, esse 'neo-' perdeu a razão" (CIPRO NETO, 2016). De toda sorte, querendo a ministra ser referida como presidente, respeito sua escolha.

sistema jurídico que faz com que consigamos novos espaços de concretização de direitos [...]
Então, a retórica constitucional é necessária, mas não é suficiente para tornar efetivo aquilo que se quer conquistar. E o que queremos não é nem direitos da mulher separadamente; queremos juntos atuar e poder garantir o cumprimento da nossa vocação, até porque juntos, homens e mulheres, somos mais; e somos mais em benefício de um mundo que pode ser muito melhor.
Por isso mesmo eu acho que o art. 384 apenas afirma a possibilidade de a mulher participar com as suas diferenças.
Deixo de considerar exatamente a questão que o Ministro Dias Toffoli deixou de considerar também, sobre a possibilidade ou não de eventualmente, quando se verificar a necessidade de se ampliar, poder até se chegar lá. Mas me restrinjo ao que foi posto e que acho que é suficiente para garantia de que a mulher possa ser, sim, protegida, na minha concepção, porque, Ministro Marco Aurélio, somos, sim, o sexo frágil. Frágil em direitos, porque somos a maioria da população brasileira e temos muito menos direitos.
[...] está tudo em condições ainda de conquista e de possibilidades, porque, às vezes, quando se chega a um cargo, recrudesce-se contra a mulher - e é preciso que se diga -, porque se acha que estamos em situação de competição. E levar uma mulher pela mão e adentrar o salão e apresentá-la como minha patroa é fácil, difícil é no trabalho termos mesas lado a lado, atuando em igualdade de condições, e é essa a igualdade que nós exatamente queremos.
[...] quero lembrar uma poeta brasileira, Cecília Meirelles, que dizia: "já fui loira, já fui morena, já fui Margarida e Beatriz, já fui Maria e Madalena, só não pude ser como quis". Nós queremos ser como queremos numa participação efetiva de realização de cada uma de nós como seres humanos e a possibilidade de termos esses quinze minutos a mais, que podem propiciar melhores condições de trabalho, até mesmo para que as nossas condições físicas sejam respeitadas, é o que garante a concretização do princípio da dignidade da pessoa humana.

A ministra, então, anuncia o resultado. O intervalo intrajornada antes do início da jornada extraordinária mantinha-se garantido exclusivamente às mulheres, consagrando a interpretação conservadora do artigo 384 da CLT. A ementa ficou com a seguinte redação:

> Recurso extraordinário. Repercussão geral reconhecida. Direito do Trabalho e Constitucional. Recepção do art. 384 da Consolidação das Leis do Trabalho pela Constituição Federal de 1988. Constitucionalidade do intervalo de 15 minutos para mulheres trabalhadoras antes da jornada extraordinária. Ausência de ofensa ao princípio da isonomia. Mantida a decisão do Tribunal Superior do Trabalho. Recurso não provido.
> 1. O assunto corresponde ao Tema nº 528 da Gestão por Temas da Repercussão Geral do portal do Supremo Tribunal Federal na internet.
> 2. O princípio da igualdade não é absoluto, sendo mister a verificação da correlação lógica entre a situação de discriminação apresentada e a razão do tratamento desigual.
> 3. A Constituição Federal de 1988 utilizou-se de alguns critérios para um tratamento diferenciado entre homens e mulheres: i) em primeiro lugar, levou em consideração a histórica exclusão da mulher do mercado regular de trabalho e impôs ao Estado a obrigação de implantar políticas públicas, administrativas e/ou legislativas de natureza protetora no âmbito do direito do trabalho; ii) considerou existir um componente orgânico a justificar o tratamento diferenciado, em virtude da menor resistência física da mulher; e iii) observou um componente social, pelo fato de ser comum o acúmulo pela mulher de atividades no lar e no ambiente de trabalho – o que é uma realidade e, portanto, deve ser levado em consideração na interpretação da norma.
> 4. Esses parâmetros constitucionais são legitimadores de um tratamento diferenciado desde que esse sirva, como na hipótese, para ampliar os direitos fundamentais sociais e que se observe a proporcionalidade na compensação das diferenças.
> 5. Recurso extraordinário não provido, com a fixação das teses jurídicas de que o art. 384 da CLT foi recepcionado pela Cons-

> tituição Federal de 1988 e de que a norma se aplica a todas as mulheres trabalhadoras.

Ao final do julgamento, os ministros deliberam que a sessão deveria ser suspensa para um intervalo de trinta minutos...

*Mas não levou*. Finalmente, depois de onze anos de sua demissão, Rode Keilla iria receber a indenização pelo intervalo intrajornada suprimido pelo empregador. O acórdão é publicado em 10 de fevereiro de 2015. Em 19 de fevereiro a recorrente opõe Embargos de Declaração. Em 21 de maio o relator profere o seguinte despacho: "Considerando os efeitos infringentes pretendidos nos embargos, abra-se vista à parte embargada para que, querendo, manifeste-se no prazo de 5 (cinco) dias". Em 3 de junho há certidão de ausência de manifestação da recorrida, Rode Keilla, e, em 5 de agosto de 2015, o ED é trazido ao plenário.

À época, a corte era presidida pelo ministro Ricardo Lewandowski, e era composta, por, além do presidente e do relator, pelos ministros: Celso de Mello, Marco Aurélio, Gilmar Mendes, Cármen Lúcia, Luiz Fux, Rosa Weber, Teori Zavascki, Roberto Barroso e Edson Fachin.

Segundo o relator, em sede de embargos, a empresa argumenta que a "intimação para a sessão de julgamento ocorreu de forma irregular" porque "a Recorrente requereu intimação exclusiva, sob pena de nulidade, em nome de seu procurador, no entanto a intimação da pauta de sessão de julgamento "saiu unicamente em [nome] de (...) um dos antigos procuradores da recorrente que substabeleceu SEM reservas". Toffoli, então, reconhece o equívoco cometido pela secretaria judiciária, e conclui que o julgamento – este que acabei de analisar – ocorreu "à míngua da ciência prévia dos atuais defensores do embargante, o que frustrou a possibilidade de eventual defesa oral". Recordo que, no dia, sustentaram oralmente dois advogados, ambos admitidos como *amicus curiae*, entidades patronais que atuaram em defesa do recorrente – inclusive, um dos advogados, membro do escritório do ex-ministro Carlos Velloso. Como demonstrei, neste caso, a sustentação dos advogados foi suscitada em diversos momentos como razão de decidir de alguns ministros.

Ao final, concluirá Dias Toffoli:

> Ante o exposto, acolho os embargos, com efeitos modificativos, para, em razão do equívoco apontado, anular o acórdão proferido pelo Tribunal Pleno neste extraordinário, determinando, ainda, sua inclusão em pauta para futuro julgamento.
> É como voto.

A decisão é acolhida por unanimidade.

Em 14 de setembro de 2016 o caso volta ao plenário. O ministro Dias Toffoli mantém sua decisão anterior de negar o provimento ao recurso. Em seguida, o ministro Gilmar Mendes pede vistas. Em 13 de julho de 2017 é aprovada a Lei nº 13.467 que, dentre outras inconstitucionalidades, revoga o artigo 384 da CLT. Até hoje, passados 18 anos da demissão da operadora de caixa os autos permanecem no gabinete do ministro Gilmar Mendes e Rode Keilla Silva segue sem ter recebido as verbas decorrentes do intervalo intrajornada anterior à hora extra que nunca pôde desfrutar.

# Capítulo 6

## A incrível e triste história da terceirização no STF

*El agente saltó del estribo y le dio al fotógrafo dos voces del alto. El fotógrafo no lo oyó por el viento contrario. Cuando la camioneta se le adelantó, la abuela le hizo un gesto enigmático, pero él lo confundió con un saludo, sonrió, v le dijo adiós con la mano. No oyó el disparo. Dio una voltereta en el aire y cayó muerto sobre la bicicleta con la cabeza destrozada por una bala de rifle que nunca supo de dónde le vino.*

***Gabriel García Márquez – La increíble y triste historia de la cándida Eréndida y de su abuela desalmada.***

Talvez o livro mais criticado e menos lido da história ocidental seja "O Capital", de Karl Marx. Ali, a propósito de tentar descrever a gênese e a reprodução concreta do capitalismo, Marx inicia sua crítica da economia política com a célebre frase: "A riqueza das sociedades onde reina o modo de produção capitalista aparece como uma 'enorme coleção de mercadorias', e a mercadoria individual como sua forma elementar" (2013, p. 113). Sob a égide do capitalismo todas as coisas se transformam em mercadoria, inclusive o trabalho.[82]

Desde a publicação, em 1867, da primeira edição da *Magnum opus* de Marx, a descrição que o autor fez manteve-se perturbadoramente

[82] Lê-se na nota de rodapé 41 do capítulo 4 do primeiro volume de O Capital: "O que caracteriza a época capitalista é, portanto, que a força de trabalho assume para o próprio trabalhador a forma de uma mercadoria que lhe pertence, razão pela qual seu trabalho assume a forma do trabalho assalariado. Por outro lado, apenas a partir desse momento universaliza-se a forma-mercadoria dos produtos do trabalho" (MARX, 2013, p. 245).

pertinente. Tanto assim que, diante dos horrores das duas guerras mundiais, a Organização Internacional do Trabalho irá inscrever como primeira afirmação de sua Declaração da Filadélfia que "o trabalho não é uma mercadoria".[83] Apesar da boa intenção, desnecessário dizer que a repetição e divulgação de tal *slogan* não conseguiu mudar a dinâmica de reprodução do capital.

Explicitarei, neste capítulo, como o Supremo Tribunal Federal foi, paulatinamente, construindo uma jurisprudência para, favorecendo a terceirização, rejeitar qualquer restrição à liberdade de se reificar o trabalho humano.

## 6.1 O histórico da terceirização

De toda sorte, no pós-guerra há, sobretudo nos países centrais, um maior esforço em regular a exploração do trabalho. O desincentivo à intermediação de mão de obra figura entre tais esforços. Na periferia do capitalismo, mais especificamente no Brasil, a ditadura militar inaugura nossa longa trajetória de explicitação do caráter mercantil da força de trabalho[84] em 1967 por meio do Decreto Lei nº 200 que, ao estabelecer diretrizes para uma reforma administrativa, permitiu que a Administração Pública "transferisse a particulares a execução de atividades anteriormente por ela diretamente desempenhadas" (MARQUES, 2012, p. 28). Uma vez que o setor público abriu a porteira da terceirização, a ditadura logo a estendeu para as instituições financeiras (LEITÃO, 2012, p. 64), por meio do Decreto-Lei nº 1.034/1969, cujo artigo 4º previa:

[83] Comenta Alain Supiot em seu "O espírito da Filadélfia": "A experiência histórica acabava de mostrar que o Estado totalitário é para o Estado de Direito o que a loucura é para a razão: o fantasma de um poder sem limites que só pode se saciar com o assassinato. Fundar novamente uma ordem internacional civilizada exigiria, então, submeter todos os Estados ao respeito aos direitos e liberdades universalmente reconhecidos, e lançar as bases normativas de um ideal de justiça comum a todos os povos do mundo". (2014, p. 18)

[84] Observará Souto Maior: "A terceirização, ademais, cria o fetiche de que a exploração do trabalho alheio não se insere no contexto de atividade do "tomador de serviços". É como se o capitalismo, para se desenvolver, não mais precisasse da exploração do trabalho humano. A exploração se desloca do capital para o nível dos descapitalizados, que se exploram mutuamente, principalmente quando empresas de prestação de serviços não são nada mais do que a aparente transformação do "capataz" em "empresário". A lógica interna da submissão, estabelecida tradicionalmente na estrutura hierarquizada da unidade produtiva, se desloca em nível horizontal nas relações entre grandes capitais e empresas descapitalizadas, que se alimentam da ilusão de não estarem sendo exploradas pela possibilidade de explorarem, elas, diretamente o trabalho humano, o que serve para distanciar, física, jurídica e sociologicamente, o capital dos trabalhadores, dificultando a implementação da luta organizada destes em face daquele" (2011, p. 658).

> Decreto-Lei nº 1.034/1969, art. 4º: Os estabelecimentos de crédito manterão a seu serviço, admitidos diretamente ou contratados por intermédio de empresas especializadas, os elementos necessários à sua vigilância, podendo organizar serviço especial para esse fim, mediante aprovação do Ministro da Justiça, ou, quando se tratar de serviço local, do Secretário de Segurança ou Chefe de Polícia.

Desde então, o rol das leis que ampliaram a terceirização foi paulatinamente crescendo até que, em 1986, o TST irá editar seu Enunciado nº 256, que continha a seguinte redação:

> Enunciado nº 256 do TST: Trabalho Temporário e Serviço de Vigilância - Contratação de Trabalhadores por Empresa Interposta
> Salvo os casos de trabalho temporário e de serviço de vigilância, previstos nas Leis nos. 6.019, de 3 de janeiro de 1974, e 7.102, de 20 de junho de 1983, é ilegal a contratação de trabalhadores por empresa interposta, formando-se o vínculo empregatício diretamente com o tomador dos serviços.

Pressionado pelos bancos, notadamente os públicos (BIAVASCHI; DROPPA, 2011, pp.131-138), o TST, em 1993, transforma seu antigo entendimento editando uma nova súmula:

> Súmula nº 331 do TST: CONTRATO DE PRESTAÇÃO DE SERVIÇOS. LEGALIDADE
> I - A contratação de trabalhadores por empresa interposta é ilegal, formando-se o vínculo diretamente com o tomador dos serviços, salvo no caso de trabalho temporário (Lei nº 6.019, de 03/01/1974).
> II - A contratação irregular de trabalhador, através de empresa interposta, não gera vínculo de emprego com os órgãos da Administração Pública Direta, Indireta ou Fundacional (art. 37, II, da Constituição da República).
> III - Não forma vínculo de emprego com o tomador a contratação de serviços de vigilância (Lei nº 7.102, de 20/06/1983) e de conservação e limpeza, bem como a de serviços especializados

> ligados à atividade-meio do tomador, desde que inexistente a pessoalidade e a subordinação direta.
> IV - O inadimplemento das obrigações trabalhistas, por parte do empregador, implica na responsabilidade subsidiária do tomador dos serviços, quanto àquelas obrigações, desde que haja participado da relação processual e constem também do título executivo judicial.

O inciso terceiro da Súmula nº 331 cria a figura da "atividade-meio", cuja caracterização gerou debates infindáveis na doutrina e na jurisprudência. Já o inciso quarto imputou responsabilidade subsidiária ao tomador dos serviços (aquele que compra a mercadoria força de trabalho não de seu portador, mas de seu intermediário).

A caráter hegemônico que o discurso neoliberal ganhou nos anos 1990 provocou a expansão da terceirização no setor público.[85] Diante desse cenário, o TST editou a Resolução nº 96/2000[86] para alterar o texto do inciso quarto da Súmula nº 331 do TST (BIAVASCHI; DROPPA, 2014 p.129), passando a ter a seguinte redação:

> Súmula nº 331 do TST: CONTRATO DE PRESTAÇÃO DE SERVIÇOS. LEGALIDADE.
> I - A contratação de trabalhadores por empresa interposta é ilegal, formando-se o vínculo diretamente com o tomador dos serviços, salvo no caso de trabalho temporário (Lei nº 6.019, de 03/01/1974).
> II - A contratação irregular de trabalhador, através de empresa interposta, não gera vínculo de emprego com os órgãos da Administração Pública Direta, Indireta ou Fundacional (art. 37, II, da Constituição da República).
> III - Não forma vínculo de emprego com o tomador a contratação de serviços de vigilância (Lei nº 7.102, de 20/06/1983) e de conservação e limpeza, bem como a de serviços especializados

[85] https://youtu.be/iu5Xhu82fzc

[86] A Resolução é de 11 de setembro de 2000, e informa que a alteração foi aprovada por unanimidade do Pleno do TST, presentes, na data, sob a Presidência do Ministro Almir Pazzianotto Pinto, os Ministros: "José Luiz Vasconcellos, Vice-Presidente, Wagner Pimenta, Vantuil Abdala, Ronaldo Lopes Leal, Rider Nogueira de Brito, José Luciano de Castilho, Milton de Moura França, Relator, João Oreste Dalazen, Gelson de Azevedo, Antônio José de Barros Levenhagen, Ives Gandra Martins Filho, João Batista Brito Pereira e a Exma. Subprocuradora Geral do Trabalho, Dra. Guiomar Rechia Gomes".

> ligados à atividade-meio do tomador, desde que inexistente a pessoalidade e a subordinação direta.
> IV - O inadimplemento das obrigações trabalhistas, por parte do empregador, implica a responsabilidade subsidiária do tomador dos serviços, quanto àquelas obrigações, inclusive quanto aos órgãos da administração direta, das autarquias, das fundações públicas, das empresas públicas e das sociedades de economia mista, desde que haja participado da relação processual e constem também do título executivo judicial (art. 71 da Lei nº 8.666, de 21/06/1993).

É, enfim, sob este quadro legal e jurisprudencial que um colegiado do STF será chamado a decidir sobre terceirização pela primeira vez dentro do recorte temporal que impus.

## 6.2 Uma jurisprudência pacífica: o AI-AgR nº 453737-1/RJ

No universo da dinâmica jurisdicional de minha obra o tema da terceirização aparece bastante cedo, em 7 de outubro de 2003, no Agravo Regimental no Agravo de Instrumento nº 453.737-1, proveniente do Estado do Rio de Janeiro. O caso foi julgado no âmbito da segunda turma, sendo relatado por seu Presidente, ministro Celso de Mello. Constam no extrato da ata as seguintes informações: "Presentes à sessão o Senhor Ministro Carlos Velloso e a Senhora Ministra Ellen Gracie. Ausentes, justificadamente, os Senhores Ministros Nelson Jobim e Gilmar Mendes", o que dá a entender que na composição da turma não figurava nenhum dos três ministros que o Presidente Lula já tinha indicado, quais fossem: Cezar Peluso, Ayres Britto e Joaquim Barbosa.

No caso em tela o Estado do Rio de Janeiro questiona uma decisão do TST que, ao aplicar o inciso IV de sua Súmula nº 331, reconheceu a responsabilidade subsidiária do ente público pelas verbas trabalhistas devidas ao reclamante. Por se tratar de um Agravo Regimental no Agravo de Instrumento o voto do relator sededica sobretudo a repisar o caráter infraconstitucional do tema. Explicitando na ementa que:

> A **discussão** em torno **da responsabilidade subsidiária** do tomador de serviços, por débitos trabalhistas, **fundada** no confronto da Lei nº 8.666/1993 **com** o Enunciado nº 331/TST (inciso

> IV), **não viabiliza** o acesso à via recursal extraordinária, **por tratar-se** de tema de caráter **eminentemente** infraconstitucional. **Precedentes.** [grifos no original]

Quanto aos "Precedentes" que o relator indica, consta da parte final de seu voto:

> **Cabe registrar**, finalmente, **que ambas as Turmas** do Supremo Tribunal Federal **têm reafirmado** a orientação veiculada na decisão objeto do **presente** recurso de agravo (**AI 409.572-AgR/PE**, Rel. Min. ILMAR GALVÃO – **AI 416.363-AgR/BA**, Rel. Min. GILMAR MENDES – **AI 426.702-AgR/MG**, Rel. Min. NELSON JOBIM – **AI 437.106-AgR/RS**, Rel. Min. ELLEN GRACIE, **v.g.**):
> "**Trabalhista. Responsabilidade subsidiária.** Art. 71 da Lei nº 8.666/1993 e Enunciado nº 331, item IV do TST. **Controvérsia infraconstitucional. Precedentes.** Regimental **não** provido." (**AI 429.938-AgR/PA**, Rel. Min. NELSON JOBIM, **Segunda** Turma - **grifei**)
> **Sendo assim**, e pelas razões expostas, **nego provimento** ao presente recurso de agravo. **É o meu voto.** [grifos no original]

É possível dizer, então, que, por uma década – entre 11 de setembro de 2000 e 23 de novembro de 2010 –, o quadro jurídico da terceirização no Brasil pacificou-se no sentido dado pela Súmula nº 331 do TST, qual fosse: a regra geral é a vedação da "contratação de trabalhadores por empresa interposta", excetuando-se, porém, o trabalho temporário; excetuando-se, também, serviços de vigilância, conservação, limpeza e "serviços especializados ligados à atividade-meio do tomador" – fosse lá o que isso quisesse dizer; quando a empresa prestadora sonegasse os pagamentos devidos aos seus empregados, a tomadora responderia subsidiariamente, mesmo se tratando da Administração Pública.

Aplicando a máxima da OIT ao caso brasileiro tem-se na primeira década do novo milênio que: "o trabalho não é uma mercadoria, a não ser em uma variada gama de casos em que, desde que alguém se comprometa a pagar seu preço, tudo bem, ele poderá ser mercadoria". Até que...

## 6.3 Abrindo a caixa de Pandora: a ADC nº 16

No campo do direito do trabalho há, durante os governos petistas, poucas alterações legislativas.[87] Do lado do Executivo tem-se a concentração dos esforços na valorização do salário-mínimo (BALTAR et al., 2010). Do lado do Legislativo parece haver um impasse entre as bancadas de trabalhadores e empresários que impede alterações que ampliem ou reduzam direitos trabalhistas.

Diante da recusa do STF em reformar diretamente a jurisprudência do TST o Distrito Federal se utiliza da Ação Declaratória de Constitucionalidade para provocar a suprema atuação. Originalmente, a Constituição Federal estabeleceu apenas a Ação Direta de Inconstitucionalidade:

> CF/88, art. 102. Compete ao Supremo Tribunal Federal, precipuamente, a guarda da Constituição, cabendo-lhe:
> I - Processar e julgar, originariamente:
> a) a ação direta de inconstitucionalidade de lei ou ato normativo federal ou estadual;

Porém, a Emenda Constitucional nº 3 de 1993 alterou o art. 102, inciso I, alínea 'a', para impor a redação até hoje vigente: "a ação direta de inconstitucionalidade de lei ou ato normativo federal ou estadual e a ação declaratória de constitucionalidade de lei ou ato normativo federal". Em seu currículo disponibilizado no site do STF, o ministro Gilmar Mendes assume, de maneira compartilhada, a paternidade de tal alteração:

> Autor, juntamente com o Professor Ives Gandra, do Projeto de Emenda Constitucional (PEC nº 130/92), apresentado pelo Deputado Roberto Campos, com o objetivo de instituir a ação declaratória de constitucionalidade. Referida proposta foi parcialmente incorporada ao texto da Constituição pela Emenda Constitucional nº 3, de 17/03/1993. (MENDES, 2008, p. 38)

Apesar de o texto constitucional, a partir de 1993, prever tanto a ADI quanto a ADC, a regulamentação de ambas, no entanto, só se deu

[87] Por parecer um interessante campo de pesquisa, anoto algumas observações que, a partir de uma investigação específica, podem, muito bem, ser refutadas.

com a edição da Lei nº 9.968/1999, a qual, segundo o próprio Mendes, também contou com sua contribuição:

> Membro da Comissão instituída pela Portaria nº 634, de 23.10.96, para deliberar sobre matéria constitucional, sob a coordenação do Prof. Caio Tácito. Nessa comissão, foi o relator do anteprojeto de lei sobre o processo e julgamento da Ação Direta de Inconstitucionalidade e da Ação Declaratória de Constitucionalidade, que se converteu no Projeto de Lei do Executivo nº 2.960/1997. Aprovado no Congresso, esse projeto resultou na Lei nº 9.868, de 10/11/1999. (pp. 37-8)

A regulamentação legal somada à "autocriação e heterorreferência no processo constitucional" (DIMOULIS; LUNARDI, 2017, pp. 225-35) consagrou a ADC como uma "ADI com o sinal invertido" (TAVARES, 2018, p. 336), destacando seu "caráter dúplice ou ambivalente" (BRANCO; MENDES, 2017, p. 999). Assim, quando o mérito de uma ADI é julgado improcedente, reafirma-se a constitucionalidade do dispositivo questionado, quando por outro lado o mérito de uma ADC é julgado improcedente, reconhece-se, na verdade a inconstitucionalidade do dispositivo (STRECK, 2018, p. 495).

Uma vez que vige no ordenamento jurídico nacional a presunção de constitucionalidade das leis (BARCELOS, 2018, p. 219), a existência da ADC só se justificaria a partir da previsão inscrita no art. 14, III da Lei nº 9.868/99, que exige que a inicial identifique a "existência de controvérsia judicial relevante sobre a aplicação da disposição objeto da ação declaratória". Em estudo sobre este caso, em 2019, afirmei que:

> Eis aqui o motivo pelo qual existe a ADC: em um sistema em que coexiste o controle concreto e abstrato, diante da diversidade de decisões que ora afastam determinado dispositivo legal, ora o aplicam, a ADC serve para que o órgão jurisdicional legitimado para ser o guardião da Constituição efetive sua supremacia, fazendo reinar a segurança jurídica, ao taxativamente reconhecer ou não a constitucionalidade do dispositivo. Assim, diante de uma "controvérsia judicial relevante", em que os Tribunais país afora não consigam se entender sobre a aplicabilidade ou não de uma norma, os atores legitimados

> para a proposição de ADC irão pedir ao STF que reconheça definitivamente se tal regra é ou não compatível com a CF/88. (YAMAMOTO, 2019, p. 217)88

O caso que analiso foi proposto em 2007 pelo Governador do Distrito Federal, José Roberto Arruda (DEM-DF), por meio de sua Procuradoria Geral, representada por Roberta Fragoso Menezes Kaufmann. Segundo seu currículo lattes[89], graduada em 1999, a jurista passa a servir como assessora no gabinete do ministro Marco Aurélio em 2001, mesmo ano em que ingressa no Mestrado da UnB, sob a orientação do ministro Gilmar Mendes, resultando na dissertação defendida em 2003 intitulada "Ações Afirmativas à Brasileira: necessidade ou mito? Uma análise histórico-jurídico-comparativa do negro nos Estados Unidos da América e no Brasil".[90] Depois de desempenhar o cargo de chefe de gabinete do ministro Marco Aurélio, em 2005, Kaufmann ingressa na PGDF, assinando a inicial desta ADC nº 16 em 05 de março de 2007.

A ação é distribuída ao ministro Cezar Peluso, que irá indeferir a liminar em 11 de maio daquele ano. Diversos entes da Federação peticionam requerendo a admissão na qualidade de *amicus curiae*. De todos os requerentes, destaca-se a participação da União por meio do então AGU indicado por Lula, José Antonio Dias Toffoli, cujo parecer pede que "seja confirmada a plena compatibilidade do § 1º do art. 71 da Lei nº 8.666, de 21 de junho de 1993, com a Constituição da República".

Peluso traz seu voto à sessão em 10 de setembro de 2008, quando o STF, presidido por Gilmar Mendes, é composto por, além do relator, Celso de Mello, Marco Aurélio, Ellen Gracie, Ayres Britto, Joaquim Barbosa, Eros Grau, Ricardo Lewandowski, Cármen Lúcia e Menezes Direito.

---

[88] Algumas das reflexões que desenvolvo aqui dialogam com este estudo que apresentei sob o título de "O ímpeto do STF de legislar contra a Constituição: o insólito caso da Ação Declaratória de Constitucionalidade n. 16" no livro "Resistência 3: o Direito do Trabalho diz não à terceirização", organizado por Jorge Luiz Souto Maior e Valdete Souto Severo.

[89] Decidi registrar tais informações com a esperança de que talvez possam ser úteis a outras linhas de pesquisa, como, por exemplo, o estudo das elites (PERISSINOTTO; CODATO, 2015), ou então, ao estudo sobre as relações informais que certos litigantes desenvolvem com magistrados, como indicado por Marc Galanter (2018).

[90] Em 2009, Kaufmann representará o partido Democratas na propositura da ADPF nº 186 que pretendia a declaração de inconstitucionalidade do sistema de reserva de vagas com base em critério étnico-racial (cotas) implantado pela UnB.

O autor pretende que o STF, ao declarar a constitucionalidade do dispositivo da Lei de Licitações, afaste a constitucionalidade do inciso IV, da Súmula nº 331 do TST. Os textos são os seguintes:

| Lei nº 8.666/1993, art. 71, § 1º | Súmula do TST nº 331, inciso IV |
|---|---|
| Art. 71. O contratado é responsável pelos encargos trabalhistas, previdenciários, fiscais e comerciais resultantes da execução do contrato.<br><br>§ 1º A inadimplência do contratado, com referência aos encargos trabalhistas, fiscais e comerciais não transfere à Administração Pública a responsabilidade por seu pagamento, nem poderá onerar o objeto do contrato ou restringir a regularização e o uso das obras e edificações, inclusive perante o Registro de Imóveis. | IV - O inadimplemento das obrigações trabalhistas, por parte do empregador, implica a responsabilidade subsidiária do tomador dos serviços, quanto àquelas obrigações, inclusive quanto aos órgãos da administração direta, das autarquias, das fundações públicas, das empresas públicas e das sociedades de economia mista, desde que haja participado da relação processual e constem também do título executivo judicial (art. 71 da Lei nº 8.666, de 21/06/1993). |

Tabela 41 - ADC 16.

A estrutura argumentativa do voto do relator é sobriamente simples: (1) a lei que regulamenta a ADC exige que a inicial demonstre "a existência de controvérsia judicial relevante sobre a aplicação da disposição objeto da ação declaratória" (Lei nº 9.968/1999, art. 14, III), ou seja, a inicial precisa mostrar que a norma está sendo declarada inconstitucional de maneira incidental:

> [...] para caracterizar-se o interesse objetivo de agir por parte dos legitimados à propositura da ação declaratória de constitucionalidade, é mister preexista efetiva e relevante controvérsia judicial que, manifestada em causa ou causas onde se exerceu controle difuso de constitucionalidade, deve ser demonstrada desde logo à petição inicial.
> [...] é de todo indeclinável evidenciar, já na petição inicial, tenha havido decisões que, em juízo incidental, lhe declararam a inconstitucionalidade.

Não obstante, (2) isso não ocorre quanto ao disposto na Súmula do TST nº 331, IV, pelo contrário: o TST preocupou-se expressamente com a manutenção do art. 71 da Lei de licitações:

> A petição inicial limitou-se a juntar cópias de três decisões de Tribunais Regionais do Trabalho, cujas ementas bem sintetizam o conteúdo das pronúncias judiciais nos limites das lides, em que não foi posta em xeque a constitucionalidade do preceito objeto desta demanda:
> [...]
> Como se lhes vê logo à leitura do inteiro teor, tais decisões não versaram questão de inconstitucionalidade do art. 71, § 1º, da Lei nº 8.666/1993, em se tendo adstrito a afastar a orientação do Tribunal Superior do Trabalho, firmada no item IV do Enunciado nº 331.
> Aliás, nem sequer o Tribunal Superior do Trabalho declarou a inconstitucionalidade desse art. 71, § 1º, seja no item IV do Enunciado nº 331, seja no julgamento que lhe deu origem, conforme já se lhe pode observar à leitura mesma do acórdão.

Portanto, (3) inexistindo qualquer controvérsia, concluirá Peluso, o autor revela-se "carecedor da ação por falta de interesse objetivo de agir".

A seguir, vota o ministro Marco Aurélio para, divergindo do relator, admitir a ADC sob o argumento de que o TST teria realizado uma "declaração branca de inconstitucionalidade da Lei de Licitações". O relator, então, intervém para repisar o fato de que o art. 71, § 1º nunca foi ameaçado pelo TST, daí a inutilidade de se declarar a constitucionalidade do dispositivo:

> [...] o reconhecimento da constitucionalidade do art. 71 não afasta a aplicação do enunciado, nem muda a jurisprudência do TST. Porque ela não se baseia na inconstitucionalidade do art. 71, mas na apreciação de fatos, de comportamento da administração pública e no art. 37, § 6º, como ficou claro da transcrição do acórdão que deu a origem a esse enunciado. Noutras palavras, não é o art. 71 que ditou o enunciado da súmula. É a consideração de fatos concretos que levaram a

> elaborar um enunciado diante de circunstâncias de comportamento da administração pública.
> [...] O que adianta o Supremo dizer, repetindo o Tribunal Superior do Trabalho, que o art. 71 é constitucional? Nada. O enunciado permanece e subsiste do mesmo modo. Ou seja, a responsabilidade que a Justiça trabalhista tem reconhecido à Administração Pública, nos casos concretos, decorre do exame destes. Tanto o é, que a condição final para reconhecimento, nos termos do enunciado da súmula de responsabilidade da administração é [...] que ela tenha sido condenada dentro do processo.
> Ora, o que tem a ver isso com a constitucionalidade do artigo 71? Nada. Em suma, é inútil para o Tribunal perder-se, aqui, a reconhecer uma constitucionalidade que jamais esteve dúvida em lugar nenhum, porque a jurisprudência do Tribunal Superior do Trabalho não vai modificar-se por causa disso!

Ao que Marco Aurélio responderá, entre outras razões, que "Se a jurisprudência fosse pacífica no sentido da responsabilidade, não teria o Tribunal Superior do Trabalho editado o verbete".

Diante do impasse, o ministro Menezes Direito pede vistas. Após seu falecimento,[91] quem assume a vaga é o ministro Dias Toffoli que, como já adiantei, participou do julgamento como Advogado Geral da União e, portanto, encontrava-se impedido de participar no caso. A ministra Cármen Lúcia apresenta seu voto em 24 de novembro de 2010, quando o relator, Peluso, ocupava a Presidência da corte, que era composta por, além de Peluso, Marco Aurélio, Cármen Lúcia e Dias Toffoli, também, pelos ministros Celso de Mello, Ellen Gracie, Gilmar Mendes, Ayres Britto, Joaquim Barbosa e Ricardo Lewandowski. O fato de Toffoli estar impedido não altera o número ímpar de membros da corte, já que em agosto de 2010 Eros Grau afasta-se da corte, sendo seu sucessor o primeiro indicado pela Presidenta Dilma, Luiz Fux, que apenas toma posse em março de 2011.

Diante da questão processual, Cármen Lúcia reconhece que a inicial deixou de trazer aos autos os fundamentos e parâmetros constitucionais que o TST teria utilizado para afastar a aplicação do art. 71, § 1º, não obstante, isso não deveria ser razão para o não conhecimento da

[91] Carlos Alberto Menezes Direito nasceu em 8 de setembro de 1942, tomou posse no STF em 5 de setembro de 2007, fez este pedido de vistas no dia 10 de setembro de 2008 e faleceu em 1º de setembro de 2009.

ação por dois motivos: em primeiro lugar, tal "instrução deficiente da petição inicial" seria suprida pelas informações que o Presidente do TST prestara nos autos; em segundo lugar, porque o fato de o STF ter de processar muitas Reclamações que tentam reverter decisões trabalhistas que aplicam a Súmula nº 331 evidenciaria a "configuração de controvérsia que põe em risco a presunção de constitucionalidade dessa norma".

Conhecendo da ação, a ministra passa a votar quanto ao mérito. Seu argumento é, basicamente, o seguinte: o art. 71, § 1º, da Lei de licitações é perfeitamente compatível com a Constituição. Segundo ela, quando um trabalhador terceirizado que atua na Administração Pública tem seus direitos trabalhistas sonegados pelo empregador, o dano que o terceirizado sofre é causado por pessoa não integrante do Estado, o que afastaria a responsabilidade da Administração Pública.

Em um movimento retórico que remete à expressão popular "dando com uma mão e tirando com a outra,"[92] a ministra até reconhece que "a entidade pública contratante deve exigir o cumprimento das condições de habilitação (jurídica, técnica, econômico-financeira e fiscal) e fiscalizá-la na execução do contrato", porém,

> [...] eventual descumprimento pela Administração Pública do seu dever legal de fiscalizar o adimplemento de obrigações trabalhistas por seu contratado, se for o caso, não impõe a automática responsabilidade subsidiária da entidade da Administração Pública por esse pagamento, pois não é capaz de gerar vínculo de natureza trabalhista entre a pessoa estatal e o empregado da empresa particular.

A ministra também reconhece que o artigo 71 não exime a Administração Pública do "dever de observar os princípios constitucionais a ela referentes, entre os quais os da legalidade e da moralidade administrativa". Não obstante, ressalva: "Isso não importa afirmar que a pessoa da Administração Pública possa ser diretamente chamada em juízo para responder por obrigações trabalhistas devidas por empresas por ela contratadas". Concluindo, portanto, pela constitucionalidade

[92] Em determinado momento do debate, Cezar Peluso defende a Súmula do TST afirmando que "eventual omissão da Administração Pública, na obrigação de fiscalizar as obrigações do contratado" gerará responsabilidade para o Estado. Ao que a própria Ministra Cármen Lúcia responderá: "Mas a Constituição não pode dar com a mão direita e tirar com a esquerda".

de uma quase irresponsabilidade absoluta do Estado, a ministra adere (e avança) à divergência inaugurada por Marco Aurélio.

A seguir, tem início um debate que envolverá os ministros: Cezar Peluso, Cármen Lúcia, Marco Aurélio, Gilmar Mendes, Ricardo Lewandowski, Ayres Britto e Ellen Gracie. Tendo em vista que o debate se mostra longo e algo caótico, proponho, a seguir, um resumo, a partir de três correntes argumentativas que irão se apresentar.

A primeira corrente é a que é capitaneada pelo relator – e Presidente da corte naquele momento – ministro Antonio Cezar Peluso. Descrevi sua proposta original anteriormente, que concluía, com razão, pela inépcia da inicial. Aderem, de pronto, a este posicionamento os ministros Lewandowski e Ayres Britto.

A segunda corrente, liderada por Cármen Lúcia Antunes Rocha, tem como argumento central a rígida completude do art. 71, § 1º, uma "norma taxativa" que não admite exceções, porque "Se a Justiça do Trabalho afasta, ela tem que afastar essa norma por inconstitucionalidade, porque senão é descumprimento de lei. Não há alternativa".

Somar-se-á a esta corrente da irresponsabilidade estatal o ministro Marco Aurélio, que suscitará o argumento de que a Justiça do Trabalho estaria "driblando, no bom sentido [sic], o artigo 71 da Lei nº 8.666/1993, deixando de observá-lo, sem que declarem o conflito desse dispositivo com a Carta de República".

A administrativista mineira ainda recorre à moralidade pública, afirmando que, diante do inadimplemento da empresa contratada pelo Estado, este não poderá ser responsabilizado porque já pagou à empresa prestadora, não faria sentido, segundo ela, após uma licitação a situação em que "o povo brasileiro ainda paga a segunda vez por esse trabalhador". Ellen Gracie também intervirá neste sentido afirmando que "a administração é vítima das empresas".

Titubeando, Gilmar Mendes tenta aderir à corrente de Cármen, porém acaba argumentando em sentido contrário. Em um de seus momentos de oposição a Peluso ele retoma a crítica à Justiça do Trabalho iniciada por Marco Aurélio, para afirmar que "O que estava acontecendo, Presidente, é que, na quadra que se desenhou, a Justiça do Trabalho estava aceitando, de forma irrestrita, a responsabilidade do ente estatal". Juntando-se aos argumentos desprovidos de comprovação, Ellen Gracie irá especular que: "É muito pouco provável que a Justiça do Trabalho tenha examinado a responsabilidade desses administradores para definir se houve, ou não, culpa in eligendo, se houve, ou não, falta de fiscalização. É bem pouco provável."

Notando que a maioria do tribunal conheceria da ADC, Peluso, em companhia de Lewandowski, transformam o conteúdo da primeira corrente em uma solução de compromisso, em que o STF conheceria da ação para julgá-la no mérito procedente, sem que com isso impedisse que a Justiça do Trabalho responsabilizasse a Administração Pública por "questões factuais ligadas a cada contrato em particular". Ou seja, a procedência da ação

> não impedirá que a Justiça do Trabalho recorra a outros princípios constitucionais e, invocando fatos da causa, reconheça a responsabilidade da Administração, não pela mera inadimplência, mas por outros fatos. Por isso declarei que seria carecedor da ação, porque, a mim me parece, reconhecer a constitucionalidade, que nunca foi posta em dúvida, não vai impedir a postura da Justiça trabalhista que é agora impugnada, mas é impugnada sob outro ponto de vista. Não é a constitucionalidade dessa norma que vai impedir a Justiça do Trabalho de reconhecer a responsabilidade da Administração perante os fatos!

Ao que o ministro Lewandowski acrescentará:

> Na verdade, eu tenho acompanhado esse entendimento do Ministro Cezar Peluso, no sentido de considerar a matéria infraconstitucional, porque, realmente, ela é decidida sempre em um caso concreto, se há culpa ou não, e cito um exemplo com o qual nós nos defrontamos quase que cotidianamente em ações de improbidade. São empresas de fachada, muitas vezes constituídas com capital de mil reais, que participam de licitações milionárias, e essas firmas, depois de feitas ou não feitas as obras objeto da licitação, desaparecem do cenário jurídico e mesmo do mundo fático. E ficam com um débito trabalhista enorme. O que ocorre, no caso? Está claramente configurada a culpa *in vigilando* e *in eligendo* da Administração. Aí, segundo o TST, incide, ou se afasta, digamos assim, esse artigo 71, § 1º, da Lei 8.666. Portanto, eu sempre decidi na

> mesma linha do Ministro Cezar Peluso, no sentido de não conhecer, de considerar a matéria inconstitucional, mas se o Plenário entender que, dada a importância, o impacto da questão com relação à Administração, então talvez convenha que nós ultrapassemos essa questão do conhecimento e adentremos no âmago do tema.

Mais adiante, Gilmar Mendes, querendo se contrapor a Peluso, acaba aderindo àquilo que chamei de "solução de compromisso":

> É bem verdade que os pontos que têm sido suscitados pelo TST fazem todo o sentido e talvez exijam dos órgãos de controle, seja TCU, seja Tribunal de Contas do Estado, aqueles responsáveis pelas contas do município, que haja realmente a fiscalização, porque, realmente, o pior dos mundos pode ocorrer para o empregado que prestou o serviço, a empresa recebeu da Administração, mas não cumpriu os deveres elementares. Então, essa questão continua posta e foi o que o TST, de alguma forma, tentou explicitar ao não declarar a inconstitucionalidade da lei e resgatar a ideia da súmula, para que haja essa culpa *in vigilando*, fundamental. Nós tivemos esses casos aqui mesmo na administração do Tribunal e tivemos de fiscalizar, porque pode ocorrer que a empresa terceirizada receba, como sói acontecer, em geral o Poder Público é adimplente, pelo menos no plano federal essa questão não se coloca, mas não cumpre esses deveres elementares. Talvez, aqui, reclamem-se normas de organização e procedimento por parte dos próprios órgãos que têm de fiscalizar, inicialmente são os órgãos contratantes e, depois, os órgãos fiscalizadores. De modo que haja talvez até uma exigência de demonstração de que se fez o pagamento, o cumprimento pelo menos das verbas elementares: pagamento de salário, recolhimento da Previdência Social e do FGTS.

Peluso, então, concluirá: "Vossa Excelência está acabando de demonstrar que a Administração Pública é obrigada a tomar atitude que, quando não toma, configura inadimplemento dela!". Com isso, o relator conseguiu construir um certo consenso na decisão. Porém, antes de proclamá-lo cabe ainda apresentar a terceira corrente.

Ayres Britto insiste no não conhecimento da ADC, porém diante da superação do tema em prol da solução de compromisso de Peluso o jurista sergipano ensaia readequar o debate sob um ângulo distinto:

> [...] a Constituição esgotou, exauriu as formas de recrutamento de mão de obra permanente para a Administração Pública. Ela exauriu. São três: concurso público; nomeação para cargo de comissão e contratação temporária por prazo determinado para atender à necessidade temporária de excepcional interesse público, pronto. A Constituição não falou de terceirização. Eu defendo essa tese há muitos anos. A terceirização significa um recrutamento de mão de obra para a Administração Pública, finalisticamente é isso, é uma mão de obra que vai servir não à empresa contratada, à terceirizada, mas ao tomador do serviço, que é a Administração. E é uma modalidade de recrutamento de mão de obra inadmitida pela Constituição. Então, se nós, durante esses anos todos, terminamos por aceitar a validade jurídica da terceirização, que pelo menos admitamos a responsabilidade subsidiária da Administração Pública, que é a beneficiária do serviço, da mão de obra recrutada por interposta pessoa.

Nenhum membro da corte mostrou simpatia pelo argumento de Britto. Naquele momento o resultado parecia já estar selado. A seguir Marco Aurélio profere seu voto em que, excentricamente, insiste em afastar a responsabilização da Administração Pública argumentando contra instituto diverso, qual fosse, a responsabilidade solidária decorrente do artigo 2º, § 2º da CLT, que estabelece a figura do empregador único. Segue-se a isso a tentativa de Gilmar Mendes reavivar a corrente da irresponsabilidade estatal acusando o TST de atuar para a revogação da norma inscrita na lei de licitações. Peluso, então, retifica formalmente seu voto para explicitar: "Eu supero a questão do não conhecimento. Ressalvo o meu ponto de vista ao não conhecimento; e, no mérito, como não tenho nenhuma dúvida sobre a constitucionalidade, eu julgo a ação procedente".

O decano Celso de Mello, enfim, vota, unindo-se à solução de compromisso de Peluso: conhecer da ação, dar provimento, declarando a constitucionalidade do dispositivo e permitindo à Justiça do Trabalho fazer a avaliação da responsabilidade da Administração Pública no caso concreto.

Ao final, Gilmar Mendes e Marco Aurélio vão encerrar o caso com o seguinte diálogo:

> Min. Gilmar Mendes: Presidente, eu só gostaria de pontuar, embora isso possa até parecer obter *dictum*, que, a rigor, ao afirmarmos a constitucionalidade do artigo 71 nós estamos a fazer, pelo menos, uma severa revisão da jurisprudência do TST.
> Min. Marco Aurélio: Quanto aos recursos extraordinários.
> Min. Gilmar Mendes: Quanto aos recursos extraordinários.
> Min. Marco Aurélio: Brecamos a subida dos processos, ante a facticidade da matéria e a regência legal.
> Min. Gilmar Mendes: Nós temos de mudar, portanto, a nossa postura em relação à não admissibilidade dos recursos. Até pode ocorrer – Ministra Cármen já ressaltou –, num quadro, sei lá, de culpa *in vigilando*, patente, flagrante, que a Administração venha a ser responsabilizada porque não tomou as cautelas de estilo.
> Min. Marco Aurélio: Esse fato tem de estar estampado no acórdão impugnado mediante o extraordinário.
> Min. Gilmar Mendes: Mas não é o caso da rotina dos acórdãos do TST que nós temos visto. De modo que temos de rever o entendimento que até então vinha sendo placitado no Tribunal em relação à Súmula 331.
> Min. Marco Aurélio: Pelo menos nesse primeiro passo.
> Min. Gilmar Mendes: Como consequência direta da procedência da Ação Declaratória nº 16.

Destaco que apesar de constar seu nome como presente à sessão, não há registro de intervenção ou voto do ministro Joaquim Barbosa no caso.

De toda sorte, a ementa foi publicada com o seguinte texto:

> RESPONSABILIDADE CONTRATUAL. Subsidiária. Contrato com a administração pública. Inadimplência negocial do outro contraente. Transferência consequente e automática dos seus encargos trabalhistas, fiscais e comerciais, resultantes da

> execução do contrato, à administração. Impossibilidade jurídica. Consequência proibida pelo art. 71, § 1º, da Lei federal nº 8.666/1993. Constitucionalidade reconhecida dessa norma. Ação direta de constitucionalidade julgada, nesse sentido, procedente. Voto vencido. É constitucional a norma inscrita no art. 71, § 1º, da Lei federal nº 8.666, de 26 de junho de 1993, com a redação dada pela Lei nº 9.032, de 1995.

A partir desta decisão do STF, em novembro de 2010, o TST alterou sua Súmula nº 331 para incorporar a solução de compromisso do relator Cezar Peluso. Até o presente momento, a Súmula mantém o seguinte texto:

> Súmula nº 331 do TST: CONTRATO DE PRESTAÇÃO DE SERVIÇOS. LEGALIDADE (nova redação do item IV e inseridos os itens V e VI à redação) - Res. 174/2011, DEJT divulgado em 27, 30 e 31/05/2011.
> I - A contratação de trabalhadores por empresa interposta é ilegal, formando-se o vínculo diretamente com o tomador dos serviços, salvo no caso de trabalho temporário (Lei nº 6.019, de 03/01/1974).
> II - A contratação irregular de trabalhador, mediante empresa interposta, não gera vínculo de emprego com os órgãos da Administração Pública direta, indireta ou fundacional (art. 37, II, da CF/1988).
> III - Não forma vínculo de emprego com o tomador a contratação de serviços de vigilância (Lei nº 7.102, de 20/06/1983) e de conservação e limpeza, bem como a de serviços especializados ligados à atividade-meio do tomador, desde que inexistente a pessoalidade e a subordinação direta.
> IV - O inadimplemento das obrigações trabalhistas, por parte do empregador, implica a responsabilidade subsidiária do tomador dos serviços quanto àquelas obrigações, desde que haja participado da relação processual e conste também do título executivo judicial.
> V - Os entes integrantes da Administração Pública direta e indireta respondem subsidiariamente, nas mesmas condições do item IV, caso evidenciada a sua conduta culposa no cumprimento das obrigações da Lei n.º 8.666, de 21/06/1993,

> especialmente na fiscalização do cumprimento das obrigações contratuais e legais da prestadora de serviço como empregadora. A aludida responsabilidade não decorre de mero inadimplemento das obrigações trabalhistas assumidas pela empresa regularmente contratada.
> VI – A responsabilidade subsidiária do tomador de serviços abrange todas as verbas decorrentes da condenação referentes ao período da prestação laboral.

"Contraente", "negocial", "constitucionalidade", "subsidiária", "execução", "administração", "transferência", enfim, está presente na ementa da ADC nº 16 uma grande variedade de palavras e conceitos jurídicos. Porém, mais importante do que os termos encontrados são as palavras ausentes. Trabalho e trabalhador são duas dessas palavras. É verdade que uma derivação aparece: "trabalhistas", porém tal aparição não adjetiva, como era de se esperar, a palavra "direitos", e, sim, a palavra "encargos".

Com isso, como apresentei no primeiro movimento, este caso central para a pesquisa não apareceu em nenhuma das fórmulas booleanas que executei. Ignorados nas razões de decidir, os trabalhadores e seus direitos foram apagados da ementa, e por pouco não são, também, excluídos da pesquisa.

É tarefa da investigação mostrar aquilo que se esconde, que se exclui, que se apaga. Eduardo Galeano, em artigo de 2001, perguntava-se se os direitos dos trabalhadores tinham se tornado um tema para arqueólogos:

> Ante las denuncias y las protestas, las empresas se lavan las manos: yo no fui. En la industria posmoderna, el trabajo ya no está concentrado. Así es en todas partes, y no sólo en la actividad privada. Los contratistas fabrican las tres cuartas partes de los autos de Toyota. De cada cinco obreros de Volkswagen en Brasil, sólo uno es empleado de la empresa. De los 81 obreros de Petrobrás muertos en accidentes de trabajo en los últimos tres años, 66 estaban al servicio de contratistas que no cumplen las normas de seguridad [...] El poder económico está más monopolizado que nunca, pero los países y las personas compiten en lo que pueden: a ver quién ofrece más a

> cambio de menos, a ver quién trabaja el doble a cambio de la mitad. A la vera del camino están quedando los restos de las conquistas arrancadas por dos siglos de luchas obreras en el mundo. (GALEANO, 2001)

À guisa de conclusão, recorro a um caso pessoal que talvez tenha o condão de, simultaneamente, justificar meu interesse sobre o tema, bem como dar maior concretude às discussões tão abstratamente travadas no acórdão.

A tese de doutorado que apresentei foi produzida no bojo do Programa de Pós-Graduação em Direito da Faculdade de Direito da Universidade de São Paulo, instituição na qual desenvolvi e defendi minha dissertação de mestrado e, também, realizei minha graduação. Neste período de mais de uma década pude testemunhar a ininterrupta presença e dedicação de vários trabalhadores terceirizados, sobretudo no setor de segurança, limpeza e alimentação. Sem eles nenhuma outra atividade organizada poderia ser viabilizada na autodenominada "velha e sempre nova Academia".

Em maio de 2013 a empresa prestadora de serviços de limpeza contratada pela USP parou de pagar os salários de seus empregados. No mês seguinte uma greve foi realizada por trabalhadores de várias unidades (NASCIMENTO, 2013), inclusive da Faculdade de Direito. Pouco depois da greve entrei em contato com uma das trabalhadoras que atuava na FD-USP e que fora "girada" para outro posto de trabalho em localidade mais distante e em horário distinto do qual estava acostumada, como represália por ter tentado receber da empresa a remuneração de férias que lhe era devida.

A trabalhadora, Lélia (nome fictício para preservar a identidade), à época com 50 anos de idade, para chegar ao novo posto deveria sair de sua residência, no extremo leste de São Paulo, às 4:30 da madrugada. Conversando com ela descobri outras violações aos seus direitos trabalhistas perpetradas pela empresa, tais quais: horas extras não pagas, descontos indevidos na remuneração, descumprimento da Convenção Coletiva da categoria, atraso na concessão e no pagamento de férias, não pagamento de adicional de insalubridade, entre outros.

Advogado recém-formado, passei semanas estudando e escrevendo aquela reclamação trabalhista, em que elenquei no polo passivo não só a empresa como também todos os tomadores de serviços.

Depois de realizada a audiência e produzidas as provas acabei sendo obrigado a passar o caso para uma diligente colega, que me relatou que a sentença tinha transitado em julgado, sendo que o recurso da reclamada USP fora provido para que fosse excluída do polo passivo.

Passados tantos anos daquela inicial, Lélia ainda me liga de vez em quando para reclamar que não recebeu nada do processo.

# Anotações finais

## E uma proposta interpretativa

*Hic Rhodus, hic salta!*

E título de conclusão, faço algumas anotações sobre o percurso da pesquisa, sobre os resultados e, ao final, apresento uma proposta interpretativa.

### A. Anotações do percurso: sobre a ilusão da jurisprudência

Diz-se que a palavra "método" significaria em grego "seguir por um caminho". Observo que, dentro do pensamento crítico do direito, há certa resistência ao caminho das pesquisas empíricas de jurisprudência. Tal afastamento tem certa razão de ser: em seu clássico "Uma introdução crítica ao Direito", Michel Miaille afirma expressamente: "Fixemos só o que é a prática científica efectiva: a experiência vem confirmar a reflexão, ela nunca é o ponto de partida. Assim, a abordagem dos fenômenos é sempre mediata, nunca imediata" (1979, p. 36). Indo à fonte, Marx responde a Proudhon:

> Pretender dar uma definição da propriedade como uma relação independente, uma categoria à parte, uma ideia abstrata e universal – isso não pode ser mais que uma ilusão de metafísica ou de jurisprudência. (2009, p. 170)

Ou ainda, Engels, que, em companhia de Kautsky irá responder a Anton Menger que:

> A classe trabalhadora (...) não pode exprimir plenamente a própria condição de vida na ilusão jurídica da burguesia. Só pode conhecer plenamente essa condição se enxergar a realidade das coisas sem as coloridas lentes jurídicas. (2012, p. 21)

Diante, por exemplo, de uma greve, saber os limites que os Tribunais Regionais do Trabalho costumam impor – de forma a afrontar a Constituição, opinaria – apenas serviria diante de situação em que o fato social greve não tivesse força o suficiente para ser integralmente – em toda sua rica potencialidade – e, portanto, necessitaria retirar sua legitimidade do dever-ser.

Não obstante, dentro deste paradigma de pensamento é preciso atentar para a "análise concreta das situações concretas". Não se viu no país, pelo menos desde a redemocratização, movimento paredista que tivesse tal força para "superar" (KONDER, 2008, p. 25) a instituição judiciária – à exceção, talvez, da greve dos petroleiros em maio de 1995, cujos trabalhadores não se intimidaram diante do pronunciamento judicial que considerou a greve abusiva e, tampouco, das formas de repressão da empregadora estatal, contando, dentre outras, com demissões, cortes de salários e perseguições aos dirigentes sindicais envolvidos (FUP, 2019).

Diante deste cenário concreto, em que a juridicidade reina a tal ponto de parecer inexorável à democracia, há a necessidade de se reconhecer algum espaço para estudos de tal espécie. É certo que um dos fundamentos da "filosofia da práxis" está em reconhecer que as coisas não são tal qual aparecem (ou se apresentam). Daí a necessidade de se apropriar daquilo que se apresenta para que, por meio da crítica radical, se possa reproduzir idealmente aquilo que essencialmente é. Não obstante, pela sua construção histórico-social o direito em geral, mas mais especificamente o direito brasileiro, apresenta-se de forma de difícil compreensão. Ofereço como exemplo uma questão que ainda ressoa na política institucional do país: a deposição da presidenta Dilma.

Do ponto de vista jurídico, o fato que permitiu que o *impeachment* fosse iniciado foram as chamadas "pedaladas fiscais". Obviamente, para entender a essência do processo vivido em 2016 é necessário contextualizar os fatos na situação econômica, social e política em que o segundo governo Dilma tentava sobreviver. Entretanto, do ponto de vista estritamente jurídico o acesso ao instituto das "pedaladas fiscais" não se dá de maneira imediata. É preciso ser mediatizado por um esforço teórico de compreensão do ordenamento, bem como de decisões de diversos tribunais, inclusive do Tribunal de Contas da União. Vale dizer, mesmo o primeiro passo para a crítica radical, aquele em que se reconhece e se apropria do superficial, no campo jurídico se exige quantidade não menosprezável de trabalho.

Assim, assumindo a limitação daquilo que proponho nesta investigação reafirmo a necessidade de se realizar, diante de um fenômeno social (as decisões judiciais em matéria trabalhista) que concretamente intervém na vida da classe trabalhadora brasileira, uma pesquisa empírica que dê conta de fornecer a dinâmica da atuação jurisdicional de tais decisões.

## B. Anotações sobre os resultados

Ao falar dos críticos do empirismo citei o jusfilósofo francês Michel Miaille. Entre 1993 e 1997 o autor de "Uma introdução crítica ao Direito" orientou o brasileiro Roberto da Silva Fragale Filho em seu doutorado. Anos mais tarde, o acadêmico – que atua na Justiça do Trabalho – fará uma defesa da empiria como forma de superação da lógica parecerista que toma conta da academia jurídica no Brasil. Contudo, concluirá mitigando o potencial do empirismo jurisprudencial:

> Seu argumento [de uma aluna que se deslumbrou ao aprender sobre pesquisa empírica] repousava em uma nova premissa: dados quantitativos permitem amplas leituras e corroboram argumentos, tornam possível a elaboração de um novo e fresco olhar sobre, eventualmente, os mesmos fatos. Essa fala, contudo, ao reverter as posições de uma forma quase automática, isto é, de início, a recusa; ao final, a exigência, esconde um duplo risco que necessita ser vigorosamente combatido. Com efeito, esse risco se faz presente na transformação da empiria em um falso argumento e, ainda, na implementação de um empirismo ingênuo e vulgar, que não chega a perceber os riscos e os impasses que são suscitados pelos fatos que, na origem, se deseja explicar!
>
> Em outras palavras, a empiria é fundamental, mas não pode ser tratada como a panaceia de todos os males ou como a

> resposta fácil de todos os impasses. Ela deve ser utilizada com cuidados, sem perder de vista que ela também tem seus métodos e particularidades. Há formas específicas e adequadas para se implementar um trabalho de campo; há modos distintos para se ler números e decodificar estatísticas; há modelos e estruturas diferentes para se realizar uma entrevista; enfim, o concreto está por todos os lados, à espera de um olhar crítico que nos ajude a entender a importância da regulação e das tecnologias jurídicas. Se a tarefa sem o recurso à empiria já é difícil, porque negligenciar o que pode nos ajudar a emprestar inteligibilidade ao nosso cotidiano? (FRAGALE FILHO, 2005)

Julgo que o esforço empírico que levei a cabo no primeiro movimento forneceu resultados relevantes para a compreensão do direito do trabalho no Brasil e, sobretudo, para a descrição da dinâmica jurisdicional do Supremo Tribunal Federal.

Reconheço, entretanto, várias limitações. De início, anoto a questão da alteração do sistema de buscas do STF, que possivelmente obstará a reprodução dos mesmos resultados. Há, ainda, as decisões metodológicas que tomei para viabilizar que eu pudesse tratar os dados individualmente. Os critérios e categorias que estabeleci também estão sujeitos à crítica, assim como minhas avaliações que forneceram os resultados que apresentei.

Acredito que todos esses aspectos criticáveis e muitos outros serão bem-vindos para que possamos caracterizar melhor a situação do direito do trabalho no Brasil e, com isso, subir o patamar de suas discussões.

Para além das minhas limitações na construção do modelo empírico, Fragale Filho parece ter razão quanto à limitação intrínseca à empiria. Os dados que coletei no primeiro movimento não permitem entrever os resultados que a reconstrução de casos-chave forneceu.

É possível objetar, ainda, que minha seleção de casos do segundo movimento tenha sido arbitrária, não refletindo o real posicionamento dos ministros. Novamente assumo esta possibilidade, porém sigo convencido de que uma hipotética refutação teórica – e, portanto, racional – das conclusões a que cheguei implica no avanço do direito do trabalho brasileiro, o que me traria a sensação de dever cumprido.

Diante, enfim, deste estudo, encerro apresentando uma proposta interpretativa dos resultados que colhi.

## C. Uma proposta interpretativa

Durante a confecção desta pesquisa recebi a notícia do falecimento do jurista Paulo Bonavides, em 30 de outubro de 2020, aos 95 anos.

Frente a sua partida, a imprensa anotou diversas manifestações de pesar, sobretudo – mas não só – de importantes figuras do mundo jurídico. Dentre elas encontram-se as palavras afetuosas dos ministros do STF Marco Aurélio, Alexandre de Moraes, Roberto Barroso, Dias Toffoli, Edson Fachin, Gilmar Mendes e do presidente da corte, Luiz Fux (CALEGARI, 2020; MIGALHAS, 2020).

Anoto que presenciei uma palestra de Barroso em São Paulo, em 2011 – portanto, antes de ingressar no Supremo – em que ele a dedicava a Bonavides, o "pai do constitucionalismo democrático brasileiro".

Jurista de renome internacional, Paulo Bonavides deixou produção teórica incontornável nos estudos de direito constitucional e ciência política. Em 1958 apresenta sua tese de cátedra "Do Estado liberal ao Estado social", celebrada obra[93] que segue sendo editada, dada sua profundidade e relevância.

Passadas mais de quatro décadas daquele texto, o já consagrado constitucionalista lançará, em 1999, uma coletânea de artigos reunidos sob título que faz remissão (2009, p. 30) ao texto de 58: "Do país constitucional ao país neocolonial: a derrubada da Constituição e a recolonização pelo golpe de Estado institucional". Curiosamente, o livro é dedicado aos "sempre indefessos nas porfias da Liberdade e

[93] Retornando de seu pós-doutorado no Instituto Max-Planck de História do Direito Europeu, em Frankfurt, Arnaldo Godoy dará entrevista a um site especializado em notícias do mundo jurídico que lhe perguntará, entre outras coisas, "por que a Alemanha produz tanto interesse entre os juristas brasileiros?", o entrevistado responderá: "É uma dogmática muito forte, muito bem pensada, muito bem elaborada, muito inteligente e realmente muito perspectiva. Mas tem a questão histórica. Depois da guerra, veio, aos alemães, a culpa. A culpa de ter visto tudo o que aconteceu e não terem se insurgido contra. Então os alemães tentaram rever isso. Quando a guerra termina, fizeram uma Constituição para a Alemanha e criaram um Tribunal Constitucional. Essa Constituição alemã, no 1º artigo, dispunha que o homem tem dignidade, que a dignidade é inalienável. Foi construída uma resposta para a comunidade internacional, por meio de um pensamento jurídico muito, muito centrado na ideia de que existe uma dignidade humana. Era uma forma de eles prestarem conta para eles mesmos. Houve um esforço muito grande para que a nação alemã pudesse se olhar no espelho novamente. Então a Alemanha se torna um centro produtor de um pensamento de ponta, relativo à ideia de potencializar a dignidade da pessoa humana e centralizar o mundo em torno disso. Naquele tempo, dentro desse contexto de recuperação, os alemães estavam muito receptivos a estudantes estrangeiros, numa política de boa vizinhança. Muitos espanhóis e muitos portugueses foram estudar lá. Na década de 1960 alguns brasileiros, dentre eles um cearense chamado Paulo Bonavides, começaram a ter algum contato com essas pessoas. O ministro do STF Gilmar Mendes fez um mestrado e um doutorado lá. Aí outros brasileiros começaram a ir, como o professor do Rio Grande do Sul Ingo Sarlet. A partir desses três, Gilmar Mendes, Paulo Bonavides e Ingo Sarlet, essas ideias alemãs começaram a ser transpostas para o Brasil. São os três centrais" (POMPEU, 2018).

do Estado de Direito", Fábio Comparato, Celso Antônio Bandeira de Mello, Eros Grau, Hermann Baeta, Cármen Lúcia, Marcelo Cerqueira e Duboc-Pinaud. Anos após a publicação, dois dos homenageados chegaram até o Supremo Tribunal Federal.

Para além da erudição, Bonavides demonstra em sua escrita uma energia contagiante. Sem deixar de lado a elegância de sua retórica o jurista mostra-se um impiedoso crítico do "fascismo social", da ideologia neoliberal e de seus representantes políticos que estariam atuando para derrogar a Constituição em prol de um "totalitarismo financeiro", um "coirmão do totalitarismo político".

> Com efeito, vivemos a era do totalitarismo financeiro, que é a forma mais atroz, mais selvagem, mais indigna de opressão e ditadura, jamais gerada nas entranhas do capitalismo.
> [...] sua ideologia, aparentemente, é não ter ideologia, posto que esteja a mesma subjacente, oculta e invisível no monstruoso fenômeno de poder e subjugação, que é a maneira como a sociedade fechada e incógnita das minorias privilegiadas, dos concentradores de capitais, faz a guerra de escravização, conquistando mercados, sem disparar um só tiro de canhão e sem espargir uma única gota de sangue. (2009, p. 6)

Seguirá com todas as letras:

> A lógica argumentativa do neoliberalismo expulsou, porém, do campo teórico, do debate e da controvérsia o fator trabalho – nunca tão inferiorizado nas cogitações da economia global quanto nos dias correntes [...]
> A soberba dos teoristas (perdão, analistas) de cátedra e gabinete, da globalização e do neoliberalismo, se acha tão inchada nestes dias que arremessa à cesta de lixo, com extrema zombaria, a obra de Marx e dos autores do materialismo histórico. (2009, p. 7)
> [...] Tocante à globalização do neoliberalismo, cabe assinalar judiciosamente que se trata de uma impostura deste final de século, com densidade sofística, como inumeráveis vezes temos afirmado, só comparável àquela que decretou o crepúsculo da ideologia e o termo da História, como se o capitalismo que

> sobrevive não fora ideológico, nem histórica sua dimensão mais indeclinável. (2009, p. 15)

Tratando de um processo de "recolonização" implantado pelas políticas neoliberais, Bonavides escreve, em 1999, quase como se estivesse se referindo ao Brasil de 2021:

> Estamos em situação constitucional muito mais grave: a recolonização é iminente, [...] as camadas governantes desmantelam a máquina do poder, ferem a Constituição, aviltam o Estado, e as elites aplaudem; a classe representativa não reage, e é cúmplice no crime da desnacionalização. De tal sorte que o País todo é uma capitania. A sede do poder está fora do território nacional e ninguém sabe que surpresa amanhã nos aguarda, ao sabor das flutuações especulativas das bolsas de valores, colocadas debaixo do influxo e domínio do capital estrangeiro. (2009, p. 14)
> [...] Pequeno livro para trazer pois à memória dos vindouros, se a tragédia se consumar, um País chamado Brasil, que tinha povo e Constituição, antes de ter súditos e vassalos. Um povo e uma nação destruídos pela globalização e pelo neoliberalismo de governantes sem caráter, sem consciência e sem patriotismo; governantes, enfim, que secaram na alma os escrúpulos da cidadania e no coração as fibras do patriotismo, da sensibilidade e do bem comum, abdicando, com a globalização desenfreada, a identidade do povo e a soberania da nação. (2009, p. 17)

A pretexto de prefaciar obra acadêmica da, hoje ministra do Tribunal Superior do Trabalho, Kátia Magalhães Arruda, Paulo Bonavides afirmará:

> Já não se fala de sociedade de classes, de burgueses ou proletários, de hiatos sociais consagrados na linguagem das ideologias, mas de sociedades de consumidores no mercado da globalização, onde a cidadania é a irrisão, ou o substantivo que perdeu o *ethos* político de suas origens. [...]

> Do lado de cá, ouve-se o grito dos atribulados, aquela voz que faz as revoluções, a saber, os "excluídos", assim designados na linguagem contemporânea das turbulências sociais, e cujo nome arregimenta solidariedades e galvaniza a energia das correntes que opugnam o capitalismo espoliador, ofensivo de direitos, dilacerador de instituições, monopolizador dos canais de informação; em suma, inimigo oculto da livre expressão do pensamento toda vez que este lhe contravém os interesses. Não titubeando em desferir o golpe de Estado contra a democracia e a Constituição, ele mantém ilesos os privilégios da classe dominante.
>
> O brado dos excluídos contra os fascistas da Sociedade, substitutos dos fascistas do Estado, derrotados militarmente na Segunda Guerra Mundial, de certo modo profetiza aquilo que poderá ser, talvez, a última das revoluções. [...]
>
> Desnacionalizando e desconstitucionalizando, é capitalismo que invade fronteiras, denega justiça, confisca soberanias, desfaz Constituições, derruba bolsas, convulsiona mercados, destrói economias, desestabiliza regimes. Como o Grande Satã da imagem iraquiana, ele faz, ao mesmo passo, do progresso, da tecnologia e da informação a ferramenta da dominação, do poder sem equilíbrio e sem limites, do desemprego e da servidão dos povos.
>
> Nunca houve tamanha expansão da fome, miséria e dependência abaixo da linha do equador; nunca a estatística dos excluídos se avolumou tanto, em tantos países, até mesmo nas sociedades de mais elevado grau de riqueza e prosperidade, quanto nestes últimos anos da *pax* americana. [...] O liberalismo ontem negava o Estado, hoje nega a Sociedade, e isto lhe decreta a sentença de morte; a mesma do capitalismo, em cujas entranhas se gerou. (2009, pp. 187-8)

De volta ao primeiro capítulo, Bonavides conclamará aos seus leitores:

> O golpe está em curso. O tempo urge. E o Brasil precisa dizer não aos golpistas se quiser sobreviver, tolhendo assim a transição do País constitucional ao País neocolonial. (2009, p. 31)

O objetivo central desta obra foi analisar a atuação do STF, levando a sério não só a dinâmica da atuação dos colegiados mas também a postura de cada ministro em momentos decisivos para o direito do trabalho no Brasil.

Como proposta interpretativa dos resultados que colhi na investigação, ensaio uma avaliação a partir das ideias de Bonavides que servem, nas palavras de Fux, de "inspiração para todos aqueles que creem na força de nossa democracia".

Tomando por fundamento a relativamente longa reprodução de excertos que acabo de transcrever, é possível reconhecer dois tipos de posturas-modelo que os ministros do STF tendem a adotar quando diante da interpretação de direitos trabalhistas.

O primeiro tipo é aquele que parte do esforço de concretização do projeto de país promulgado em 5 de outubro de 1988. Tal postura interpretativa pensa o texto normativo trabalhista a partir dos objetivos fundamentais da República, nos termos do art. 3º da CF/88; preocupa-se em harmonizá-lo com o reconhecimento de que a "ordem social tem como base o primado do trabalho e como objetivo o bem-estar e a justiça sociais" (art. 193); identifica a sistemática trabalhista como expressão dos direitos fundamentais sociais; assume que o artigo 7º, quando fala em "além de outros que visem à melhoria" da condição social de trabalhadores urbanos e rurais, estabelece um rol meramente exemplificativo de direitos.

O segundo tipo é a negação do primeiro. Toma como ponto de partida aquilo que é veiculado pela grande imprensa como sendo as necessidades do mercado; acredita que: a luta de classes seja uma categoria do século XVIII, inaplicável ao capitalismo contemporâneo; que o ocorrido em 1964 não tenha sido um golpe, mas um movimento, sendo que, autoritário, de verdade, é o direito do trabalho, que tolhe a liberdade do trabalhador de escolher deixar de executar os direitos que a Justiça já tenha reconhecido como sonegados; repetem, enfim, o mantra de Sarney segundo o qual a Constituição tornaria o país ingovernável. (CARVALHO, 2017, pp. 124 e 443; FAGNANI, 2021).

Com base nas lições de Paulo Bonavides proponho denominar o primeiro tipo de postura-modelo como "constitucional", enquanto o segundo de "neocolonial".

Destaco que tais denominações fazem referência, exclusivamente, às matérias trabalhistas – dentro dos limites que impus desde o início – e no específico período que vai de 6 de junho de 2003 a 31 de agosto de 2016.

Identifico, outrossim, dois obstáculos à taxativa categorização entre os ministros indicados por Lula e Dilma que, em matéria trabalhista, no período delimitado, tenderam a manter postura constitucional ou neocolonial.

A primeira questão que aparece de imediato decorre do fato de que há ministros que atuaram pouco, especificamente Carlos Alberto Menezes Direito e Luiz Edson Fachin: aquele por ter permanecido por apenas dois anos na corte; este, por ter ingressado em data razoavelmente próxima ao marco temporal final.

Tendo em vista o voto vencido de Fachin rejeitando os embargos no caso da dispensa imotivada, tenderia a classificá-lo junto aos constitucionais – tanto mais por saber que, no período posterior ao marco final, o ministro tem se destacado na garantia e conservação de direitos trabalhistas. Porém, uma vez que, com base nos números que levantei no primeiro movimento, o último indicado de Dilma aparece como relator de dois casos que beneficiavam as empresas e em apenas um em que a decisão beneficiava os trabalhadores, decidi deixar de classificar tanto o ministro Menezes Direito quanto o ministro Edson Fachin.

Durante a banca de doutorado, com razão, as Professoras Aldacy Rachid Coutinho e Renata Queiroz Dutra chamaram a atenção para uma possível injustiça na avaliação que fiz no parágrafo anterior. É que no período posterior ao do fechamento de meu marco temporal, quando a chamada “Reforma Trabalhista” ingressou na pauta de julgamentos do STF, viu-se a formação de uma importante coalizão constitucional (nos termos de Bonavides) contrária ao retrocesso social, composta por Marco Aurélio, Edson Fachin, Ricardo Lewandowski e Rosa Weber. Fica, aqui, portanto, o registro da postura constitucional que tais ministros assumiram em um dos momentos mais dramáticos da história do direito do trabalho brasileiro.

A segunda questão, por sua vez, é típica de cortes constitucionais, remontando ao próprio controle de constitucionalidade no famoso – e algo desconhecido (KLATAU FILHO, 2003, p. 255) – caso *Marbury vs. Madison*. Há neste tipo de decisão certo destaque quanto à sua dimensão política. Segundo Dimoulis e Lunardi, “Considerações políticas relacionadas às consequências da decisão sempre influenciam os juízes” (2017, p. 62).

Ao ser tido como seu guardião, a Constituição impôs ao STF uma enorme responsabilidade política, a qual deve ser honrada pelos ministros que integram a corte. Porém, tal responsabilidade não os retira da existência social concreta para além das sessões. Cada decisão é tomada pela deliberação de ministros que não estão desconectados do cenário político no qual atuam.

A situação política em que o país se encontra quando dos julgamentos influenciará todos os ministros. Não obstante, a depender da questão em discussão cada ministro se mostrará mais ou menos sensível a tais considerações.

Com isso, passo à minha proposta de categorização de tendências – limitada, novamente, ao período que pesquisei e às questões trabalhistas.

Antonio Cezar Peluso, conforme apresentei no primeiro movimento, foi relator de dois casos em que as empresas se beneficiaram e um em que os trabalhadores venceram. Em geral, observo em sua atuação uma postura mais próxima ao neocolonialismo, não obstante atuou como verdadeiro juiz constitucional no importante caso da ADC 16.

Carlos Augusto Ayres de Freitas Britto conta com dez relatorias em casos em que os trabalhadores foram beneficiados e oito em casos em que as empresas foram beneficiadas. Sua firme atuação nos casos da legitimação extraordinária dos sindicatos, da motivação da dispensa e da terceirização garante a ele, sem dúvida, o reconhecimento de seu consistente comprometimento com o programa constitucional pactuado em 1988.

Joaquim Benedito Barbosa Gomes conta com impressionantes 13 relatorias favoráveis aos trabalhadores e apenas quatro contrárias. O Ministro não transigiu em seu dever de guardião da Constituição nos casos da substituição processual e da motivação da dispensa.

Eros Roberto Grau relatou dois casos em que os trabalhadores venceram e um caso em que a empresa venceu. Aproximou-se da postura neocolonial no caso da legitimidade extraordinária dos sindicatos, porém manteve postura constitucional na motivação da dispensa.

Enrique Ricardo Lewandowski, surpreendentemente, relatou 9 casos em que as empresas venceram e apenas 5 em que os trabalhadores venceram. Demonstrou no caso da terceirização e no da dispensa imotivada uma postura constitucional, porém não a manteve nos casos do PDV e no prazo prescrição relativo ao FGTS.

Cármen Lúcia Antunes Rocha repetiu o mesmo escore de Lewandowski no primeiro movimento: 9 casos a favor das empresas e 5 a favor dos trabalhadores. Ostentou ativamente postura neocolonial nos casos da motivação da dispensa e da terceirização. Aderiu menos efusivamente ao neocolonialismo de Gilmar Mendes no caso da prescrição do FGTS e do PDV. Porém, no caso do intervalo intrajornada do artigo 384 da CLT aderiu entusiasmadamente ao posicionamento constitucional.

José Antonio Dias Toffoli relatou vinte casos em que as empresas foram vitoriosas e dezessete em que os trabalhadores venceram. Toffoli atuou para a consolidação de um país constitucional no caso da motivação da dispensa e, em menor grau, no caso do intervalo intrajornada. Aderiu, entretanto, ao neocolonialismo quando, Advogado Geral da União do governo Lula, sustentou a defesa da terceirização.

Luiz Fux conta com seis acórdãos em que relatou decisões favoráveis às empresas e cinco favoráveis aos trabalhadores. Em todos os casos em que analisei sua atuação no segundo movimento mostrou-se entusiasmadamente um defensor das posições neocoloniais. Demonstrou, ainda, enorme desconhecimento de questões relativamente simples de direito do trabalho nos casos da prescrição do FGTS e do intervalo intrajornada. Aderiu, ainda, à posição neocolonial de Barroso no caso do PDV.

Rosa Maria Pires Weber foi relatora de vinte e quatro processos em que a empresa foi beneficiada e outros vinte e quatro em que os trabalhadores venceram. De perto, a ministra mostrou-se uma obstinada representante do país constitucional, nos casos da prescrição do FGTS, do intervalo intrajornada e, mesmo no caso da dispensa imotivada, quando estava impedida, sua intervenção, como demonstrei, foi decisiva para o convencimento do decano Celso de Mello que, por sua vez, deu unidade ao plenário.

Teori Albino Zavascki foi relator de quatro processos em que as empresas se beneficiaram e de apenas um em que os trabalhadores venceram. Assumiu postura constitucional no caso da prescrição do FGTS, ficando vencido na companhia de Rosa Weber. Aderiu, entretanto, à corrente neocolonial no caso da dispensa imotivada e no PDV.

Por fim, Luís Roberto Barroso foi o responsável por 13 acórdãos em que os trabalhadores venceram e 8 em que as empresas se beneficiaram. Substituto de Ayres Britto, Barroso mostrou-se a antítese de seu antecessor: se o jurista sergipano deu concretude à Constituição em todas as suas atuações, o último indicado de Dilma Rousseff foi, junto com Fux, dentre os ministros analisados, o grande missionário do país neocolonial.

Fiz questão de ressaltar o caráter limitado ao direito do trabalho desta proposta interpretativa porque, variando a área de investigação, os resultados provavelmente serão muito diferentes. Nas palavras de dois jornalistas especializados na cobertura da corte: "o STF se amolda em um somatório de posicionamentos em temas e campos diferentes do direito" (RECONDO; WEBER, 2019, p. 283). Exemplificando a afirmação, dirão:

> [...] Barroso e Mendes, inconciliáveis se o assunto é direito criminal, aproximam-se quando o que está em jogo é a economia, mais precisamente o liberalismo econômico.
> O mesmo Barroso, em dupla com Fachin na missão de preservar ações da Lava Jato, se afastou do colega para minar o direito de greve de servidores públicos, por exemplo. E foi Fachin, ladeado por Rosa Weber na visão pró-trabalhador, que se apartou da colega quando esteve em julgamento a constitucionalidade da execução da pena após condenação criminal em segunda instância – ela contra ele a favor. [...]
> A multiplicidade de combinações no plenário de onze integrantes escancara um supremo diverso em sua composição, abrangente em suas atribuições e temáticas, maleável no trato com a jurisprudência e seus precedentes. (2019, pp. 282-3).

A utilização da contraposição constitucional/neocolonial retirada de Bonavides pode parecer demasiadamente dura para categorizar as tendências de juristas que atuam conforme suas convicções para salvaguardar a Constituição contra os arbítrios do poder. Poder-se-ia, inclusive, suscitar que a aspereza de tal díade invalidaria meu esforço científico, manchando o texto com ideologias políticas.

Ressalvo, contudo, que tal qual as decisões dos onze magistrados de notável saber jurídico e reputação ilibada são marcadas pelas contradições da situação concreta na qual são produzidas, também a pesquisa não se dá abstratamente. A concretude social em que a investigação é levada a cabo, por sua vez, não implica em um salvo-conduto para decisões arbitrárias, antes compõe a razão para tais escolhas "ásperas".

À certa altura de seu texto Paulo Bonavides listará longamente as consequências da conversão de um país constitucional a um país neocolonial. Dirá o jurista:

> Com o golpe de Estado institucional as instituições não mudam de nome; mudam, sim, de teor, substância e essência. De sorte que uma vez levado a cabo, a consequência fatal, no caso específico do Brasil, é a conversão do País constitucional em País neocolonial. É também a perda da soberania, a desnacionalização; a desconstitucionalização, o afrouxamento dos laços de unidade; o excesso de arbítrio concentrado na esfera executiva; a quebra do pacto federativo; a desarmonia e a guerra civil dos Poderes; a decadência e a corrupção da autoridade; o desrespeito à Justiça; a impunidade, a violência dos direitos fundamentais; a desagregação da consciência coletiva; os fermentos da insurreição social; o risco da desobediência civil; a legislação das medidas provisórias; a erosão e desprezo dos princípios constitucionais; o alastramento da insegurança, do medo, da incerteza nas garantias da ordem jurídica; a descrença generalizada no papel das forças armadas, postas debaixo da ameaça de se converterem, por obra das pressões externas do neoliberalismo internacional, em gendarmaria de fronteiras ou em milícia policial de repressão ao contrabando de drogas; o embrutecimento das camadas sociais mais baixas pela fome, miséria e desnutrição; o analfabetismo; a falência da saúde pública e a propagação das epidemias, como se a nação houvesse retrogradado à Idade Média; a desfiguração da classe média, perseguida e esmagada e sem oxigênio para respirar a liberdade e organizar a resistência; enfim o desfibramento daquela gente, que, ontem, foi povo e, hoje, é, tão somente, triste e vegetativa multidão de servos submissos e vassalos genuflexos que o globalizador arrogante e sem escrúpulos esmagou com o braço de ferro do poder neoliberal. (2009, p. 25)

O presente texto está baseado em tese doutoral entregue em junho de 2021. Ao olhar a situação do país, em meio à pandemia do coronavírus sob a presidência de Jair Bolsonaro, a leitura do excerto de Bonavides exige a conclusão de que esta pesquisa foi realizada em um país neocolonial. A exatidão do diagnóstico de vinte e dois anos atrás é tão grande que, em certos momentos, parece adquirir tons de clarividência. É o que se percebe ao ler que "a descrença generalizada no papel das forças armadas, postas debaixo da ameaça de se converterem (...) em milícia policial", ou, ainda, que "a falência da saúde pública e a propagação das epidemias, como se a nação houvesse retrogradado à Idade Média", acompanhado de "a desfiguração da classe média, perseguida e esmagada e sem oxigênio para respirar a liberdade e organizar a resistência".

Diante do reconhecimento de que vivemos em um país neocolonial, apresento esta obra e uma proposta interpretativa como esforço de contribuir às necessárias reflexões que o país exige: saber como chegamos até aqui, saber como podemos sair desta situação e, por fim, torcendo (ou melhor, lutando) esperançosos pela superação do neocolonialismo, saber como poderemos evitar retornar à condição neocolonial em que infelizmente nos encontramos hoje.

No início da pesquisa, quando estava apresentando os procedimentos metodológicos que utilizei para construir o que chamei de "universo da dinâmica jurisdicional", a pretexto de fazer uma analogia interrompi as descrições para citar a cena final de "Eles não usam black-tie", em que Otávio e Romana se unem para "catar feijão".

Agora, ao terminar este livro baseado na pesquisa encerro com um dos diálogos iniciais da mesma obra.

> *Tião: De farra, hein pai?*
> *Otávio: Farra?... Farra vão vê eles lá na fábrica. Sai o aumento nem que seja a tiro!... Querendo podem aproveitá o guarda--chuva, tá furado mas serve...* ***Eu acho graça desses caras, contrariam a lei numa porção de coisas. Na hora de pagá o aumento querem se apoiá na lei.*** *Vai se preparando, Tião. Num dou duas semanas e vai estourá uma bruta greve que eles vão vê se paga ou não. (Vai até o móvel e pega uma garrafa de pinga) Pra combatê a friagem... Se não pagá, greve... Assim é que é....*
> *Tião: O senhor parece que tem gosto em prepará greve, pai.*
> *Otávio: E tenho, tenho mesmo! Tu pensa o quê? Não tem outro jeito, não! Ou tu pensa que o negócio se resolve só com comissão. Com comissão eles não diminui o lucro deles nem de um tostão! Operário que se dane. Barriga cheia deles é o que importa... (Apontando a garrafa) Não vão querê um golinho?*

# Referências


ALBUQUERQUE, Diego Neto de. **A greve e os novos movimentos sociais na crise do sistema capitalista**: abrindo caminhos para uma economia moral. Belo Horizonte: RTM, 2019.

ALCHOURRÓN, Carlos E.; BULYGIN, Eugenio. **Introducción a la metodología de las ciencias jurídicas y sociales.** 5. ed. Buenos Aires: Astrea, 2006.

ALEGRETTI, Laís; FERNANDES, Talita. "'É difícil ser patrão no Brasil', diz Bolsonaro". **Folha de São Paulo**, São Paulo, 4 dez. 2018. Disponível em: <https://www1.folha.uol.com.br/mercado/2018/12/e-dificil-ser-patrao-no-brasil-diz-bolsonaro.shtml>. Acesso em: 28 mar. 2021.

ALEXY, Robert. Teoria dos direitos fundamentais. São Paulo: Malheiros, 2008.

ALVES, Alaôr Caffé. **Lógica**: pensamento formal e argumentação: elementos para o discurso jurídico. 5. ed. São Paulo: Quartier Latin, 2011.

AMORIM, Paulo Henrique. **O quarto poder**: uma outra história. São Paulo: Hedra, 2015.

ANAMATRA. "Ex-presidente da Anamatra publica livro com análise crítica da jurisprudência do STF relativa ao Direito do Trabalho". **Anamatra imprensa**, 26 abr. 2021. Disponível em: <https://www.anamatra.org.br/imprensa/noticias/30943-ex-presidente-da-anamatra-publica-livro-com-analise-critica-da-jurisprudencia-do-stf-relativa-ao-direito-do-trabalho>. Acesso em: 15 maio 2021.

ARANTES, Rogério; ARGUELHES, Diego Werneck. O estado da arte da pesquisa sobre o Supremo Tribunal Federal. *In*: QUEIROZ, Rafael Mafei R.; FEFERBAUM, Marina (org.). **Metodologia da pesquisa em direito**:

técnicas e abordagens para elaboração de monografias, dissertações e teses. 2. ed. São Paulo: Saraiva, 2019. p. 437-50.

ARAÚJO, Luiz Alberto David; JÚNIOR, Vidal Serrano Nunes. **Curso de direito constitucional.** 4. ed. São Paulo: Saraiva, 2001.

ARAÚJO, Fernando Silva de. **Excesso de trabalho e danos à pessoa do trabalhador**: tutela jurisdicional preventiva. 184p. São Paulo: Faculdade de Direito, USP, 2016. Dissertação (Mestrado em Direito do Trabalho).

ARGUELHES, Diego Werneck; RIBEIRO, Leandro Molhano. Ministrocracia: o Supremo Tribunal individual e o processo democrático brasileiro. **Novos estudos**, São Paulo: CEBRAP, v. 37, n. 1, p. 13-32, jan./abr. 2018. Disponível em: <http://www.scielo.br/scielo.php?script=sci_arttext&pid=S0101-33002018000100013&lng=en&nrm=iso>. Acesso em: 17 mar. 2021.

AROUCA, José Carlos. **Curso básico de direito sindical**. 4. ed. São Paulo: LTr, 2014.

ASSUNÇÃO, Diana (org). **A precarização tem rosto de mulher**: a luta das trabalhadoras e trabalhadores terceirizados da USP. São Paulo: Edições Iskrta, 2011 (Coleção Iskrta mulher).

BABOIN, José Carlos de Carvalho. **A greve como limite do direito e o direito como limite da greve**: a historicidade da positivação. 2020. São Paulo: Faculdade de Direito, USP, 2020. Tese (Doutorado em Direito do Trabalho).

BALEEIRO, Aliomar. **O Supremo Tribunal Federal**: esse outro desconhecido. Rio de Janeiro: Forense, 1968.

BALTAR, Paulo Eduardo de Andrade; DOS SANTOS, Anselmo Luís; KREIN, José Dari; LEONE, Eugenia; PRONI, Marcelo Weishaupt; MORETTO, Amilton; MAIA, Alexandre Gori; SALAS, Carlos. **Trabalho no governo Lula**: uma reflexão sobre a recente experiência brasileira. Berlim: Global Labour University, 2010.

BANDEIRA DE MELLO, Celso Antônio. **Curso de direito administrativo.** 27. ed. São Paulo: Malheiros, 2010.

______. **Eficácia das normas constitucionais e direitos sociais.** São Paulo: Malheiros, 2011.

______. **Discricionariedade e controle jurisdicional**. São Paulo: Malheiros, 2012.

BARBOSA, Rui. Oração perante o Supremo Tribunal Federal. *In*: FUNDAÇÃO CASA DE RUI BARBOSA. **Pensamento e ação de Rui Barbosa**. Brasília: Senado Federal, 1999.

BARCELLOS, Ana Paula de. **Curso de direito constitucional**. Rio de Janeiro: Forense, 2018.

BARROSO, Luís Roberto. **Curso de direito constitucional contemporâneo**: os conceitos fundamentais e a construção do novo modelo. 2. ed. São Paulo: Saraiva, 2010.

BATISTA, Flávio Roberto. **Crítica da tecnologia dos direitos sociais**. São Paulo: Outras Expressões; Dobra, 2013.

BENSAÏD, Daniel. **Marx, manual de instruções**. São Paulo: Boitempo, 2013.

BERNARDES, Felipe. **Manual de processo do trabalho**. 2. ed. Salvador: JusPODIVM, 2019.

BIAVASCHI, Magda Barros; DROPPA, Alisson; MARQUES, Ana Carolina Bianchi Rocha Cuevas. IV Encontro Nacional da ABET. O Tribunal Superior do Trabalho e a sutileza da dialética das decisões envolvendo terceirização: a elaboração de um banco de dados no período 2000-2013. *In*: Encontro Nacional da Associação Brasileira de Economia do Trabalho, 2015. **Anais**. Campinas: UNICAMP, 2015. (Grupo de trabalho 3: regulação, políticas e instituições públicas do trabalho).

BIAVASCHI, Magda Barros; DROPPA, Alisson. A história da súmula 331 do Tribunal Superior do Trabalho: a alteração na forma de compreender a terceirização. *In*: **Mediações**. Londrina, v.16, n. 1, p. 124-141, jan./jun. 2011.

BIAVASCHI, Magda Barros; DROPPA, Alisson. A dinâmica da regulamentação da terceirização no Brasil: as súmulas do Tribunal Superior do Trabalho, os projetos de lei e as decisões do Supremo Tribunal Federal. *In*: **Revista de Ciências Sociais**, n. 41, out. 2014. p. 121-145.

BIONDI, Pablo. **Breves apontamentos para uma crítica marxista do poder judiciário**. Cadernos Cemarx, v. 7, p. 139-154, 2014.

BOCCHINI, Bruno. "Toffoli diz que militares fizeram 'movimento', e não golpe em 1964". Agência Brasil, São Paulo, 1º out. 2018. Disponível em: < https://agenciabrasil.ebc.com.br/politica/noticia/2018-10/toffoli-diz-que-militares-fizeram-movimento-e-nao-golpe-em-1964>. Acesso em: 14 out. 2020.

BONAVIDES, Paulo. **Curso de direito constitucional**. 26. ed. São Paulo: Malheiros, 2011.

______. **Do Estado liberal ao Estado social**. 8. ed. São Paulo: Malheiros, 2009a.

______. **Do país constitucional ao país neocolonial**: a derrubada da constituição e a recolonização pelo golpe de Estado institucional. 3. ed. São Paulo: Malheiros, 2009b.

______; ANDRADE, Antonio Paes de. **História constitucional do Brasil**. 3. ed. São Paulo: Paz e Terra, 1991.

BRANCO, Paulo G. G. e MENDES, Gilmar F. **Curso de direito constitucional**. 12. ed. São Paulo: Saraiva, 2017.

CALEGARI, Luiza. "Constitucionalista Paulo Bonavides morre aos 95 anos". **Consultor Jurídico**, 30 out. 2020. Disponível em: <https://www.conjur.com.br/2020-out-30/constitucionalista-paulo-bonavides-morre-aos-95-anos>. Acesso em: 03 nov. 2020.

CANDIDO, Antonio. Direito à literatura (1988). *In*: ______. **Vários Escritos**. 6. ed. Rio de Janeiro: Ouro sobre Azul, 2017, p. 171-193.

CANOTILHO, J.J. Gomes. **Direito Constitucional**. 6. ed. Coimbra: Livraria Almedina, 1995.

CARELLI, Rodrigo de Lacerda. Terceirização e Direitos Trabalhistas no Brasil. *In*: DRUCK, Graça e FRANCO, Tânia (org.). **A perda da razão social do trabalho:** terceirização e precarização. São Paulo: Boitempo, 2007, p. 59-68.

CARROL, Lewis. **Alice's adventures in wonderland**. London: Penguin Popular Classics, 1994.

CARTA CAPITAL. "Carmen Lúcia, Rosa Weber e a desigualdade de gênero no STF". **Carta Capital**, 12 maio 2017. Disponível em: < https://www.cartacapital.com.br/sociedade/carmen-lucia-rosa-weber-e-a-desigualdade-de-genero-no-stf/>. Acesso em: 26 out. 2020.

CARVALHO, Luiz Maklouf. **1988**: segredos da constituinte. Os vinte meses que agitaram e mudaram o Brasil. Rio de Janeiro: Record, 2017.

CASTANHO, William Glauber Teodoro. **Nem sempre foi assim**: uma contribuição marxista ao reconhecimento da união homoafetiva no STF e à autorização do casamento lésbico no STJ. 2013. 122p. São Paulo: Faculdade de Direito, USP, 2013. Dissertação (Mestrado em Diretos Humanos).

CESIT/IE - FAPESP. **A terceirização e a justiça do trabalho**. Supervisor: Paulo E. de Andrade Baltar. Projeto de pesquisa: Magda Barros Biavaschi. Projeto FAPESP n.2007/55180-2. Campinas, 2009.

COMPARATO, Fábio Konder. **Rumo à justiça**. São Paulo: Saraiva, 2010.

CORREIA, Marcus Orione Gonçalves. Uma leitura marxista do trabalho doméstico. **Revista LTr**, v. 75, p. 311-317, 2011.

DELGADO, Gabriela Neves; BORGES, Lara Parreira de Faria. A revisitação do princípio da proteção pelo discurso constitucional trabalhista no Tribunal Superior do Trabalho. *In*: ______, *et al.*(coord.) **Direito constitucional do trabalho**: princípios e jurisdição constitucional do TST. São Paulo: LTr, 2015.

DELGADO, Maurício Godinho. **Curso de direito do trabalho**. 14. ed. São Paulo: LTr, 2015.

DEPARTAMENTO INTERSINDICAL DE ASSESSORIA PARLAMENTAR. **Quem foi quem na constituinte** – nas questões de interesse dos trabalhadores. São Paulo: Cortez; Oboré, 1988.

DIMOULIS, Dimitri. **Positivismo jurídico**: introdução a uma teoria do direito e defesa do pragmatismo jurídico-político. São Paulo: Método, 2006.

DIMOULIS, Dimitri; LUNARDI, Soraya. **Curso de processo constitucional**. 5. ed. São Paulo: Revista dos Tribunais, 2017.

DURKHEIM, Émile. As regras do método sociológico. São Paulo: Edipro, 2012.

DUTRA, Renata Queiroz. **Trabalho, regulação e cidadania**: a dialética da regulação social do trabalho. São Paulo: LTr, 2018.

DUTRA, Renata; MACHADO, Sidnei. “Lançamento do livro: ‘O Supremo e a reforma trabalhista’”. **Remir Trabalho**, Campinas, 21 maio 2021. Disponível em: <https://www.eco.unicamp.br/remir/index.php/legislacao/271-lancamento-do-livro-o-supremo-e-a-reforma-trabalhista>. Acesso em: 30 maio 2021.

EDELMANN, Bernard. **La légalisation de la classe ouvrière**. Paris: Christian Bourgois, 1978.

ENGELS, Friedrich. **A situação da classe trabalhadora na Inglaterra.** São Paulo: Boitempo, 2010.

ESTEVES, João Luiz M. **Direitos fundamentais sociais no Supremo Tribunal Federal.** São Paulo: Método, 2007.

FAGNANI, Eduardo. “Fagnani expõe três décadas de atraso e patifaria das elites”. **Outras palavras,** 24 jun. 2021. Disponível em: < https://outraspalavras.net/crise-brasileira/fagnani-expoe-tres-decadas-de-atraso-e-patifaria-das-elites/>. Acesso em: 27 jun. 2021.

FARIA, José Eduardo. **Os novos desafios da justiça do trabalho**. São Paulo: LTr, 1995.

FEFERBAUM, Marina; DE PALMA, Juliana Bonacorsi; PINHEIRO, Victor Marcel. Meu trabalho precisa de jurisprudência? Como posso utilizá-la? *In*: QUEIROZ, Rafael Mafei R.; FEFERBAUM, Marina (org.). **Metodologia da pesquisa em direito**: técnicas e abordagens para elaboração de monografias, dissertações e teses. 2. ed. São Paulo: Saraiva, 2019. p. 99-128.

FEFERBAUM, Marina; DE PALMA, Juliana Bonacorsi; PINHEIRO, Victor Marcel. A organização da informação jurisprudencial. *In*: QUEIROZ, Rafael Mafei R.; FEFERBAUM, Marina (org.). **Metodologia da pesquisa em direito: técnicas e abordagens para elaboração de monografias, dissertações e teses.** 2. ed. São Paulo: Saraiva, 2019. p. 241-251.

FERNANDES, Florestan. **Que tipo de república?** 2. ed. São Paulo: Globo, 2007.

FERRÃO, Brisa L. M.; RIBEIRO, Ivan C. **Os juízes brasileiros favorecem a parte mais fraca?** Berkeley: Berkeley Program in Law and Economics, 2006. Disponível em: <https://escholarship.org/uc/item/0715991z>. Acesso em: 28 mar. 2021.

FERREIRA, Carolina Cutrupi. **Os critérios de legitimidade reconhecidos pelo Supremo Tribunal Federal para propositura de ação direta de inconstitucionalidade.** São Paulo: SBDP, 2007. Disponível em: <http://www.sbdp.org.br/arquivos/monografia/95_Carolina%20Cutrupi%20Ferreira.pdf>. Acesso em: fev. 2016.

FONTAINHA, Fernando de Castro; DOS SANTOS, Carlos Victor Nascimento. Pesquisar o "Direito em ação": observando contextos jurídico-institucionais. *In*: QUEIROZ, Rafael Mafei R.; FEFERBAUM, Marina (org.). **Metodologia da pesquisa em direito**: técnicas e abordagens para elaboração de monografias, dissertações e teses. 2. ed. São Paulo: Saraiva, 2019. p. 283-302.

FONTAINHA, Fernando de Castro et al. (org.). História oral do Supremo. v.9, **Nelson Jobim**. Rio de Janeiro: FGV Editora, 2015.

FRAGALE FILHO, Roberto. Quando a empiria é necessária? *In*: XIV Congresso Nacional do CONPEDI, 2006, Fortaleza. **Anais do XIV Congresso Nacional do CONPEDI**. Florianópolis (SC): Fundação Boiteux, 2005. p. 323.

FRANCO FILHO, Georgenor de Sousa. **Direito do Trabalho no STF**, volume 7. São Paulo: LTr, 2004.

______. **Direito do Trabalho no STF**, volume 8. São Paulo: LTr, 2005.

______. **Direito do Trabalho no STF**, volume 9. São Paulo: LTr, 2006.

______. **Direito do Trabalho no STF**, volume 10. São Paulo: LTr, 2007.

______. **Direito do Trabalho no STF**, volume 11. São Paulo: LTr, 2008.

______. **Direito do Trabalho no STF**, volume 12. São Paulo: LTr, 2009.

______. **Direito do Trabalho no STF**, volume 13. São Paulo: LTr, 2010.

______. **Direito do Trabalho no STF**, volume 14. São Paulo: LTr, 2011.

______. **Direito do Trabalho no STF**, volume 15. São Paulo: LTr, 2012.

______. **Direito do Trabalho no STF**, volume 16. São Paulo: LTr, 2013.

______. **Direito do Trabalho no STF**, volume 17. São Paulo: LTr, 2014.

______. **Direito do Trabalho no STF**, volume 18. São Paulo: LTr, 2015.

______. **Direito do Trabalho no STF**, volume 19. São Paulo: LTr, 2016.

______. **Direito do Trabalho no STF**, volume 20. São Paulo: LTr, 2017.

______. **Direito do Trabalho no STF**, volume 21. São Paulo: LTr, 2018.

FUP. "1995: a maior greve dos petroleiros". **Federação Única dos Petroleiros**. 08 ago. 2019. Disponível em: < https://www.fup.org.br/ultimas-noticias/item/24271-1995-a-maior-greve-dos-petroleiros>. Acesso em: 29 jun 2021.

GALANTER, Marc. Why the "haves" come out ahead: speculations on the limits of legal change. *In*: **Law and Society Review**, 1974.

______, 1941. Por que "quem tem" sai na frente [recurso eletrônico] : especulações sobre os limites da transformação no direito/Marc Galanter ; organizadora e tradutora, Ana Carolina Chasin. São Paulo: FGV Direito SP, 2018.150 p. (Coleção acadêmica livre).

GALEANO, Eduardo. **Las venas abiertas de América Latina**. Buenos Aires: Siglo Veintiuno, 2010.

______. "Derechos del trabajador, ¿un tema para arqueólogos?". **El País**, Madrid, 07 maio 2001. Opinión. Tribuna. Disponível em: <https://elpais.com/diario/2001/05/07/opinion/989186409_850215.html>. Acesso em: 30 set. 2018.

GALVÃO, Andréia. **Neoliberalismo e reforma trabalhista no Brasil**. Rio de Janeiro: Revan/FAPESP, 2007.

GALVÃO, Andréia e ; VARELA, Paula. **Sindicalismo e direitos**. Politeia (UESB), v. 11, p. 241-257, 2011.

GRAU, Eros Roberto. **A ordem econômica na Constituição de 1988 (interpretação e crítica)**. 15. ed. São Paulo: Malheiros, 2012.

______. **Por que tenho medo dos juízes? (a interpretação do direito e os princípios)**. 6. ed. São Paulo: Malheiros, 2014.

______. **O direito posto e o direito pressuposto**. 8. ed. São Paulo: Malheiros, 2014.

GRILLO, Marcelo Gomes Franco. **Direito processual e capitalismo**. São Paulo: Dobra Universitária; Outras Expressões, 2017. (Coleção Direitos e Lutas Sociais).

GUARNIERI, Gianfrancesco. **Eles não usam black-tie**. 24. ed. Rio de Janeiro: Civilização Brasileira, 2010.

HIRANO, Ana Farias. **Acordos homologados pela justiça do trabalho**: uma análise dos dissídios individuais na fase de conhecimento. 280f. São Paulo: Faculdade de Direito, USP, 2009. Tese (Mestrado em Direito do Trabalho).

JACOBI, Tonja; SCHWEERS, Dylan. Justice, interrupted: the effect of gender, ideology, and seniority at Supreme Court oral arguments. Virginia Law Review 1379, 2017. Northwestern Law & Econ Research Paper No. 17-03. Disponível em:< https://ssrn.com/abstract=2933016>. Acesso em: 12 fev. 2020.

KASHIURA Jr., Celso Naoto. **Crítica da igualdade jurídica**: contribuição ao pensamento jurídico marxista. São Paulo: Quartier Latin, 2009.

______. **Sujeito de direito e capitalismo**. São Paulo: Outras Expressões; Dobra, 2014.

KLATAU FILHO, Paulo. A primeira decisão sobre controle de constitucionalidade: Marbury vs. Madison (1803). **RBDC – Revista Brasileira de Direito Constitucional**. São Paulo: ESDC, n. 2, p. 255-275, jul./dez. 2003.

KONDER, Leandro. **O que é dialética?** 28. ed. São Paulo: Brasiliense, 28. ed., 2008.

LEITE, Carlos Henrique Bezerra. **Curso de direito processual do trabalho**. 15. ed. São Paulo: Saraiva, 15. ed., 2017.

LEITÃO, Tábata Gomes Macedo de. **A terceirização no contexto de eficácia dos direitos fundamentais**. 254 p. São Paulo: Faculdade de Direito, USP, 2012. Dissertação (Mestrado em Direito do Trabalho).

LEORATTI, Alexandre. "Toffoli diz preferir chamar golpe militar de 1964 de 'movimento'". **Jota**, São Paulo, 1° out. 2018. Disponível em:< https://www.jota.info/stf/do-supremo/toffoli-golpe-64-movimento-01102018>. Acesso em: 14 out. 2020.

LEWANDOWSKI, Enrique Ricardo. **Proteção dos direitos humanos na ordem interna e internacional**. Rio de Janeiro: Forense, 1984.

LOPES, Gabriel Franco da Rosa; MARQUES, Ana Carolina Bianchi Rocha Cuevas; YAMAMOTO, Paulo de Carvalho. Terceirização e luta de classes. *In*: AKAMINE Jr., Oswaldo, KASHIURA Jr., Celso Naoto; MELO, Tarso de. (org.). **Para a crítica do direito**: reflexões sobre teorias e práticas jurídicas. São Paulo: Outras Expressões; Dobra, 2015.

LÖWY, Michael. **As aventuras de Karl Marx contra o Barão de Münchhausen**: marxismo e o positivismo na sociologia do conhecimento. 10. ed. São Paulo: Cortez, 2013.

LÖWY, Michael. **Ideologias e ciência social**: elementos para uma análise marxista. 19. ed. São Paulo: Cortez, 2010.

MAEDA, Patrícia. **Trabalho da mulher sob o olhar da justiça do trabalho**. Disponível em: <http://justificando.cartacapital.com.br/2018/05/23/trabalho-da-mulher-sob-o-olhar-da-justica-do-trabalho/>. Acesso em: 30 jun. 2018.

MAFEI, Rafael. **Como remover um presidente**: teoria, história e prática do *impeachment* no Brasil. Rio de Janeiro: Zahar, 2021.

MAGALHÃES, Marcos Nascimento; LIMA, Antonio Carlos P. **Noções de probabilidade e estatística**. 7. ed. São Paulo: EDUSP, 7. ed., 2015.

MAGANO, Octávio Bueno (1988). Discurso do professor Octávio Bueno Magano. **Revista da Faculdade de Direito**, Universidade de São Paulo, 77, 339-343. Recuperado de https://www.revistas.usp.br/rfdusp/article/view/66965>. Acesso em: 27 mar. 2021.

MARQUES, Ana Carolina B. R. C.; YAMAMOTO, Paulo de Carvalho. **Trabalhadores, ditadura e greve:** uma interpretação crítica da influência do movimento operário para a transição democrática brasileira. *In*: SOUTO

MARX, Karl. **O 18 de brumário de Luís Bonaparte**. São Paulo: Boitempo, 2011.

______. **O capital**. Crítica da economia política. Livro I: o processo de produção do capital. São Paulo: Boitempo, 2013.

MASCARENHAS, Gabriel. "Cármen Lúcia pede para ser chamada de 'presidente' e não 'presidenta'". **Folha de São Paulo**, São Paulo, 10 ago. 2016. Disponível em:< https://www1.folha.uol.com.br/poder/2016/08/1801487-carmen-lucia-pede-para-ser-chamada-de-presidente-e-nao-presidenta.shtml>. Acesso em: 28 mar. 2021.

MATTOS, Marcelo Badaró. **Trabalhadores e sindicatos no Brasil**. São Paulo: Expressão Popular, 2009.

MELLO, Patricia Campos. **A máquina do ódio**: notas de uma repórter sobre *fake news* e violência digital. São Paulo: Companhia das Letras, 2020.

MELO FILHO, Hugo Cavalcanti. **Judiciário tutelado**: STF sob o peso dos coturnos. Bauru: Canal 6, 2019.

MIAILLE, Michel. **Uma introdução crítica ao direito**. Lisboa: Moraes, 1979.

MORAES, Evaristo de. **Apontamentos de direito operário**. 3. ed. São Paulo: LTr, 1986.

MOREIRA, José Carlos Barbosa. **O novo processo civil brasileiro**: exposição sistemática do procedimento. 23. ed. Rio de Janeiro: Forense, 2005.

NAVES, Márcio Bilharinho. **Marxismo e direito**: um estudo sobre Pachukanis. São Paulo: Boitempo, 2000.

NASCIMENTO, Amauri Mascaro. **Compêndio de direito sindical**. 7. ed. São Paulo: LTr, 2012.

NASCIMENTO. Talita. "Terceirizados da Higilimp param por falhas salariais". **Jornal do Campus**, São Paulo, 17 jun. 2013. Disponível em: < http://www.jornaldocampus.usp.br/index.php/2013/06/terceirizados-da-higilimp-param-por-falhas-salariais/>. Acesso em: 17 ago. 2020.

NEVES, Daniel Amorim A. **Manual de direito processual civil**. 6. ed. Rio de Janeiro: Forense, 2014.

______. **Manual de direito processual civil**. 11. ed. Rio de Janeiro: Forense, 2019.

NETO, Pasquale Cipro. "Data venia, ministra Cármen Lúcia, o cargo é de 'presidente' ou 'presidenta'". **Folha de São Paulo**, São Paulo, 18 ago. 2016. Disponível em: <https://www1.folha.uol.com.br/colunas/pasquale/2016/08/1804215-data-venia-ministra-carmen-lucia-o-cargo-e-de-presidente-ou-presidenta.shtml>. Acesso em: 28 mar. 2021.

NETTO, José Paulo. **Introdução ao estudo do método de Marx**. São Paulo: Expressão Popular, 2010.

NETTO, José Paulo; BRAZ, Marcelo. **Economia política**: uma introdução crítica. 7. ed. São Paulo: Cortez, 2011.

NOZAKI, William. A militarização da administração pública no Brasil: Projeto de nação ou projeto de poder? *In*: FÓRUM NACIONAL PERMANENTE DE CARREIRAS DE ESTADO (FONACATE). **Caderno da reforma administrativa**. Brasília, DF, 2021. 24p. Disponível em: <

https://fonacate.org.br/wp-content/uploads/2021/05/Cadernos-Reforma-Administrativa-N.-20.pdf>. Acesso em: 18 jun. 2021.

OLIVEIRA, F. L. de. Supremo relator: processo decisório e mudanças na composição do STF nos governos FHC e Lula. *In*: **Revista Brasileira de Ciências Sociais**. Vol. 27(80). Out. 2012. Disponível em: <https://doi.org/10.1590/S0102-69092012000300006>. Acesso em: 18 set. 2018.

______. Processo decisório no Supremo Tribunal Federal: coalizões e "panelinhas". **Revista de Sociologia e Política**, v. 20(44), 2012.

ORGANIZAÇÃO INTERNACIONAL DO TRABALHO. As regras do jogo. Disponível em: https://www.ilo.org/wcmsp5/groups/public/---europe/---ro-geneva/---ilo-lisbon/documents/publication/wcms_751244.pdf Acesso em: 31 ago. 2020.

______. Ratifications of C158 - Termination of Employment Convention, 1982 (No. 158). NORMLEX Information System on International Labour Standards. 23 nov. 1985. Disponível em: <https://www.ilo.org/dyn/normlex/en/fp=NORMLEXPUB:11300:0::NO::P11300_INSTRUMENT_ID:312303>. Acesso em: 16 mar 2021.

OXFAM. **Reward work, not wealth.** Oxford: Oxfam International, 2018. Disponível em: <https://www.oxfam.org/en/research/reward-work-not-wealth>. Acesso em: 19 dez. 2018.

PACHUKANIS, Eugeny. **A teoria geral do direito e o marxismo**. Rio de Janeiro: Renovar, 1989.

PLÁ RODRIGUEZ, Américo. **Princípios de direito do trabalho**. São Paulo: LTr: Editora da Universidade de São Paulo, 1978.

POMPEU, Ana. "É preciso adaptar arranjos institucionais importados de outros sistemas políticos". **Consultor jurídico**, 03 jul. 2018. Disponível em: < https://www.conjur.com.br/2018-jul-03/entrevista-arnaldo-godoy-professor-teoria-geral-estado>. Acesso em: 13 jul. 2019.

QUEIROZ, Rafael Mafei R. **Monografia jurídica**: passo a passo. São Paulo: Método, 2015.

QUEIROZ, Rafael Mafei R. Como encontrar um tema dentro de minha área de interesse? *In*: QUEIROZ, Rafael Mafei R.; FEFERBAUM, Marina (org.). **Metodologia da pesquisa em direito**: técnicas e abordagens para elaboração de monografias, dissertações e teses. 2. ed. São Paulo: Saraiva, 2019. p. 55-70.

QUEIROZ, Rafael Mafei R.; FEFERBAUM, Marina. Escrita científica em Direito: espécies de trabalhos acadêmicos e suas principais características. *In*: ______ (org.). **Metodologia da pesquisa em direito**: técnicas e abordagens para elaboração de monografias, dissertações e teses. 2. ed. São Paulo: Saraiva, 2019. p. 25-35.

RECONDO, Felipe; WEBER, Luiz. **Os onze:** o STF, seus bastidores e suas crises. São Paulo: Companhia das Letras, 2019.

RODRIGUES JUNIOR, Otavio Luiz. "Riscos de uma pesquisa empírica em Direito no Brasil". **ConJur**, São Paulo, 7 ago. 2013. Disponível em: <https://www.conjur.com.br/2013-ago-07/direito-comparado-riscos-certa-pesquisa-empirica-direito-brasil>. Acesso em: 23 abr. 2020.

RUSSOMANO, Mozart Victor. **O empregado e o empregador no direito brasileiro**. 5. ed. São Paulo: LTr, 1976.

SACRINI, Marcus. **Leitura e escrita de textos argumentativos.** São Paulo: USP, 2019.

SACRINI, Marcus. **Introdução à análise argumentativa**: teoria e prática. São Paulo: Paulus, 2016.

SALGADO, Gisele Mascarelli. Um estudo sobre os manuais de direito do trabalho e a questão dos movimentos operários na Primeira República. *In*: Âmbito jurídico, Rio Grande, XV, n. 100, maio 2012. Disponível em: <http://ambito- juridico.com.br/site/?n_link=revista_artigos_leitura&artigo_id=11548>. Acesso em: fev. 2016.

SANTOS, Ronaldo Lima dos. **Sindicatos e ações coletivas**: acesso à justiça, jurisdição coletiva e tutela dos interesses difusos, coletivos e individuais homogêneos. 4. ed. São Paulo: LTr, 2014.

SARGENT, Greg. "There's been class warfare for the last 20 years, and my class has won". *The Washington Post*, 30 set. 2011. Disponível em: < https://www.washingtonpost.com/blogs/plum-line/post/theres-been-class-warfare-for-the-last-20-years-and-my-class-has-won/2011/03/03/gIQApaFbAL_blog.html>. Acesso em: 30 dez. 2019.

SARLET, Ingo Wolfgang. **A eficácia dos direitos fundamentais**. 2. ed. Porto Alegre: Livraria do Advogado, 2001.

SCORCE, Carolina. "Historiador citado por Toffoli rejeita chamar ditadura de 'movimento'". **Carta Capital**, 1º out. 2018. Disponível em: < https://www.cartacapital.com.br/sociedade/historiador-citado-por-toffoli-diz-que-e-errado-chamar-ditadura-de-movimento-de-64/>. Acesso em: 14 out. 2020.

SECCO, Lincoln. **História do PT 1978-2010**. 3 ed. Cotia: Ateliê, 2012.

SEVERO, Valdete; SOUTO MAIOR, Jorge Luiz. **Manual da reforma trabalhista:** pontos e contrapontos. São Paulo: Sensus, 2017.

SILVA, Alessandro da. **O direito do trabalho no capitalismo dependente**: limites, potência, efetividade. São Paulo: Outras Expressões, 2020.

SILVA, Fernando Azevedo e. "Nomeação de general por Toffoli é alvo de questionamentos". **Folha de São Paulo**, São Paulo, 1º out. 2018. Disponível em: <https://www1.folha.uol.com.br/poder/2018/10/nomeacao-de-general-por-toffoli-e-alvo-de-questionamentos.shtml>. Acesso em: 13 out. 2020.

SILVA, Lays C. B. da. **A inserção da mulher no mercado de trabalho**: reflexões a partir do processo interpretativo referente ao artigo 384 da CLT (monografia). Monografia apresentada como requisito necessário à obtenção de grau de Bacharel em Direito pela Universidade de Brasília – UnB, 2015. Orientadora: Profª Dra. Gabriela Neves Delgado.

SILVA, Homero Batista Mateus da. **Curso de direito do trabalho aplicado** [livro eletrônico], v. 1: Parte Geral. São Paulo: Revista dos Tribunais, 2015.

______. **Curso de direito do trabalho aplicado** [livro eletrônico], v. 2: Jornadas e pausas. São Paulo: Revista dos Tribunais, 2015.

______. **Curso de direito do trabalho aplicado** [livro eletrônico], v. 3: Saúde e segurança do trabalho. São Paulo: Revista dos Tribunais, 2015.

______. **Curso de direito do trabalho aplicado** [livro eletrônico], v. 7: Direito Coletivo do Trabalho. São Paulo: Revista dos Tribunais, 2015.

______. **Comentários à reforma trabalhista**. São Paulo: Revista dos Tribunais, 2017.

SILVA, José Afonso da. **Curso de direito constitucional positivo**. 33. ed. São Paulo: Malheiros, 2010.

SILVA, Sayonara Grillo Coutinho Leonardo da. **Relações coletivas de trabalho**: configurações institucionais no Brasil contemporâneo. São Paulo: LTr, 2008.

SILVA, Sayonara Grillo Coutinho Leonardo da. Direitos fundamentais e liberdade sindical no sistema de garantias: um diálogo com Luigi Ferrajoli. *In*: **Revista da Faculdade de Campos**, ano VI, n. 6, jun. 2005, p.245-265.

SILVA, Sayonara Grillo Coutinho Leonardo da; GUEIROS, Daniele G. e LIMA, Henrique F. de. Greve e direito: estudo de casos judiciais envolvendo movimentos coletivos de trabalho contra as reformas institucionais de austeridade. *In*: **Revista Direito das Relações Sociais e Trabalhistas**, Centro Universitário do Distrito Federal. - Brasília, DF, v. 5, n. 1, jan.-abr. 2019, p. 220-254.

SILVA, Sayonara Grillo Coutinho Leonardo. MOURA, Eleonora Kira Valdez. O que os atores demandam perante o Supremo Tribunal Federal em matéria trabalhista? **Revista do Direito Público**. Londrina, v. 9, n. 2, p. 115-133, maio/ago. 2014.

SILVA, Virgílio Afonso da. **Direitos fundamentais**: conteúdo essencial, restrições e eficácia. São Paulo: Malheiros, 2009.

SILVA, Virgílio Afonso da. **Direito constitucional brasileiro**. São Paulo: EDUSP, 2021 (Acadêmica; 107).

SILVA, Virgílio Afonso da. "'Um voto qualquer?' O papel do ministro relator na deliberação no Supremo Tribunal Federal". **Revista Estudos Institucionais,** v. 1, n. 1, p. 180–200, 2015. Disponível em: < https://estudosinstitucionais.com/REI/article/view/21>. Acesso em: 21 fev. 2019.

SIMÕES, Carlos Jorge Martins. **Direito do trabalho e modo de produção capitalista**. São Paulo: Símbolo, 1979.

SOUTO MAIOR, Jorge Luiz. "A Convenção 158 da OIT e a perda do emprego". **Migalhas quentes**, 27 out. 2008. Disponível em: < https://www.migalhas.com.br/depeso/72255/a-convencao-158-da-oit-e-a-perda-do-emprego>. Acesso em: 26 nov. 2019.

______. **Petição inicial**: no processo civil, no processo do trabalho. São Paulo: LTr, 1996.

______. **Curso de direito do trabalho** – teoria geral do direito do trabalho, v. 1 – Parte 1. São Paulo: LTr, 2011.

______. **História do direito do trabalho no Brasil**: curso de direito do trabalho, v. 1 – Parte 2. São Paulo: LTr, 2017.

______. **Curso de Direito do Trabalho** – a relação de emprego, v. 2. São Paulo: LTr, 2008.

______; CORREIA, Marcus Orione Gonçalves (org.). **Curso de direito do trabalho** –, direito coletivo do trabalho, v. 3. São Paulo: LTr, 2008 (Coleção Pedro Vidal Neto).

______. **Relação de emprego e direito do trabalho**: no contexto da ampliação da competência da justiça do trabalho. São Paulo: LTr, 2007.

______. **O mito (dos setenta anos) da CLT** – um estudo preliminar. São Paulo: LTr, encarte avulso, 2013.

______; SEFERIAN, Gustavo; YAMAMOTO, Paulo de Carvalho (org.). **O mito: 70 anos da CLT** – um estudo preliminar. São Paulo: LTr, 2015.

______. Da inconstitucionalidade das cooperativas de trabalho. *In*: GIORDANI, Francisco Alberto da Motta Peixoto; MARTINS, Melchíades Rodrigues; VIDOTTI, Tarcio José. (org.). **Fundamentos do direito do trabalho**: estudos em homenagem ao Ministro Milton de Moura França. São Paulo: LTr, 2000, p. 656-65.

______; TOLEDO FILHO, Manoel Carlos. **Da prisão civil por dívida trabalhista de natureza alimentar**. São Paulo: 2010. Disponível em: <https://www.jorgesoutomaior.com/uploads/5/3/9/1/53916439/da_pris%C3%83o_civil_por_d%C3%8Dvida_trabalhista_de_natureza_alimentar.pdf>. Acesso em: 7 out. 2020.

STRECK, Lenio Luiz. **Jurisdição constitucional**. Rio de Janeiro: Forense, 2018.

SÜSSEKIND, Arnaldo. **Direito constitucional do trabalho**. 3. ed. Rio de Janeiro: Renovar, 2004.

SÜSSEKIND, Arnaldo; MARANHÃO, Délio; VIANNA, Segadas; TEIXEIRA FILHO, João de Lima. **Instituições do direito do trabalho**. 2 v. 18. ed. São Paulo: LTr, 1999.

TAVARES, André Ramos. **Curso de direito constitucional**. 16. ed. São Paulo: Saraiva, 2018.

TEIXEIRA, Victor Emanuel B. **Direito ao rompimento patronal imotivado**: o ataque contra a classe trabalhadora. 177p. São Paulo: Faculdade de Direito, USP, 2018. Dissertação (Mestrado em Direito do Trabalho).

THEODORO JÚNIOR, Humberto. **Curso de direito processual civil**, v. 1: Teoria geral do direito processual civil e processo de conhecimento. 51. ed. Rio de Janeiro: Forense, 2010.

UOL. "Brasil vive pausa democrática para freio de arrumação, diz Ayres Britto". **A Tarde**, Uol, 22 abr. 2016. Disponível em: <https://atarde.uol.com.br/politica/noticias/1764728-brasil-vive-pausa-democratica-para-freio-de-arrumacao-diz-ayres-britto>. Acesso em: 29 set. 2019.

VEÇOSO, F. F. C. *et al*. A Pesquisa em Direito e as Bases Eletrônicas de Julgados dos Tribunais: matrizes de análise e aplicação no Supremo Tribunal Federal e no Superior Tribunal de Justiça. **Revista de Estudos Empíricos em Direito**, v. 1, n. 1, p. 105-139, jan. 2014. Disponível em: <https://reedrevista.org/reed/article/view/10/10>. Acesso em: 2 set. 2019.

VIANNA, Luiz Werneck. **Liberalismo e sindicato no Brasil**. 2. ed. Rio de Janeiro: Paz e Terra, 1978.

VIANNA, Luiz Werneck (et. al.). **A judicialização da política e das relações sociais no Brasil**. Rio de Janeiro: Revan, 1999.

VIEIRA, Oscar Vilhena. **Supremocracia**., São Paulo: Rev. direito GV, v. 4, n. 2, p. 441-63, dez. 2008.

______. **A batalha dos poderes**: da transição democrática ao mal-estar constitucional. São Paulo: Companhia das Letras, 2018.

WEBER, Max. **Metodologia das ciências sociais**. São Paulo: Cortez, 2016.

WORLD INEQUALITY LAB. ALVAREDO, Facundo; CHANCEL, Lucas; PIKETTY, Thomas; SAEZ, Emmanuel; ZUCMAN, Gabriel. World InequalityReport 2018. Paris: World Inequality Lab, 2017. Disponível em:<https://wir2018.wid.world/>. Acesso em: dez. 2018.

YAMAMOTO, Paulo de Carvalho. **Remédios e doenças para a justiça do trabalho**: diagnósticos e prescrições a partir da defesa da reforma trabalhista pelo Ministro Barroso, 2017. Disponível em: <http://www.abrat.adv.br/teses_conat_2017/paulo_yamamoto.pdf>. Acesso em: 20 jul. 2019.

______. As Ações Diretas de Inconstitucionalidade movidas no Supremo Tribunal Federal contra a Deforma Trabalhista. *In*: SOUTO MAIOR, Jorge Luiz; SEVERO, Valdete Souto (coord.). **Resistência 2**: defesa e crítica da Justiça do Trabalho. São Paulo: Expressão Popular, 2018, p. 341.

______. O ímpeto do STF de legislar contra a Constituição: o insólito caso da Ação Declaratória de Constitucionalidade n. 16. *In*: SOUTO MAIOR, Jorge Luiz; SEVERO, Valdete Souto (coord.). **Resistência 3**: o direito do trabalho diz não à terceirização. São Paulo: Expressão Popular, 2019, p. 215-222.

## Sites consultados

BRASIL. Supremo Tribunal Federal. STF moderniza pesquisa de jurisprudência e facilita acesso aos usuários. STF imprensa, Brasília, 25 maio 2020. Disponível em: <http://portal.stf.jus.br/noticias/verNoticiaDetalhe.asp?idConteudo=444028&ori=1>. Acesso em: 17 mar. 2021.

BRASIL. Supremo Tribunal Federal. Conheça a nova página de pesquisa de jurisprudência do STF. STF imprensa, Brasília, 2 maio 2020. Disponível em: <http://portal.stf.jus.br/noticias/verNoticiaDetalhe.asp?idConteudo=444192&ori=1>. Acesso em: 17 mar. 2021.

BRASIL. Supremo Tribunal Federal. Versão anterior do serviço de pesquisa de jurisprudência do STF será desativada nesta sexta-feira (4). STF imprensa, Brasília, 3 set. 2020. Disponível em: <http://portal.stf.jus.br/noticias/verNoticiaDetalhe.asp?idConteudo=450951&ori=1>. Acesso em: 17 mar. 2021.

BRASIL. Supremo Tribunal Federal. Marco Aurélio Mendes de Farias Mello. Supremo Tribunal Federal - República. Disponível em: < http://

www.stf.jus.br/portal/ministro/verMinistro.asp?periodo=stf&id=30>. Acesso em: 24 set. 2018.

BRASIL. Supremo Tribunal Federal. Curriculum vitae Ministro Gilmar Ferreira Mendes. Disponível em: < http://www.stf.jus.br/arquivo/cms/sobreStfComposicaoComposicaoPlenariaApresentacao/anexo/cv_gilmar_mendes_2008maio06.pdf>. Acesso em: 20 nov. 2020.

BRASIL, Tribunal Superior do Trabalho *et al*. Jornada de Direito Material e Processual do Trabalho. Enunciado n. 22. Brasília, DF, 23 nov. 2007. Acesso em: 30 mar. 2021.

CNPQ. Currículo Lattes. Roberta Fragoso Menezes Kaufmann. Disponível em:< http://lattes.cnpq.br/2966222048039021>. Acesso em: 21 jun. 2021.

IPEA. Instituto Brasileiro de Geografia e Estatística. Taxa de desemprego. Brasília, DF, 02 fev. 2016. Disponível em: <http://ipeadata.gov.br/ExibeSerie.aspx?serid=38401>. Acesso em: 20 abr. 2021.

MIGALHAS. "Gilmar Mendes chama TST de 'laboratório do PT'". **Migalhas quentes**, 04 abr. 2017. Disponível em: <https://www.migalhas.com.br/quentes/256830/gilmar-mendes-chama-tst-de--laboratorio-do-pt>. Acesso em 17 mar. 2021.

MIGALHAS. "Morre constitucionalista Paulo Bonavides aos 95 anos". **Migalhas quentes**, 30 out. 2020. Disponível em: < https://www.migalhas.com.br/quentes/335756/morre-constitucionalista-paulo-bonavides-aos-95-anos>. Acesso em: 02 nov. 2020.

## Textos normativos consultados

BRASIL. Constituição da República Federativa do Brasil de 1988. Disponível em: <https://www.planalto.gov.br/ccivil_03/constituicao/constituicao.htm>. Acesso em: 31 dez. 2018.

BRASIL. Decreto-Lei nº 5.452, de 1º de maio de 1943. Aprova a Consolidação das Leis do Trabalho. Disponível em: <https://www.planalto.gov.br/ccivil_03/decreto-lei/del5452.htm>. Acesso em: 31 dez. 2018.

BRASIL. Lei nº 13.105, de 16 de março de 2015. Código de Processo Civil. Disponível em: <https://www.planalto.gov.br/ccivil_03/_ato2015-2018/2015/lei/l13105.htm>. Acesso em: 31 dez. 2018.

BRASIL. Lei nº 5.869, de 11 de janeiro de 1973. Institui o Código de Processo Civil. Disponível em: <https://www.planalto.gov.br/ccivil_03/leis/l5869.htm>. Acesso em: 31 dez. 2018.

BRASIL. Decreto-Lei nº 4.657, de 4 de setembro de 1942. Lei de Introdução às normas do Direito Brasileiro. Disponível em: <https://www.planalto.gov.br/ccivil_03/decreto-lei/del4657.htm>. Acesso em: 31 dez. 2018.

BRASIL. Lei nº 10.406, de 10 de janeiro de 2002. Institui o Código Civil. Disponível em: <https://www.planalto.gov.br/ccivil_03/leis/2002/l10406.htm>. Acesso em: 31 dez. 2020.

BRASIL. Lei nº 9.868, de 10 de novembro de 1999. Dispõe sobre o processo e julgamento da ação direta de inconstitucionalidade e da ação declaratória de constitucionalidade perante o Supremo Tribunal Federal. Disponível em: <https://www.planalto.gov.br/ccivil_03/leis/l9868.htm>. Acesso em: 31 dez. 2018.

BRASIL. Lei nº 11.417, de 19 de dezembro de 2006. Regulamenta o art. 103-A da Constituição Federal e altera a Lei nº 9.784, de 29 de janeiro de 1999, disciplinando a edição, a revisão e o cancelamento de enunciado de súmula vinculante pelo Supremo Tribunal Federal, e dá outras providências. Disponível em: <https://www.planalto.gov.br/ccivil_03/_ato2004-2006/2006/lei/l11417.htm>. Acesso em: 31 dez. 2018.

BRASIL. Lei nº 12.016, de 7 de agosto de 2009. Disciplina o mandado de segurança individual e coletivo e dá outras providências. Disponível em: <https://www.planalto.gov.br/ccivil_03/_ato2007-2010/2009/lei/l12016.htm>. Acesso em: 31 dez. 2018.

BRASIL. Lei nº 12.063, de 27 de outubro de 2009. Acrescenta à Lei nº 9.868, de 10 de novembro de 1999, o Capítulo II-A, que estabelece a disciplina processual da ação direta de inconstitucionalidade por omissão. Disponível em: <https://www.planalto.gov.br/ccivil_03/_ato2007-2010/2009/lei/l12063.htm>. Acesso em: 31 dez. 2018.

BRASIL. SUPREMO TRIBUNAL FEDERAL. Resolução nº 604, de 11 de dezembro de 2017. Altera o anexo da Resolução 456, de 17 de fevereiro de 2011.

Disponível em: <http://stf.jus.br/ARQUIVO/NORMA/RESOLUCAO604-2017.PDF>. Acesso em: 19 set. 2020.

## Jurisprudência consultada

BRASIL. STF. ADI-MC nº 939-7/DF, rel. Sidney Sanches, julgado em 15/09/1993, disponível em: <http://redir.stf.jus.br/paginadorpub/paginador.jsp?docTP=AC&docID=346704>. Acesso em: dez. 2015.

BRASIL. STF. MS nº 20.829-5/DF, rel. Célio Borja, julgado em 03/05/1989, disponível em: <http://redir.stf.jus.br/paginadorpub/paginador.jsp?docTP=AC&docID=85338>. Acesso em: fev. 2016.

## Filmes e vídeos consultados

BARROSO, Luís Roberto. O momento institucional brasileiro e uma agenda para o futuro. **YouTube**, 13 de maio de 2017. Disponível em: <https://youtu.be/IeDp2Ga2f6c?t=55m10s>. Acesso em: 20 jul. 2017.

BRASIL. Constituição da República Federativa do Brasil de 1988. Disponível em: <https://www.planalto.gov.br/ccivil_03/constituicao/constituicao.htm>. Acesso em: 31 dez. 2018.

BRASIL. Plenário: Comissão Geral recebe Ministro Luís Roberto Barroso. 09 jun. 2021. Disponível em: < https://www.youtube.com/watch?v=lxb60sv5Kcg&t=7850s >. Acesso em: 15 jun. 2021.

BRASIL. Terceirizado, um trabalhador brasileiro. 22 mar. /2015. Disponível em:< https://www.youtube.com/watch?v=iu5Xhu82fzc >. Acesso em: 24 mar. 2018.

# Anexo

## Tabelas da pesquisa

No **QR code** abaixo, os leitores e as leitoras podem acessar três planilhas com informações sistematizadas e bastante relevantes para esta pesquisa.

A primeira – e mais importante – traz os dados dos 394 casos analisados no "universo da dinâmica jurisdicional", também denominado de "Universo 1".

Na segunda planilha há, em três tabelas, o registro de dados relativos aos Ministros do STF. Na primeira tabela estão os nomes dos 13 indicados por Lula e Dilma, a data do ingresso, a idade na posse, a data de exoneração, quando cabível, e a data limite para aposentadoria. Na segunda tabela, encontram-se os períodos de Presidência da Corte, dentro dos marcos temporais fixados E, na terceira tabela, está o nome completo e a data de ingresso de todos os ministros que, ainda que tenham sido indicados por outros Presidentes, aparecem no Universo 1.

Por fim, na terceira planilha, há o registro dos nomes dos Ministros do TST indicados por Lula e Dilma, bem como a data de ingresso deles na Corte.

QR Code